가치창업

하

가치창업 (하)

발행일	2022년 10월 27일

지은이	권용석		
펴낸이	손형국		
펴낸곳	(주)북랩		
편집인	선일영	편집	정두철, 배진용, 김현아, 장하영, 류휘석
디자인	이현수, 김민하, 김영주, 안유경	제작	박기성, 황동현, 구성우, 권태련
마케팅	김회란, 박진관		
출판등록	2004. 12. 1(제2012-000051호)		
주소	서울특별시 금천구 가산디지털 1로 168, 우림라이온스밸리 B동 B113~114호, C동 B101호		
홈페이지	www.book.co.kr		
전화번호	(02)2026-5777	팩스	(02)3159-9637

ISBN	979-11-6836-533-9 04320 (종이책)	979-11-6836-531-5 05320 (전자책)
	979-11-6836-527-8 (세트)	

(주)북랩 성공출판의 파트너

북랩 홈페이지와 패밀리 사이트에서 다양한 출판 솔루션을 만나 보세요!

홈페이지 book.co.kr　•　**블로그** blog.naver.com/essaybook　•　**출판문의** book@book.co.kr

---

작가 연락처 문의 ▸ ask.book.co.kr

작가 연락처는 개인정보이므로 북랩에서 알려드릴 수 없습니다.

SMALL BUSINESS MARKET ENTRY

이론과 실전에 최적화된
융합적 창업 서적

가치
창업

권용석 지음

북랩

본서 이해를 돕기 위해

1. 본서 이해

소비자는 항상 옛것과 새로운 것에 대한 선택적 환경에 있다. 따라서 소비자의 점포, 상품, 브랜드 등에 대한 선택은 늘 한결같지 않고 변화하며, 나름의 가치를 부여하는 소비를 한다. 따라서 창업가가 제공하는 소비자 가치는 가격, 성능, 편의 등 다양한 요인을 결합하여 제공해야 한다. 본서는 Schwartz(2012)가 제시한 보편적 가치에 기초하여 사회초점과 개인초점의 양립과 갈등 등을 기반으로 올바른 가치를 지향하는 데 집중해 다음과 같은 사항을 고려하여 작성하였다.

첫째, 본서는 소상공인 창업의 혁신과 실질적 성장을 위해 디자인 씽킹과 린스타트업 등을 통한 문제 해결 방안을 이해하고 오프라인 창업 환경에 적용할 수 있는 융합적 사고를 기반으로 작성하였다.

둘째, 본서는 부동산적 상권, 창업 상권의 구분 자체가 목적이 아니라 부동산에 대한 이해와 창업에 대한 이해를 통해 융합적 관점의 상권서를 지향하였다. 따라서 입지론적 이해를 통해 실패를 줄이는 창업을 지향하는 데 중점을 두었다.

셋째, 창업 현실을 설명하기 위해 다양한 용어를 사용하였다. 소상공인 창업은 국가 경제 발전에 있어 그 중요성에 비해 실제 창업 현실을 반영한 연구는 부족하다. 특히 소상공인 창업의 복잡성에 비해 충분히 설명할 수 있는 방법론과 용어가 부족하기 때문에 출처를 알 수 없는 용어와 제각기 다른 해석이 난무하고 있다. 이에 본서는 창업가 관점에서 보면 다소 난해하고 낯선 용어가 있을 수 있지만 창업의 전체적인 맥락을 이해하기 위해 최대한 선행 연구의 범주에서 적용과 해석을 하려고 노력하였다.

넷째, 어떤 사람이 어떤 마음과 준비로 돈을 벌었는지 그 과정과 배경을 이해할 필요가 있는데도 불구하고 지금까지 창업 관련서는 돈 버는 방법이나 테크닉을 중심으로 기술되었다. 또한 창업가도 빨리 결과에 치중하여 배우려다 보니 실패의 연속이었다. 따라서 더 장기적인 관점에서 소상공인 창업의 흐름과 전체적인 관점을 이해시키기 위해 '시장진입 15원칙'을 강조하여 작성하였다.

다섯째, 창업은 창업 전 과정과 창업 이후의 과정으로 나눌 수 있다. 즉 시장진입 방법 측면과 경영 측면으로 나눌 수 있다. 그러나 시중에는 전자는 상권분석 측면으로 적용하는 데 한정되어 있고, 후자는 지나치게 주관적인 측면이 강하기 때문에 이에 대한 기준이 될 수 있는 서적을 찾기가 쉽지 않다. 실제 창업 전 과정이 명확해야 이후의 과정에서 성과와 발전을 기대할 수 있기 때문에 본서는 창업 전 과정을 중심으로 작성하였다.

2. 본서 읽는 방법 제안

본서는 상·하권을 합쳐 1장 창업, 2장 상권, 3장 배후분석으로 구성되어 있다. 창업 가치를 찾고 실행하기 위해 문제를 해결하는 데 중점을 두고 작성하였으므로 최대한 이해를 돕기 위해 다음과 같이 읽기를 권한다.

첫째, 목차를 중심으로 전체적으로 훑어본다.
둘째, 초반은 1강, 2강을 가볍게 읽는다.
셋째, 4강의 시장진입 15원칙을 기준으로 페이퍼에 정리를 하면서 읽는다. 단 창업 목적, 컨설팅 목적, 교육 목적 등에 따라 각자의 여건에 맞게 정리한다.

넷째, 4강을 읽으며 필요에 따라 관심 있거나 필요한 부분을 찾아 보완하여 읽는다.

또한 창업가로서 이 책을 제대로 읽고 실행하기 위해서는 다음이 전제되어야 한다.

첫째, 인문학적 소양이 갖춰져야 한다. 미래는 어떤 분야건 다양한 분야에서 경험을 통해 전문화를 실행하여야 한다. 인문학적 소양은 다양한 안목을 하나의 안목으로 압축시켜 문제를 찾고 해결책을 제시하는 힘이다. 따라서 창업 전 사회에서 요구하는 것이 무엇이고 창업가로서 나는 육하원칙에 입각하여 누구에게, 무엇을, 왜, 언제, 어떻게, 어디서 제공할 수 있을지 고민해야 한다.

둘째, 업종과 창업 환경에 대해 이해가 병행되어야 한다. 최근 창업 교육은 단순히 상품 제공 방식이 아니라 상품개발 방식이 주류를 이루고 있다. 따라서 끊임없는 피드백으로 늘 발전시키기 위해 고민하는 것이 중요하다. 이것을 발전시키기 위해서 평소에 관심 있는 분야에 관한 관찰과 공부가 병행되어야 본서를 효과적으로 습득할 수 있다.

셋째, 겸손해야 한다. 겸손은 만인의 미덕이다. 창업가는 늘 배우는 자세로 임해야 진정성 있는 조언을 받을 수 있고 또 그것이 내 것이 될 수 있다. 본서에서 하나라도 얻는 마음으로 접근하기를 바란다.

넷째, 창업가 자세가 필요하다. 창업을 하기 전 마음가짐부터 해당 업종을 창업하기 위한 기본적인 준비 등을 통해 스스스 이겨 낼 수 있는 정신을 말한다.

일부 상권분석이 최고라고 얘기하고 전부인 것처럼 얘기하기도 하지만 본인이 직접 간절한 창업을 해보지 못한 분의 얘기이다. 과거는 창업 지원과 교육이 미흡했었기 때문에 점포창업에서 상권분석이 최고인 것으로 인식되어 왔지만, 실제 상권분석은 창업의 중요성을 떠나 창업의 한 부분임을 기억해야 한다. 사실 창업가 상위

10%는 상권분석을 잘해서 이루어진 것이 아니라 어려움을 끝까지 포기하지 않고 이겨 냈기 때문에 이루어진 것이다. 창업의 처음과 끝은 간절함이다.

아울러 좀 더 올바른 창업과 방향이 중요하다.

따라서 본서는 상권에 대한 올바른 평가와 가장 기본적인 창업 이해와 정확한 접근을 강조하여 초보 창업가에게 창업 상권으로 어떤 판단을 할 때 실패를 줄일 수 있는 방향을 제시하고자 한다.

이 책은 기한을 정하지 않고 배우고 경험한 점을 글로 남긴 것이다. 그러다보니 1,000페이지 분량이 되었기에 부득이 상·하권으로 나눌 수밖에 없던 점 이해 바란다. 모든 분이 편하게 읽을 수 있는 책은 아니지만 부족한 점 지적해주시면 앞으로도 독자의 의견 충실히 반영하도록 노력하겠다.

스스로 자발적 창업 컨설턴트가 되어 능력을 키우고 성공하는 창업가가 되는 데 이 책이 작은 도움이라도 될 수 있기를 바란다.

마지막으로 본서를 완성하는 데 10년이 넘는 시간이 흘렀다. 준비하는 동안 많은 분들의 가르침과 응원이 있었기 때문에 이렇게 완성할 수 있게 되었다. 늘 책이 나오기를 기대하고 응원해준 선후배 및 동기 여러분께 진심으로 감사드린다. 지금은 연세대학교 미래 캠퍼스 부총장이시며 창업학과 석사 논문 지도해 주신 권명중 교수님께 진심으로 감사드린다. 부족한 제자이지만 교수님의 가르침이 있었기에 석사학위 최우수 논문상의 영예를 안을 수 있었고 박사학위에 도전할 수 있었다. 단국대학교 창업학 박사학위 논문을 지도해 주신 남정민 교수님 진심으로 감사드린다. 처음부터 끝까지 믿고 이끌어주신 덕분에 이렇게 졸업할 수 있었다. 또한 박사논문 심사위원장이신 박재춘 교수님의 늘 한결같은 응원과 진심어린 조언은 저에게 큰 힘이 되었다. 진심으로 감사드린다. 함께 박사 논문 심사해 주신 이환수 교수님, 김용태 교수님, 김종성 교수님께도 진심으로 감사드린다.

마지막으로 누구보다 응원하고 이 책이 나오기를 고대하던 친구 이지영, 정말 고맙고, 늘 곁에서 묵묵히 지켜봐주고 응원해준 와이프 박은영에게 고맙다는 말 전하고 싶다.

contents

Part 3   배후분석   115

Chapter 9. 배후분석 5대 요소와 점포 선정 5대 요소 ··· 116

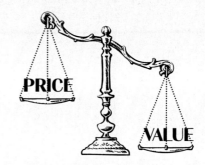

Chapter 10. 점포 선정 · · · 136

Chapter 12. 점포 선정 변화율 · · · 270

Chapter 13. 매출 추정 · · · 330

Chapter 7.

창업 출점전략

Section   점포 출점 strategy store opening   1

1. 개인 출점opening a private store과 가맹본부 출점opening a franchisor

출점의 의미는 브랜드를 활용하여 브랜드 정체성에 맞게 개인 창업자나 프랜차이즈 본사가 각각의 목적에 부합하는 점포 개설을 의미한다. 창업 상권에서 개인 출점이란 개인 창업가의 창업 목적에 부합하는 점포를 스스로 선정하여 개점하는 것을 말한다. 대체로 생계를 목적으로 한 창업이 주를 이룬다.

본사 출점이란 본사 차원의 점포 개설을 의미하며 〈표 2-1〉 체인유형에서 보듯이 직영regular 출점과 프랜차이즈franchise 가맹 출점으로 구분할 수 있다. 단순히 이익만을 목적으로 하기보다는 브랜드 홍보, 물류 효율, 가맹점 교육 등 다양한 목적이 있을 수 있다. 따라서 이익지향점, 출점방향, 출점전략을 구분할 필요가 있다.

1.1. 이익 지향점

개인 출점과 본사 출점의 공통적인 목적은 이익을 내는 데 있지만 현실적인 측면에서 차이가 있다.

개인은 개인사업자로서 투자비 대비 특정 시점에 수익을 내는 것을 목적으로 하며 수익을 창출하고자 하는 시점이 빠른 편이다. 또한 그러한 영위가 오래가기를 원한다. 즉 빠른 시점부터 수익이 나와야 업을 영위할 수 있고 생계를 꾸려갈 수 있다. 그러나 가맹 본사는 조금 다르다. 본사는 법인사업자로서 투자 자본이 높은 편이다.

따라서 투자금 회수 시점이 길게 되고 이후에도 수익성보다는 장기 사업성에 대한 가치가 중요하여 크게 수익이 나지 않더라도 금세 문을 닫지는 않는 사업이기 때문이다. 이런 차이가 가맹 사업자와 가맹본사의 가장 큰 차이이다. 즉 일정 매출이 나오면 본사는 사업을 유지하거나 변환할 수 있지만 개인 가맹사업자는 당장 생계가 달린 문제이기 때문이다. 이외에도 본사 입장에서 투자비 시스템에 따라 다르게 볼수도 있다. 사업적 관점에서 본사의 투자는 일괄 투자 시스템인지 점진 투자 시스템인지로 구분할 수 있다.

일괄 투자는 사업을 진행하기 위해 대규모 물류센터 확보, 점포 개설과 관리를 위한 인력, 상품 개발 등이 꾸준히 요구되는 사업의 투자를 말한다. 세탁편의점, 공산품 편의점 본사는 이익에 대한 장기 지향성을 가지고 사업을 하게 된다. 따라서 점포를 운영하는 개별 사업자는 본사의 핵심 자원의 지원을 충분히 받게 된다. 점진 투자는 신규 프랜차이즈 시장에 진입하는 본사가 대규모 투자로 시장에 진입하지 않고 점진적으로 점포를 개설하는 투자이므로 개별 사업자는 본사의 핵심 자원의 지원을 충분히 받지 못할 확률이 높다. 이를 위해 가맹본사는 자신이 개발한 소스 등 핵심물류는 가맹사업전 OEM을 통해 표준화하여 고객인 가맹점에게 집중해야 한다.

1.2. 출점 방향

개인은 철저히 이익을 내기 위한 개점이므로 매우 신중하다. 따라서 모든 점포가 잘 되는 것은 아니기 때문에 가맹 사업자 개인의 준비와 안목이 필요하다. 가맹 본사는 이익과 함께 홍보, 이미지를 고려한다. 따라서 일부 점포는 점포의 이익 추구점이 수익률적 관점과 다르게 접근할 수 있다.

1.3. 출점전략

출점전략은 상권전략과 입지전략으로 나눌 수 있으며, 점포를 개설하는 출점 측면에서 창업가 주체가 개인 인지 가맹본사 인지에 따라 구분해야 한다. 장기성과 자금, 정체성 등이 다르기 때문이다. 따라서 보통 개인은 상권 측면 출점전략보다는 배후 측면의 입지전략이 우선이고 법인은 상권 전략이 우선이다. 개인은 개별 점포에 대한 수익적 접근법이 앞서고 법인 즉 가맹 본사는 점포의 개별성보다는 전체적인 사업적 측면과 본사의 초기, 중기, 장기 출점전략에 맞출 수밖에 없다.

상권전략은 적합한 상권을 선정하여 안정적으로 상권에 진입하기 위한 개별점포 측면의 전략이다. 시장진입 15원칙 중에서 7단계 창업상권평가, 8단계 창업 상권 획정, 9단계 창업 상권조사, 10단계 매출생성 방향과 시장 규모 측정 단계에서 적용한다.

<표 7-1> 개별점포 상권전략

구분		내용
1. 경쟁적 직접 진입전략	차별화 전략	경쟁점을 완전히 제압하여 매출을 흡수하여 진입하는 전략
2. 상권제압전략		상권을 완전히 장악하는 목적으로 진입하는 전략
3. 소멸진입전략		최근 상권 내 해당업종이 폐업하거나 폐업율이 높은 상권에 진입하는 전략
4. 선점전략		신규 상권에 최우선적으로 진입하는 전략
5. 기본가치창출 진입전략		상품고객 가치를 실현에 우선을 두고 진입하는 전략
6. 집재성 진입전략	점포특성 전략	유사 아이템이 있는 매장이 모여 있는 상권에 진입하여 매출을 극대화시키는 전략 점포특성
7. 양립성 진입전략		두 점포 양립으로 매출 상승을 기대하여 진입하는 전략 점포특성
8. 소비자 직접 공략전략	입지특성 전략	상권 내 소비자 접근성을 최우선으로 고려하여 진입하는 전략 입지특성
9. 독립 진입전략	틈새전략	독점배후 및 틈새 배후에서 독점적인 매출을 기대하며 진입하는 전략
10. 소화율 진입전략		경쟁점이 소화하지 못하는 상권을 진입하는 전략
11. 경쟁흡수 진입전략		경쟁점 매출을 일부 흡수하여 진입하는 전략
12. 2차 소비흡수 진입전략	틈새전략	상권 내 주요 아이템과 다른 아이템으로 2차 수요를 흡수할 목적으로 진입하는 전략
13. 부분 흡수 진입전략		이종업종의 매출 일부를 토대로 진입하는 전략
14. 기타상권전략	틈새전략, 입지특성전략	틈새전략, 안김전략, 동승전략 등 점포특성

경쟁적 직접 진입전략은 어떤 상권에 진입할 경우 경쟁점의 매출을 최대한 흡수하여 진입하는 전략이다. 기존 업체 간의 경쟁 정도와 신규 업체의 진입 정도를 고려하여 최적의 위치에 진입한다. 상권제압전략은 경쟁점포를 타깃으로하기보다 특정 상권 내에서 발생하는 특정 업종의 매출을 적극적으로 공략하는 전략이다. 예를 들어 강릉 사천해변의 '곳'이라는 카페의 진입하여 기존에 영업 중이던 작은 카페는 상당히 타격을 받았다. 대체로 빅창업을 통해 진입하는 경우가 일반적이지만 최근에는 규모만으로 경쟁력이 떨어지므로 상품력, 소비자의 경험가치를 극대화시키는 데 중점을 두고 진입하고 있다. 특히 경기도 파주시 지목로 일대는 레드파이프, 더티트렁크, 말똥도넛, 브릭루즈 등 규모가 큰 카페가 즐비하지만 모두 테마가 다르기 때문에 고객에게 다양한 경험을 제공함으로써 시너지가 생겨 집재성 효과가 극대화되고 있는 상권이다. 소멸진입전략은 최근 상권 내 폐업한 업종이나 폐업률이 높은 상권에 진입하여 점포를 성공시킴으로써 홍보 효과를 극대화하는 전략이다. 치킨플러스라는 프랜차이즈 브랜드의 경우 초기 시장진입 시 브랜드 가치를 알리고 입소문을 극대화시키기 위해 동종업종이 폐업한 상권의 자리를 찾아 진입하는 전략을 펼치고 있다. 해당 가맹본사는 기존 매장의 실패 원인을 철저히 파악하고 자사의 상품력과 영업력을 극대화하여 진입하는 전략이므로 가맹점주는 브랜드에 대한 믿음과 신뢰가 중요하다. 선점전략은 신규상권에 우선적으로 진입하는 전략이다. 주로 신도시 상권에서 볼 수 있는 전략이며 편의점이나 마트와 같이 담배소매인지정권과 같이 일정거리 규제가 적용되는 업종이나 자전거, 열쇠전문점과 같이 희소성이 높은 업종진입이 적합하다. 최근에는 프리미엄 유기농 식품점, 애견숍 등과 같이 업체 자정능력이 있어 중복출점하지 않는 업종의 출점이 증가하고 있다. 기본가치창출 진입전략은 특별한 상권이 형성되지 않은 지역이나 마을에 상품의 기본적인 가치에 집중하여 고객을 창출하는 진입전략이다. 현재 형성된 상권에 의존하기보다 상품을 알리고 상품으로 인해 고객이 방문하게끔 하는 전략이다. 따라서 상품가치와 브랜드 정체성이 명확해야 한다. 예를 들어 경남 하동군 고하리 작은 마을에 '고하 버거앤카페'라는 음식점은 관광지도 아니고 특별한 테마가 없는 시골 마을에 수제버거와 커피 본연의 상품에 집중하여 지역민뿐 아니라 신규고객을 유입시키고 있다.

집재성 진입전략은 모여있어야 시너지가 생기는 업종과 지역에 진입하는 전략이다. 도심 상권에 진입하는 경우는 비슷한 상품력과 콘셉트보다는 차별화를 가지고 남다른 가치를 제공해야 함께 존속될 수 있다. 예를 들어 〈사진 6-9〉, 〈사진 6-10〉에 보듯이 마포구 도화동에 떡볶이 전문점이 4곳이 모여있는데 모두 상품가치가 다르기 때문에 양립성이 형성되어 매출이 시너지가 발생하고 있다. 또한 〈사진 2-2〉에서 보듯이 이동갈비 아이템으로 집재성 상권이 형성된 경기도 포천 이동갈비 타운이나 강원도 춘천 닭갈비 타운을 방문하면 남다른 아이템과 가치를 제공하는 매장만 경쟁력을 유지하는 것을 볼 수 있다. 즉 집재성 상권에 있는 모든 매장이 잘되는 시대는 지났다. 양립성 진입전략은 두점포가 함께 있어서 매출에 시너지가 생기는 것을 공략하는 전략이다. 이것은 적극적인 상권전략으로 활용하기도 하지만 점포 선정시 한번쯤은 고려해야 하는 사항이기도 하며, 〈표 4-25〉에서 보듯이 다양한 형태의 양립성이 있기 때문에 창업방향성에 따라 유연하게 적용해야 한다. 소비자 직접 공략전략은 최적의 상권(배후)을 찾아 배후민 접근성을 최우선으로 고려하여 진입하는 전략이다. 〈표 10-1〉에서 보듯이 접근성은 파악하는 데는 지형적 측면의 입지의 4요소와 행태적 측면의 입지의 3요소가 있다. 대체로 편의점, 베이커리전문점과 같은 생활밀착시설 업종 창업시 적합하며 최근에는 과일 채소가게, 정육점과 같이 재래시장 테마에 포함된 업종의 진입전략으로 확산되고 있다. 입지의 4요소와 입지의 3요소 모두 고려하여 진입하므로 배후민 동선관찰을 충분히 고려한 후 전략을 세워야 한다. 독립 진입전략은 독점적인 매출을 기대하는 배후(상권)에 진입하는 전략이므로 일반적으로 한적한 주택가나 눈에 띄지않는 배후상권에 진입하는 전략이다. 따라서 높은 매출을 기대하기보다 안정적인 매출을 지향하는 경우 적합하다고 할 수 있으며, 입지유형으로 보면 〈그림 11-15〉, 〈그림 11-16〉에 해당한다고 할 수 있다. 독점상권은 제한적일 수밖에 없기 때문에 외식업보다는 편의점, 마트, 세탁편의점과 같이 상품동질성이 높은 업종에 적합한 전략이라고 할 수 있다. 소화율 진입전략은 경쟁점이 소화하지 못하는 상권(배후)의 한 배후에 진입하는 전략을 말한다. 전체적인 배후는 넓지만 경쟁점이 충분히 흡수하지 못하는 주로 상권(배후)의 후미에 해당하므로 높은 매출보다는 안정적인 매출을 기대하며 진입한다. 〈표 7-2〉에서 보듯이 틈새시장 진입 측면에서 동일업종으로 진입하는 것이 일반적이다. 경쟁흡수 진입전략은 비교적 매출이 높은 경쟁점의 일부 매출을 흡수하여 상권에 진입하는 전략으로 직접적인 경쟁측면보다는 양립성에 중점을 두는 전략이다. 초근접 출점하는 방법과 거리를 두고 진입하는 전략이 있다. 아래 그림에서 보듯이 초근접하여 출점하는 경우 전제조건이 있다. 첫째, 상품력이 비슷해야 한다. 그래야 수요를 흡수할 수 있다. 둘째, 경쟁점의 매출이 넘쳐야 한다. 즉 매장에서 충분히 소화하고도 자리를 잡지 못하는 소비자가 존재해야 흡수하기 수월하다. 셋째, 매장 형태도 유사해야 한다. 특별히 더 넓거나 좁은 것보다는 유사한 감성을 유지하는 것이 낫다. 거리를 두고 진입하는 것이 유리한 경우는 경쟁점과 확실한 차별화로 소비자를 흡수하는 것이 유리하다. 주로 지방의 맛집에서 볼 수 있는데 우리가 맛집에 방문하였는데 너무 대기줄이 긴 경우 대안 점포를 찾는데 이 경우 남다른 편리성과 가치를 제공하지 않는다면 그 수요자를 흡수하기 어렵다. 소비자가 대안점포를 찾는 경우 더욱 다양한 업종을 고려하기 때문에 동일업종 창업은 간단하지 않다.

2차 소비흡수 진입전략은 유사아이템이 집재성 상권으로 형성된 지역에서 이종업종으로 진입하여 2차 소비을 흡수하는 전략으로 〈표 7-2〉에서 보듯이 틈새시장 진입 측면에서 고려한다. 예를 들어 이태원 세계음식문화거리에서 상권이 형성되는 초기에는 외국음식점이 소비자를 유입시켰으나 상권이 발달하면서 닭발 전문점 정든닭발은 이들과 직접적인 경쟁을 피하고 2차소비를 흡수하는 전략으로 상권에 진입하였다. 부분흡수 진입전략은 이종업종의 매출을 토대로 창업가의 매출을 예측하여 진입하는 전략으로 〈표 7-2〉에서 보듯이 틈새시장 진입 측면에서 고려한다. 예를 들어 편의점이 있는 상권에 커피 전문점의 진입이나, 베이커피 전문점이 있는 상권에 편의점이 신규 진입하는 경우 선 진입 업종의 정확한 매출과 상품의 판매비율을 명확히 파악해야 실패할 확률을 줄이 수 있다. 이 경우 주의해야 할 점은 비교대상이 편의점이고 베이커리 전문점일 뿐 핵심고객의 수요 분석이 중요하다는 것을 간과해서는 안 된다. 기타상권전략은 가맹본사가 출점하는 틈새전략, 안김전략, 동승전략 등을 적용하여 진입하는 전략이다. 이 부분은 해당페이지를 참고하기 바란다.

입지전략
location strategy

Section 　　　　　　　　　　　　　 3

입지전략은 개별 점포 위치 선정에 따른 창업 생존 관점의 출점전략을 말한다. 따라서 광의의 입지 전략은 장기적 생존관점에서 창업의 큰 틀에서 해당 점포뿐 아니라 추가 오픈 점포를 염두에 둔 출점전략을 말한다. 협의의 입지 전략은 개별 점포의 위치를 선정하기 위한 방법적인 측면을 말한다. 시장 확보 측면의 입지전략(광의의 입지전략)과 공간 확보 측면의 입지전략(협의의 입지전략)으로 나눌 수 있으며, 다음은 개인 창업 중심으로 입지전략을 기술하였다.

1. 시장 확보 측면의 입지전략

시장 확보 측면의 입지전략은 광의의 입지전략을 말한다. 즉 단순히 위치를 선정하는 개념보다는 시장진입 15원칙에서 창업의 큰 흐름에 맞게 전략적으로 접근한다. 이를 토대로 개인도 하나의 점포만 개설하여 운영하는 것을 목표로 할지 복수의 점포를 개설하는 것을 목표로 할지에 따라 다를 수 있다. 먼저 개인이 성공적인 복수 점포 운영을 위해서는 처음부터 이를 염두에 두고 전략적으로 지역과 위치를 선정한다. 여기에서 핵심은 안정적 유지를 전제로 한다. 그러나 대부분 창업가는 사업화를 목적으로 하지 않는 이상 처음부터 구체적인 전략으로 점포를 선정하기는 힘들다. 잘 되면 하나 더하는 식이다. 그러나 이런 분들은 점포를 늘려갈수록 큰 고비에 부딪치게 되고 결국은 처음으로 되돌아오는 경우가 대부분이다. 특히 창업이 처음이고 완전 생계를 목적으로 창업한 경우는 더욱 그렇다. 그래서 성공적인 점포 선정으로 복수 점포를 운영하고자 한다면 복수 점포 운영에 따른 점포 선정 전략도 배후분석에 입각해 얼마나 장기적인 관점에서 선정하느냐가 중요하다. 여기서 주로 활용하는 개인 점포 선정 전략이 거점점포, 보조점포, 방어점포, 공생점포, 대체점포, 전략적 이전점포의 성격을 명확히 한 출점전략이다. 단순 개인 창업과 다르게 프랜차이즈 창업을 하신 분은 처음부터 목적을 갖든 그렇지 않더라도 결국에는 여러 점포를 하시게 되는 경우가 많다. 본사의 시스템의 지원으로 상대적으로 운영이 편리하기 때문이다. 그런 프랜차이즈 업종에서도 상권의 범위가 넓은 업종도 있고 좁은 업종이 있다. 햄버거 체인점 등 대형 외식체인점은 상권이 넓은 편이고 베이커리 전문점이나 편의점은 좁은 편이다. 상권이 좁은 점포일수록 배후분석법에 민감하다고 언급했는데 일반적으로 전자의 업종은 어느 한 점포를 오픈을 하고 나면 2번째 점포를 창업할 때는 전혀 다른 지역에 오픈하는 경향이 많다. 아무래도 상권이 넓으니까 지역을 넓게 보고 창업하기 때문이다. 예외도 있다. 상권 발달도가 매우 높은 협의의 상권(상권발달에 따른 상권)에서는 근처에 추가로 오픈을 하기도 한다. 이런 경우는 일반적이지는 않다. 그러나 배후분석법에 민감한 업종 중에서 편의점은 어떤 관점에서 추가로 오픈을 할까? 전자처럼 상권이 넓어서 전혀 다른 지역에서 오픈할까? 운영이 편리하게 근처 가까운 곳에서 오픈을 할까? 좋은 점포라고 판단된다면 멀리 떨어진 곳에서도 오픈하려고 하겠지만, 보통은 가까운 곳에서 오픈하려고 할 것이다. 편의점이라는 업종은 차츰 평준화되어 가고 있어서 그렇게 좋지도 그렇게 나쁘지도 않은 매출로 가고 있다. 따라서 업종의 특성이 중간 점포가 많기 때문에 특별한 것을 찾기보다는 운영의 편리성에 중점을 두는 것이 중요하므로 멀리서 점포를 찾는 것은 바람직하지 않다. 특히 주점장사는 늦은 시간까지 영업을 하기 때문에 더욱 집과 가까운 곳에 위치하는 것이 좋다. 따라서 업종의 성격에 맞게 첫 점포 위치를 선정한다.

그리고 첫 점포의 결과에 따라 추가적인 점포는 보조점포, 방어점포, 공생점포, 대체점포, 전략적 이전 점포를 고려하여 창업할 수 있기 때문에 첫 점포가 중요하다.

1.1. 거점점포base store

거점점포는 지역에서 핵심 포인트 내지 전환 포인트(동선이 전환점이 되는 지점)가 되기도 하지만 추가 점포를 내기 위한 사전 포석의 점포이다. 프랜차이즈 사업을 준비한다면 본점의 성격이 강하다. 따라서 보통 어떤 지역에서 거점이 되어 매출이 극대화되는 곳에 오픈을 하는 점포이며 이런 곳은 평균 이상의 매출이 기대되는 곳이기도 하다. 그럴 경우 매출도 보전하고 경쟁점의 진입에 방어하고자 추가로 오픈을 한다. 따라서 거점점포는 단순히 매출이 잘 나오는지 안 나오는지의 문제가 아니라 장기적인 안목에서 창업하는 데 적합하다.

1.2. 보조점포Intermediate store

보조점포는 거점점포를 기점으로 배후분석적으로 수익과 방어가 공존하는 지역의 점포를 말한다. 따라서 보조점포는 그저 주변에 경쟁점이 들어오지 못하게 하는 것이 아니라 일정 수익도 보장되어야만 의미가 있다. 따라서 거점점포가 어설프면 보조점포 출점은 성공할 확률이 낮기 때문에 보조점포의 선정 조건은 까다롭다. 그래서 상권을 정확히 읽지 않으면 거점점포와 보조 점포를 정확히 찾을 수 없다. 실제 현장에서 보조 점포의 출점은 가맹본사의 도미넌트 전략의 출점이 될 수도 있지만 가맹점 입장에서 출점하는 보조점포가 더욱 정확한 입지 선정이 될 수 있다. 따라서 본인의 의지로 차리는 경우와 본사 직원의 권유로 차리게 되는 경우로 나눌 수 있다. 전자의 경우는 경영주가 스스로 판단하여 첫 점포의 수익이 괜찮아서 더 많은 수익을 내고자 출점하는 경우 대부분이다. 후자의 경우는 첫 점포가 잘 되니까 추가로 점포를 하여 더 많은 수익을 내라고 권유하는 경우도 있지만 반대로 첫 점포가 부진하니 이것을 만회할 목적으로 담당자의 권유로 차리는 경우도 있다. 따라서 보조 점포는 최유효 이용할 수 있는 점포 선정이 아니라 가장 적합한 점포 선정을 해야 하므로 잘 못 선정하면 방어도 안 되고 수익도 낮은 점포가 될 수 있다. 특히 위의 내용도 배후성격, 배후유형, 입지유형에 따라 적용 범위가 다를 수 있다는 것을 염두에 둘 필요가 있지만 보조 점포는 다음의 조건이 충족되어야 한다.

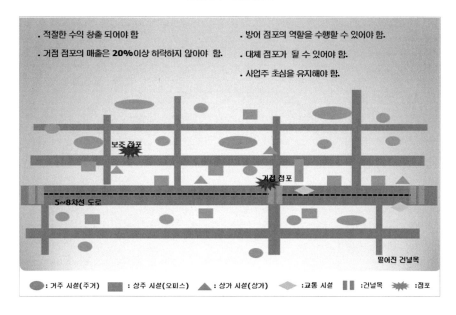

첫째, 적절한 수익이 나와야 한다. 수익이 나지 않는 보조점포는 방어점포이다. 둘째, 거점점포의 매출은 최대 20% 이상 하락하지 않아야 한다. 보조점포의 진입으로 15% 이상 하락한다면 보조점포의 위치가 적절하지 않은 것이다. 셋째, 방어점포의 역할을 할 수 있어야 한다. 보조 점포는 거점점포 주변이므로 방어 점포의 역할을 할 수 없다면 보조점포가 아니다. 그냥 다른 점포이다. 넷째, 대체점포도 될 수 있어야 합니다. 시장 상황에 따라 거점점포가 제 역할을 못 하여 고전하는 경우도 있다. 이때 보조 점포가 거점점포를 대체할 수 있어야 한다. 다섯째, 사업주가 초심을 유지할 수 있는 점포여야 한다. 추가로 창업하는 보조점포는 목적이 명확하다. 그 목적 이외에 특별한 기대를 하는 것은 금물이다.

1.3. 방어점포defensive store

방어점포는 수익적 보전보다는 방어적 개념이 훨씬 높은 점포를 말한다. 보통은 거점점포의 안정성을 유지하기 위해 추진한다. 단지 방어를 할 만큼 의미가 있는 매출이 나와야 하고 또 미래 경쟁적으로 볼 때도 그럴 가치가 있어야 한다. 그러나 언제까지 방어할 수 있는지 알 수 없기 때문에 방어 점포 선정 조건도 면밀히 따져 봐야 한다. 따라서 방어점포 매출 변화를 이해하고 창업해야 하며 배후분석법에 민감한 업종일수록 더욱 중요하게 파악해야 한다. 아무리 방어점포라도 아래 세 가지는 갖춰야 한다.

<그림 7-2> 방어 점포

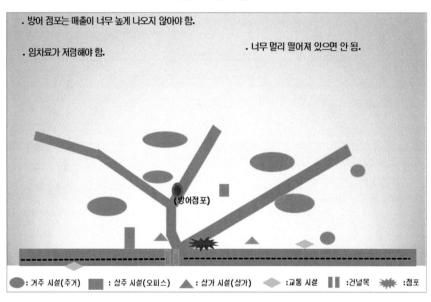

첫째, 매출이 너무 높게 나오면 안 된다. 보조점포가 거점점포보다 더 높은 수익이 나올 수 있지만 대체로 거점점포의 매출을 현저히 흡수하게 되거나 경쟁점의 집중 공략으로 거점점포와 보조점포 모두 심각한 영향을 받을 수 있기 때문이다.

둘째, 임차료가 저렴해야 한다. 철저히 수익과 방어가 공존하는 점포이므로 무리한 임차료는 오히려 독이 될 수 있다.

셋째, 너무 멀리 떨어져 있으면 안 된다. 너무 무리한 매출을 기대한 나머지 상권을 너무 넓게 보면 경쟁 입지적으로 리스크가 높아질 수 있다. 〈사진 7-1〉은 해당 편의점이 진입한 이후 배후 안쪽의 개인 슈퍼를 인수하여 도로변 우물형 입지의 편의점 매출을 보전하고 배후에 진입하고자 하는 경쟁점의 출점을 방어하는 사례이다. 현재도 이 상권엔 13년간 경쟁점이 진입하지 못하고 있다.

<사진 7-1> 방어 점포 사례

지도 자료: 네이버 지도

1.4. 공생점포 symbiosis store

공생점포는 함께 현 상태를 유지하고자 하는 점포로 내가 추진하는 능동적 점포를 말하지 않고 이미 있는 점포를 수동적 개념으로 접근한 점포를 말한다. 즉 어떤 지역에 슈퍼가 있는 지역에 편의점을 오픈할 경우 슈퍼와 경쟁으로 슈퍼를 제압하기보다는 슈퍼 고객 유지하고 편의점 고객을 구분하여 함께 공생하는 전략으로 출점하는 것을 말한다. 이것은 적절한 방어와 견제를 할 수 있는 점포가 되기 때문에 입지전략 측면의 점포 선정을 위해 가맹본사는 전술적 측면으로 활용하기도 한다. 특히 편의점이나 작은 체인은 큰 틀의 상권 전략보다는 경쟁 관계에 의한 수적 확산에 집중하고 있다. 그 만큼 좁은 상권인 배후를 타깃으로 하는 업종이기 때문이다. 공생점포는 때로는 안정적인 방어점포가 되기도 한다.

1.5. 대체점포alternative store

어떤 점포를 운영하더라도 미래에 발생할 상황에 대비하여 해당 점포를 대체하여 운영하게 되는 점포를 말한다. 공생점포는 함께 현 상태를 유지하고자 하는 점포로 내가 추진하는 능동적 점포를 말하지 않고 이미 있는 점포를 수동적 개념으로 접근한 점포를 말하지만 대체점포는 더 적극적인 개념이다. 따라서 처음부터 대체 점포 목적을 두고 오픈하기도 하지만 보조 점포나 방어 점포보다 수익적 포트폴리오 측면에서 약하기 때문에 매우 신중하게 선정해야 한다. 〈사진 7-2〉에서 보듯이 거점 점포는 재개발이 예정되어 있어 근거리에 미리 대체 점포를 출점하였다.

<사진 7-2> 대체점포 사례

지도 자료: 카카오 맵, 사진 자료: 카카오 로드뷰

이 입지전략 측면의 점포 선정을 가맹본사는 전술적 측면으로 활용하기도 한다. 단지 상품이 중요한 업종은 기존 수요가 넘쳐서 확장 이전하는 경우가 있다. 그러나 더 좋은 위치로 확장 이전하는 경우는 대체 점포로 보지 않고 입지적인 위치를 고려하여 상권 제압력을 높이기 위한 스크랩 앤 빌드scrap and build 전략에 더 가깝다고 할 수 있다. 현재 사례의 거점점포는 아직도 재개발이 되지 않고 5년째 운영하고 있다. 즉 대체점포를 추진하더라도 현재 매출에 심각한 영향을 주거나 주변 상권의 미래 발전 가능성을 충분히 고려하지 않으면 이렇게 공존하기 어려울 수 있다.

1.6. 전략적 이전점포strategic relocate store

대체점포는 거점점포의 운영이 어려울 것을 예상하고 사전에 준비하여 추가로 오픈하는 점포를 말하므로 일정 기간은 거점점포와 함께 운영을 하게 된다. 그러나 전략 이전 점포는 특정 목적을 가지고 이전하는 점포를 말한다. 따라서 두 점포가 공존하지 않는다. 보통 전략 이전은 매장 규모를 확대하기 위해 이전하거나 줄이기 위해 이전한다. 전자의 경우 스크랩 앤 빌드 전략을 활용하는 경우가 많지만 배후형 입지는 매출 증대에 따라 소비자 편리성 확보를 위한 경우가 많다. 〈사진 7-3〉는 매장 내에서 소비를 목적으로 매장 규모를 키워서 이전하는 경우이다. 주의할 점은 같은 이전하는 점포가 주동선에 있으며 스트리트 도로상에 있어야 하고 100미터 이상을 넘기는 것은 좋지 않다. 배후형 입지에서 주배후가 바뀌거나 주동선에서 벗어나면 새로운 창업이 되기 때문에 매출 회복까지 상당한 시간이 걸릴 수 있기 때문이다. 후자의 경우처럼 매장을 줄이는 경우는 후미진 골목상권에서 넓은 매장으로 운영하는 것은 효율성이 떨어지므로 잘 보이는 도로변 발달상권으로 이전하여 효율적인 운영과 매장 홍보를 하기 위한 경우가 있다.

<사진 7-3> 전략적 이전 점포 사례

지도 자료: 카카오 맵

1.7. 다점포multi-store

다점포 정의에 대한 연구는 아직 부족하지만 김태희, 주성희(2019)와 권용석, 남정민(2021)은 한국 프랜차이즈에서 다점포 운영은 동일한 창업가가 2개 이상의 점포를 운영하는 것이라고 정의하였다. 다점포 입지전략은 더욱 구체화하여 2개 이상 점포를 창업하는 데 따른 입지전략으로 동일업종과 이종업종 다점포 입지전략으로 나눌 수 있다. 동일업종 다점포 입지전략은 동일 브랜드일 경우 〈표 7-1〉의 개별점포 상권전략과 앞의 1.1~1.6의 점포 특성을 고려하며 진입한다. 따라서 편의점과 같은 상품 동질성이 높은 업종에서 적용하기에 적합하다.

이종업종 다점포 입지전략은 각각 상품과 브랜드 특성을 고려하여 개별적으로 진입하는 입지전략과 협업으로 진입하는 입지전략으로 나눌 수 있다. 전자의 경우 앞의 1.1~1.6의 사항과 공간 확보 측면의 입지전략을 고려하여 진입할 수 있다. 후자는 각각 업종의 특성을 살려 시너지를 극대화시키거나 남다른 가치를 추구하는 입지전략이다. 다점포 출점으로 시너지를 극대화시키는 경우는 〈표 2-22〉의 점포관계성을 참고하여 상권 특성에 따라 창업가가 전략적으로 출점할 수 있다. 남다른 가치를 추구하는 경우는 개별점포의 입지전략 측면 보다 다점포를 하나의 점포로 보는 측면이 강하기 때문에 창업가가 추구하는 가치와 목표에 따라 탄력적으로 적용할 수 있다. 예를 들어 서울시 신촌 상권에는 오랜 전통의 형제갈비라는 점포가 있다. 신촌의 메인도로의 이면에 위치하여 이대상권으로 연결되는 상권과 단절되어 상권이 위축되어 있다. 그러나 창업주는 건물의 1층과 지층에 설렁탕, 일본식 라면, 돈까스, 커피숍, 스터디카페를 비교적 높은 퀄리티와 매우 저렴한 가격으로 책정하여 수익보다는 학생 등 소비자의 상권 유입율을 높이는 데 노력하고 있다. 이렇게 다점포를 하나의 점포로 보는 입지전략으로 상권을 활성화시키고 소비자에게 높은 고객가치를 제공하기도 한다.

2. 공간 확보 측면의 입지전략

공간 확보 측면의 입지전략은 개별 점포의 위치 선정을 위한 협의의 입지전략을 말한다. 즉 배후분석법을 활용한 입지전략이다.

2.1. 배후 확보 입지전략

배후를 확보하는 것을 최우선으로 점포의 위치를 고려하는 전략을 말한다. 주로 상품의 경쟁력이 확보된 업종인 경우 영업력, 상품력으로 고객 유인을 높이는 전략이다. 따라서 실제 배후민(거주시설 고객)이나 상주민(업무시설 고객)의 예상고객 수가 많은 위치나 독점성이 높은 위치를 확보하는 것이 중요하다. 교통시설에 근접한 입지나 통행량이 많은 위치를 우선 고려하지 않기 때문에 교통시설과 떨어진 거리에 있는 주거 밀집 지역에 많은 편이며 주로 입지유형적으로는 막다른 배후형이나 고정 배후형에 많은 편이다.

2.2. 입지 확보 입지전략

점포의 입지적 우위를 확보하여 경쟁력을 높이는 전략을 말한다. 따라서 입지의 4요소를 종합적으로 고려하므로 상대적으로 높은 비용이 투입될 수 있다. 단지 배후와 동시에 고려하지 않는 경우 안정된 매출이 보장될 수 없기 때문에 브랜드력, 희소력이 높은 업종이 적합하며 비교적 장기적인 관점에서 추진하므로 프랜차이즈 본사의 도미넌트 전략으로 활용되는 경우가 많다.

2.3. 동선 확보 입지전략

포괄적 소비자나 배후민의 주동선이나 특정 이동목적 동선을 고려한 전략을 말한다. 따라서 단순히 통행량이 많은 위치를 말하지 않고 지역 성격과 특정 동선 고객을 타깃으로 하는 경우를 말한다. 예를 들어 김밥 전문점은 다양한 입지를 선택할 수 있으나 많은 창업가는 특정 배후민의 출근 동선을 타깃으로 공략하므로 적은 규모의 점포 창업이 많은 편이다. 이상으로 점포성격 측면의 입지전략과 공간확보 측면의 입지전략은 점포의 위치 선정을 어떻게 판단하여 진입하는지 매우 구체적인 방법을 제시한 것으로 그 실행을 배후분석적 절차로 선정한다.

상품의 라이프 사이클이 있듯이 프랜차이즈 출점전략은 프랜차이즈 수명주기에 입각하여 프랜차이즈 구축 단계에 따라 전략적으로 세워야 한다. 더 나아가 가맹점의 생존율에 중요한 영향을 미치기 때문이다.

1. 수명주기와 성장단계

1.1. 제품수명주기

Vernon(1996)은 "International investment and international trade in the product cycle" 연구에서 제품수명주기이론product life cycle model을 제안하였다. 제품 개발, 제품 성장, 제품 성숙, 제품 쇠퇴 단계에 따라 입지도 핵심지역의 대도시, 핵심지역의 주변 지역, 주변 지역, 비도시지역으로 입지특성이 다르게 나타난다는 것을 모형화하였다. 이 이론은 기업조직의 변화를 이해할 수 있는 경영학적 기초를 제공한 이론으로 널리 활용되고 있다. 신제품 개발단계에서는 핵심대도시의 인프라와 정보를 통해 제품을 개발하는 것이 유리하는 측면에서 핵심 대도시를 공략한다. 제품 성장단계에서는 효율적인 대량생산을 위해 숙련된 노동자 확보와 생산기술을 높이기 위해 핵심지역의 주변 지역이나 해외 지역을 공략한다. 제품 성숙단계에서는 경쟁이 심화되는 단계이므로 저렴한 노동력을 찾아 낙후된 주변 지역이나 해외 개발도상국을 공략한다. 제품 쇠퇴단계에서는 핵심지역에 있는 공장들을 비도시지역 주변 지역 등 비용을 낮출 수 있는 입지로 이전하기 위해 공략한다.

<그림 7-3> 버논의 상품수명주기

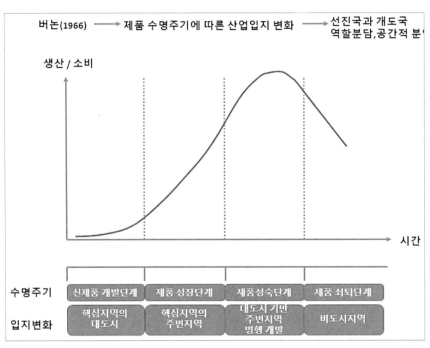

자료: Vernon, R. (1966). International investment and international trade in the product cycle), Quaterly Journal of Economics, n. 80. "박원석(2015), 부동산입지론, 양현사"에서 재구성

1.2. 가맹본부 성장단계

한국 현실을 볼 때 프랜차이즈 사업은 개인 창업을 통해 사업의 성공으로 확장되는 경우가 많은 편이다. 이에 대해 박주영 외(2009)는 프랜차이즈 가맹본부 성장단계를 프랜차이즈 잠복기, 프랜차이즈 태동기, 프랜차이즈 발전기, 프랜차이즈 성숙기, 프랜차이즈 완성기로 구분하고 있다. 프랜차이즈 잠복기는 개인 매장을 성공시켜 주변의 이목이 집중되는 단계이다. 따라서 주변의 지인이 가맹을 요청하여 개설을

받아 개설을 준비하는 단계라고 할 수 있다. 프랜차이즈 태동기는 개설을 하지만 표준화, 단순화, 전문화가 완성되지 못한 단계이므로 물류공급, 가맹점 관리는 원활하지 않다고 할 수 있다. 따라서 일반적인 홍보나 마케팅보다는 친인척 등 지인을 통한 가맹점을 개설하게 된다. 프랜차이즈 발전기는 늘어난 가맹점을 관리를 통해 확장을 꽤하기 때문에 외부 전문가나 직원을 채용하게 된다. 그러나 가맹점으로부터 로열티는 체계적으로 지급받지 못한 경우가 많기 때문에 충분한 자본을 확보하지 못한 창업가는 물류창고, 유통, 매장 관리, 홍보 등 비용 증가에 대처하지 못하기 때문에 가맹사업이 가장 어려운 시기라고 할 수 있다. 그러나 시기적으로 자본유치에 성공하여 시스템을 원활히 구축하는 경우 직영점 2~3개, 가맹점 20~30개를 운영하게 된다. 이 시기를 프랜차이즈 캐즘이 발생하는 시기이므로 성급하게 확장하는 것은 주의해야 한다. 프랜차이즈 성숙기는 발전기를 원활히 거쳐 시스템을 갖추는 단계이다. 직영점 3~4개, 가맹점 30~40개를 운영하므로 슈퍼바이저를 통한 매장관리와 브랜드 홍보를 강화하여 브랜드 정체성을 완성하는 단계이다. 프랜차이즈 완성기는 80~100개 운영하며 장기적인 관점의 경영전략을 구축하는 단계라고 할 수 있다.

빌 올렛은 그의 책 스타트업 바이블에서 〈그림 7-4〉에서 보듯이 중소기업 창업과 혁신기업 창업을 〈그림 7-4〉와 같은 차이가 있다고 하였다. 중소기업 창업은 투자한 만큼에 따라 비교적 단기간에 성과가 창출되지만, 혁신기업 창업은 창업 초기는 적자가 지속되지만 일정 기간이 지나면 기하급수적인 성장세를 보인다고 하였다. 그러나 프랜차이즈 기업 창업은 위 두가지 특성이 모두 반영된다고 볼 수 있다. 초기 즉 발전기까지의 대략 20~30개 가맹점 운영은 시스템의 큰 증설없이 자체 물류지원 등이 가능하나 이후 성숙기에 접어들게 되면 급격한 성장세를 보이면서 가맹점 확장에 따른 투자비 증가로 일정 기간 힘든 시기를 겪게 된다. 따라서 이에 따른 전략적인 접근이 필요하다.

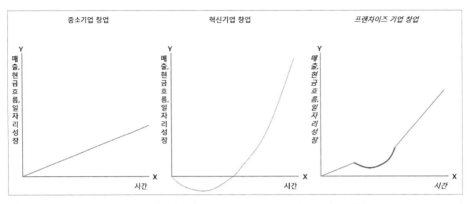

<그림 7-4> 중소기업, 혁신기업, 프랜차이즈 기업 매출, 현금흐름, 일자리 성장 추이 도표

자료: Aulet, W., & Murray, F.(2013), "A tale of two entrepreneurs: Understanding differences in the types of entrepreneurship in the economy", Available at SSRN 2259740. 빌 올렛(2018), 백승빈 옮김, 『스타트업 바이블』, 비즈니스 북스에서 재구성.

이처럼 프랜차이즈는 가맹사업은 제품수명주기, 프랜차이즈 성장단계는 물론이고 상권주기와 브랜드 수명주기 등 전반적인 흐름을 이해해야 한다. 따라서 처음부터 브랜딩을 무리하게 완성하여 가맹사업을 하기보다는 개인사업을 통해 경험과 노하우가 축적된 후 한 단계씩 나아가면서 발전시켜야 성공확률을 높일 수 있다. 이에 따라 소상공인진흥공단에서도 우수 프랜차이즈 가맹본부를 선정하여 가맹본부 육성 및 가맹점 간 상생협력 성과 도출을 위해 성장 단계별 지원을 하고 있다. 초기단계는 비즈니스 모델 분석 구체화, 브랜딩, 디자인 등을 지원하고, 성장단계는 마케팅, 스마트 기술 도입, 비즈니스 모델 고도화 등을 지원하고 있다. 대표 브랜드 단계에서는 스마트화, DB구축, 규격 인증, 글로벌화 등을 지원하여 건실한 가맹본부 육성을 위한 지원을 하고 있으므로 창업가는 충분히 활용할 필요가 있다.

1.3. 다점포 가맹점 성장단계

프랜차이즈 외식기업의 성장단계는 <그림 7-5>에서 보듯이 Sasser, Olsen, & Wyckoff(1978)의 다점포 외식기업 수명주기The multisite firm life cycle 모델이 있다. 외식프랜차이즈 서비스 기업의 성장은 도입기entrepreneurial stage와 다점포 확장기

multisite rationalization는 사업 개시 후 5년, 성장기growth는 6~8년, 성숙기maturity는 9~13년, 쇠퇴기, 회생기decline/regeneration는 14년 이후로 4단계로 성장주기를 거치고 있다. 성장기에서 급격한 우상향 곡선을 그리기 위해서는 다점포 확장기에서 전략적으로 점포 수를 늘릴 수 있어야 하고 성숙기를 지나서는 시장의 포화와 경쟁으로 회복기를 극복할 수 있어야 이후에도 우상향 곡선을 그릴 수 있다는 것을 보여주고 있다.

　위 사이클은 성장단계에 영향을 주는 요인으로 점포 수, 기간 등을 중심으로 도출된 모형이지만 생동감 있게 단계를 구분한 점은 가맹점의 다점포운영에도 적용하기 쉬운 모델이라고 할 수 있다. 실전에서 점포 창업가 중 높은 수익을 유지하는 분들의 공통점은 여러 점포를 운영하고 있는 점이다. 막연히 사회적 분위기와 주변의 권유로 추가 출점하는 경우를 제외하고 자기 주도적으로 점포 확장을 하신 창업가는 추가 출점에 있어 남다른 노력과 노하우가 있는 경우가 많다. 수익적인 측면뿐 아니라 생존율을 높이기 위해 점포 포트폴리오 측면에서라도 고려할 필요가 있다. 예를 들어 한 점포에 집중한 창업가의 경우 젠트리피케이션, 건물멸실, 경쟁 심화에 따른 매출 하락 등 요인으로 생계가 불안정해 질 수 있기 때문이다.

　〈그림 7-6〉은 프랜차이즈 편의점 가맹점의 성장단계에 따른 수명주기 사례이다. 프랜차이즈 편의점 생계형 점포 창업의 경우도 5년 이후 유의미한 창업이 유지되기 위해서는 수명주기에 따른 단계별 성장 전략을 충실해야 한다. 즉 단순히 오래 창업을 유지하는 것이 중요한 것이 아니라 업종성격과 창업 방향에 맞게 장기적인 생존 전략에 입각해 탄력적이고 유기적인 방식으로 접근할 필요가 있다. 따라서 프랜차이즈 상생차원에서 프랜차이즈 성장단계 연구는 가맹본부와 가맹점의 동반성장을 고려할 필요가 있다.

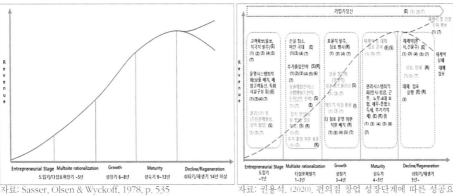

<그림 7- 5> 다점포 외식기업 수명주기   <그림 7-6> 프랜차이즈 가맹점 수명주기

자료: Sasser, Olsen & Wyckoff, 1978, p. 535

자료: 권용석. (2020). 편의점 창업 성장단계에 따른 성공요인 적용 방안에 관한 연구. 벤처창업연구, 15(5), 261-276.

2. 프랜차이즈 가맹본사의 기간적 출점 집중전략

프랜차이즈 사업 전 업종 성격에 따른 출점전략을 구분한 것으로 다점포 확장기를 어느 시기에 집중 하느냐를 구분한 것이다. 대체로 초기 출점 집중전략은 유행성 업종의 성격이 강하며 소규모 매장의 체인점에 많고 중기, 장기 출점 집중전략은 상품력을 중심으로 규모가 큰 체인점에서 많이 적용되고 있다. 따라서 업종 성격, 창업 방향성과 밀접한 관련이 있기 때문에 창업가는 이 점을 충분히 고려한 후 업종, 브랜드 선정을 거쳐 창업을 준비해야 한다.

2.1. 초기 출점 집중전략

초기 출점전략은 시작부터 2~5년 내 집중적으로 출점하는 전략으로 간편 음료, 디저트류 업종에 적합하다. 전혀 새로운 아이템의 사업도 없고 신선한 아이템도 금세 모방하는 업체들이 늘 곁에 있고 질 좋은 시장과 상품은 선발 기업이나 큰 기업에서 늘 눈독을 들이고 있기 때문에 프랜차이즈 사업에서 시간은 생명이다. 간단 식음료로 스몰 창업인 경우는 프랜차이즈 시장에 진입하기 쉽다. 그러나 사업의 확산과 성장성을 보면 자금과 기획 등 준비가 단발적인 측면이 많아서 브랜드 유지가 오래 가지 못하는 경우가 많다. 본사는 브랜드 관리보다 점포 확장에 더 많은 신경을 쓰는 경우가 많기 때문이다. 특히 저가형 음료 본사의 경우 점포확장에 열을 올리는 이유는 재료 마진율이 낮아서 손익분기점을 넘기기 위해서이다. 〈사진 7-4〉에서 보듯이 업계에서 가장 두각을 보이는 업체를 모방한 신규 업체의 진입으로 성장이 정체될 수 있기 때문이다. 실제 쥬씨라는 업체보다 먼저 진출한 업체도 있지만 이 업체가 두각을 나타내며 시장 파이를 키울 수 있었던 것은 초기 출점전략의 성공이다.

<사진 7-4> 위: 콘셉트 다른 경쟁업체, 아래: 쥬씨의 유사 경쟁 업체

자료: 본사 홈페이지, 카카오 로드뷰

실제로 이 업체는 2015년 가맹점을 개설한 이후 6개월 만에 300점포를 개점할 정도로 성장하였다. 이것은 초기 출점전략 측면에서 매우 주요한 전략이다. 이렇게 기존의 생과일 주스 시장이 특별히 눈에 띄지 않는 환경에서 급성장할 수 있었던 것은 2010년 9월 직영점을 오픈한 이후 4년 동안 충분히 고객 니드need를 파악하고 안정적인 원재료 공급에 따른 원가전략과 경쟁점 진출 등 충분히 고려하고 준비했기 때문에 가능한 것이다. 이렇게 모방이 쉬운 업종은 빠른 확산이 매우 중요하다. 또한 이 시기에 적극적인 점포를 출점하더라도 프랜차이즈 본사 입장에서는 시장을 선도할 수 있는 상품 개발 집중과 양질의 점포를 개발하는 것이 중요하다. 저가형 생과일 시장의 규모로 볼 때 일정 시점에서는 개별 점포의 구조조정이 필요하므로 점포 개발력을 강화하여 어떤 상황에서도 입지 권리금을 살려 운영 점주가 안심하고 운영할 수 있도록 해야 한다. 브랜드력과 상품력이 저하될 경우 가맹점주가 기대할 수 있는 것은 이것 밖에 없기 때문이다.

이 점이 중요한 것은 많은 중소 프랜차이즈 본사는 무턱대고 통행량이 많은 입지나 인지도가 높은 지역의 입지만을 선정하여 오픈하려 한다. 그러다 점포의 생존보다는 브랜드 홍보에 치중하게 되어 상대적으로 가맹점주는 내실 있는 점포를 선정하지 못하게 된다. 따라서 가맹 점주의 입장을 고려한 점포 선정하게 되면 장기적으로 브랜드의 신뢰성이 높아져서 브랜드의 재도약이 가능해지게 된다.

2.2. 중기 출점 집중전략

스타트업의 성장 전략에 가장 부합하는 형태이다. 약 6~10년 집중 공략하는 전략으로 중 규모이고 대중적인 타깃의 치킨, 피자, 음식 체인 등은 중기 출점전략이 적합하다. 특히 조리업(10분 이상 소요)인 경우 처음부터 무리한 시장(융복합 상권, 도심권 상권)에 진입하려 하지 않는다. 지역을 기반으로 유사지역을 공략한다. 지금은 수많은 치킨 전문점이 있다. 포화시장이라고 하더라도 치킨 브랜드는 꾸준히 증가하고 있다. 이중에서 또봉이통닭은 경기도 용인 보정이라는 지역에서 시작하였다. 몇 년 전만 해도 이 브랜드는 서울에서는 잘 보지 못한 치킨 전문점으로 경기권에서는 쉽게 볼 수 있었다. 소리 소문 없이 점포를 늘려 2017년도에 500호 점을 돌파하였다. 이렇게 지방 지역을 중심으로 유사 지역을 공략하여 점점 세력을 넓히는 형태의 상권 공략을 '지역 선점 전략'이라고 한다. 상권분석론에서는 원심법적 상권전략이라고도 한다. 〈그림 7-7〉 그래프는 이 브랜드의 출점 기간에 따른 개점수를 나타낸 그래프이다.

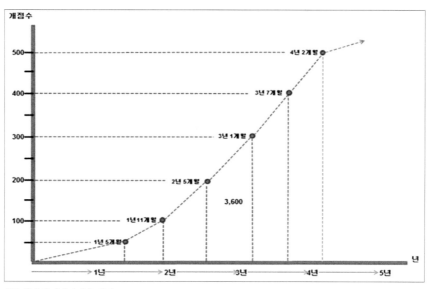

〈그림 7- 7〉 또봉이 통닭 개점수

자료: 본사 홈페이지 내용 정리

초기는 신중하게 접근하여 비교적 완만하게 성장하였으나 이후부터는 매우 가파르다. 치킨 브랜드가 이렇게 성장하기는 쉽지 않지만 매우 빠르게 시장을 공략한 사례이다. 한편으로는 대도시나 서울의 대학가를 배후로 하는 지역을 타깃으로 출점하기도 한다. 단 상품성을 고려하기 때문에 단순히 상품의 향수나 양적인 면만을 고려하지 않고 타깃 상품성을 명확히 하여 그들의 입맛에 맞는 상품성을 충분히 갖추고 진입한다. 이렇게 대도시나 서울의 핵심지역이 아닌 특정 지역을 선정하여 출점하는 것도 넓은 의미의 원심법적 출점전략이라고 할 수 있다. 단지 상품성이 더욱 높아야 하기 때문에 최근엔 상품 자체의 중요성을 강조하여 충분히 상품력을 갖춘 후 진출하는 추세이다. 특히 지방업체가 서울로 진출하여 확장하기 위해서는 상품성과 가격의 적절한 조합이 무엇보다 중요하다. 지금은 전국구 체인점인 채선당도 그랬 듯이 2003년 의정부에 본점을 개설한 후 지역을 기반으로 안정적인 수요와 인지도 를 심어둔 후에 점차 수도권으로 진입한다. 이렇게 채선당처럼 비교적 규모가 큰 경 우는 더욱 지역에 확실한 기반을 키우고 수도권에 진출한다. 지금은 채선당플러스 라는 브랜드와 상품력과 가격 경쟁력을 높여 상권 제압력을 높이는 형태로 확장하 고 있다.

2.3. 장기 출점 집중전략

10년 이후부터 장기적인 관점에서 출점에 집중하는 전략이다. 매우 장기적인 관 점에서 출점을 하기 때문에 상품력에 소홀히 하지 않고 프랜차이즈 확장성 자체에 중점을 두지 않는다. 비교적 규모가 큰 체인점이며 타깃 층이 명확한 업종인 온더보 더, 바토스, 타코벨 등 퓨전 멕시칸 요리 전문점은 장기적으로 서서히 브랜딩하는 전 략을 펴고 있다. 상품의 독창성이 높기 때문에 이태원 본점을 중심으로 상권의 성격 에 맞는 지역에 진입한다. 그러나 〈사진 7-5〉의 바토스, 온더보드, 타코벨의 매장 현 황을 보듯이 무리한 확장으로 균형을 깨뜨리지 않는다. 상품의 개성이 높기 때문에 타깃 소비층의 접근성과 입소문이 빠른 대도시 융복합 상권이나 대형 쇼핑몰에 출 점하여 브랜드 인지율을 높인다. 여기서 얻은 데이터로 대도시 유사 지역을 집중 공 략하지만 개별 점포의 상품력으로 브랜딩 강화에 치중하므로 적극적으로 전국적 체 인을 지향하지 않는다. 〈사진 7-6〉는 바토스의 오픈 초기 사진으로 비교적 임차료 가 저렴한 이면도로 2층에서 영업을 시작하였다. 외국인을 적극 공략하는 명확한 타 겟팅으로 시장에 안착한 후, 〈사진 7-7〉과 같이 지역 대로변 1층 대형 매장으로 이 전하여 국내 고객을 포함 차별화된 마케팅으로 고객을 유입시켰다. 이태원이라는 검색에 민감한 상권 개발 시장에 진입하며 상품 성격에 맞게 린 방식 상품을 꾸준히 개발한다. 주요 지역만 집중 공략하는 넓은 의미의 지역 확산 전략을 구사한다.

<사진 7-5> 바토스, 온더보더, 타코벨 점포 현황(사진 자료: 본사 홈페이지)

<사진 7-6> 최초 오픈한 이면도로 2층 매장   <사진 7-7> 도로변 1층 대형 매장

외식업에서 이 전략이 중요한 이유는 얼마 전 한국에 상륙한 쉑쉑버거를 보면 알 수 있다. 2004년 1호 점을 낸 이후 한국을 비롯해 전 세계 10여 개국에 진출해 총 점포 수는 130여 개임에도 불구하고 기업가치 17억 달러에 이르는 회사가 되었다. 이것은 단순히 점포 확장이 중요한 것이 아니라 상품가치를 중심으로 고객 가치를 충실했기 때문이다. 블루보틀이라는 글로벌 커피프랜차이즈는 초기엔 상품 개발과 브랜드 정체성에 집중하였다. 이후 서서히 충성고객이 생기면서 브랜드 체계를 정비하여 미국, 일본에 이어 2019년 6월 한국에서 오픈하였다. 미국 56개 일본 11개 한국 3개 포함 전 세계 70여 개밖에 안 되지만 커피계의 애플로서 브랜드 가치를 높이면서 창업 기업가치가 7억 달러(약 7,800억 원)에 이른다.

자본력이 풍부한 대기업의 대형 외식업체인 같은 브랜드는 더 복잡하다. 대기업 외식업은 법적인 제약이 있기 때문에 처음부터 수도권의 주요시장을 공략한다. 중소기업 상생법으로 인해 개별 상권에 진입하기보다는 역세권의 쇼핑시설이나 오피스 상권에 입점한다. 이런 곳은 임차료가 비싸고 쇼핑몰의 정체성과 함께 성장할 수 있는 업체가 입점해야 하므로 단순히 자리가 있다고 입점할 수 있는 것이 아니다. 브랜드력, 사업 운영 노하우, 상권분석 등이 완벽해야 성공할 수 있다. 대도시권은 트렌드에 민감하므로 일정 기간이 흐르면 분위기가 식는다. 그러나 대기업은 시스템을 유지해야 하므로 투자를 통한 출점도 늘려 일정 규모 이상의 지점을 확보해야 하므로 브랜드를 안착시키는 것은 어려운 일이다. 따라서 브랜딩이 안 되고 트렌드에 따른 상품 개발과 소비자 니드 반영에 소홀히 할 경우 대기업 프랜차이즈라도 성장하는 데 어려움을 겪게 된다. 또한 지방 맛집이 큰 음식체인으로 서울로 출점하는 전략은 쉽지 않다. 출점한다 해도 레귤러 체인(본사 직영 체인)이 적합하다. 예를 들어 제주도 유명한 갈치 전문점인 춘심이네는 엄청나게 유명하지만 서울로 진출하기엔 어렵다. 상품력은 최상이다. 맛은 둘째고 신선이 생명인 갈치를 공수하기도 어렵고 단가도 맞지 않기 때문이다. 전주의 유명한 순두부 전문점도 지역 입맛에 맞지만 서울 소비자 입맛을 사로잡기엔 부족하다. 박리다매가 가능한 상품성도 아니다. 따라서 규모가 작으면 출점 가능 상권도 다양하지만 규모가 크면 직영점 정체성, 가격성, 신선도, 지역성, 프랜차이즈 기획 등이 맞지 않아 수도권으로 전략적인 출점을 하는 것은 어려운 것이 현실이다.

3. 본사의 수익 구조에 따른 출점전략

일반적으로 프랜차이즈 본사의 수익 구조는 개설수익 구조, 유통수익 구조, 로열티 수익 구조, 협업 수익 구조로 나눌 수 있다. 개설 구조는 점포 신규 오픈함으로서 발생하는 수익 구조로 인테리어 제공, 가맹비, 교육비, 시설비 판매 등을 주된 수익으로 하는 구조이다. 일시적으로 높은 이익이 발생하지만 불안정한 수익 구조로 트렌드에 민감한 업종에서 볼 수 있다. 일반적으로 세탁편의점, 인형뽑기방, 코인노래방, 피씨방 등이 여기에 해당한다. 본사의 지속적인 운영지원이 불필요한 구조이므로 상권에 최적화된 지역에 빠르게 선점하는 것이 중요하다. 유통수익 구조는 본사가 공장에서 제조한 소스, 원재료 등을 가맹점에 납품함으로써 발생하는 중간 마진을 주된 수익으로 하는 구조이다. 일반적으로 본사의 소스, 원재료 등의 납품으로 매장이 운영될 수 있는 구조이므로 가맹점의 폐점률이 낮고 지속적인 성장이 가능한 아이템이 적합하다. 대체로 매장에서 테이블 조리 형태로 제공되므로 재료의 신선도와 빠르게 공급할 수 있는 것이 경쟁력이다. 일반적으로 볶음요리, 찌개요리점 등이 여기에 해당한다. 로열티 수익 구조는 프랜차이즈 본사의 대표적인 수익으로 정률제와 정액제로 구분할 수 있다. 정률제는 가맹점에서 발생하는 매출이나 이익의 일부를 고정비율(%)로 정하여 본사와 배분하는 구조이다. 정액제는 가맹점 매출이나 이익과 관계없이 일정 금액을 본사에 납입하는 구조이다. 정률제는 가맹점이 성장해야 본사도 성장할 수 있는 구조이므로 가장 일반적인 프랜차이즈 수익 구조라고 할 수 있다. 편의점 업계가 여기에 해당한다고 할 수 있다. 정액제로는 본사의 주된 수익이 될 수 없기 때문에 유통구조에 의한 수익 구조를 병행하는 편이다. 본사의 상품아이템이 많은 업종은 개발 비용이 많이 들기 때문에 많은 가맹점이 필수이므로 보편적인 확산으로 시장을 넓히고 있다. 커피업계의 경우 이디야 커피 전문점이 여기에 해당한다고 할 수 있다. 콘텐츠 수익 구조는 회사의 브랜드 가치를 높여 회사의 유무형 자산을 통한 직간접적인 광고 수익과 콘텐츠 생산에 따른 수익을 말한다. 최근에는 소비자와 소통이 중요하여 젊은 소비자가 많이 찾는 호프집의 경우 엔터테인먼트, 스포츠 업계와 협업으로 인한 시너지가 상당하다.

<표 7-2> 가맹본사 수익 구조

구분	개설수익 구조	유통수익 구조	로열티 수익 구조	콘텐츠 수익 구조
수익	인테리어, 가맹비, 교육비, 시설비 판매 등	자체 물류 제공에 따른 마진 등	정해진 일정 금액 지급/매출 또는 이익에 대한 일정 비율 지급	매장 pop, ppl 등 광고와 콘텐츠 제작에 따른 수익
특징	초기 자금 확보에 유리	안정적인 공급망 확보와 충분한 가맹점이 확보되어야 함	상품개발과 즉각적인 지원에 민감한 업종에 유리	고객 소통이 많은 업종에 유리
적합	자체 시설비 비중이 높은 본사에 유리	다품종을 공급하여 가맹점 매출이 높은 본사에 유리	장기지향적인 비전을 중요시 여기는 본사에 적합	가맹점 매출이 높고 방문객수가 많은 본사가 적합
출점 전략	초기 출점 집중 전략, 공급 거점 전략, 핵심지 공략법, 지역 선점법, 도시거점법, 지역 맞춤 확산법	중기 출점 집중 전략, 공급 거점 전략, 지역 맞춤 확산법, 도시거점법	장기 출점 집중 전략, 관리 거점 전략, 핵심지 공략법, 지역 맞춤 확산법	중장기 출점 집중 전략, 공급 거점 전략, 관리 거점 전략, 도시거점법, 핵심지 공략법, 상품 맞춤법
사례	키즈 카페 등 테마형 카페	카페, 한식 등 외식업	카페, 편의점, 세탁편의점 등	주점

4. 가맹점 지원전략franchisee support strategy에 따른 출점전략

프랜차이즈 본사의 가맹점 지원은 크게 물류 측면, 관리 측면(영업 지원), 마케팅 측면 등으로 나눌 수 있다. 물리적으로 본사 전략적 출점전략에 직접적인 영향을 미치는 물류 측면과 관리 측면에서 다루어 보겠다.

4.1. 공급 거점전략

4.1.1. 판매업

진열판매와 조제판매업이 있다. 진열판매업은 편의점, 문구점과 같은 공산품이 주력인 업종을 말한다. 이런 업종은 가맹점에 원활히 물류를 공급할 수 있는 거점 물류 센터 확보가 중요하다. 본사의 전략적 출점전략에 따라 규모와 공략 지역을 선정한다. 조제판매업은 베이커리, 커피 등 음료업이 주력인 업종을 말한다. 프랜차이즈인 경우 밀가루 반죽, 반죽 원료, 생지, 원두, 분말가루, 컵, 홀더, 스트로 등 자재는 정기적으로 공급해야 하는 물품이므로 물류 공급이 매우 중요한 업종이다. 따라서 거점 물류 센터 확보가 중요하다.

4.1.2. 조리업

매장에서 식재료를 직접 조리를 하면서 판매하는 업이다. 프랜차이즈 식품의 특성을 좌우하는 것은 본사에서 독자적으로 개발한 소스이므로 이에 대한 원활한 공급이 중요하다. 소스 공장은 규모에 따른 차이가 크기 때문에 프랜차이즈 구축 초기에는 직영점을 통한 공급이 가능하므로 근거리 출점전략이 좋을 수 있다. 이후 본사의 전략적 출점전략에 따라 공장 규모와 공략 지역을 선정한다. 대체로 초기 가맹본사가 적용하는 전략으로 가맹점에 대한 관리보다는 안정적인 물류 공급에 중점을 둔다.

4.2. 관리거점 전략

프랜차이즈 본사가 가맹점의 영업 지원, 문제해결 등 개별 가맹점에서 발생하는 일련의 행위에 대한 지원을 말한다. 일반적으로 본사 슈퍼바이저를 통한 지원이 여기에 해당한다고 볼 수 있다. 그러나 슈퍼바이저의 업무 범위에 비해 활동 범위는 넓을 수 없기 때문에 가맹점이 분산되어 있는 경우 효율적 관리는 물론 집중적인 지원도 어렵다. 따라서 기술 전수형 프랜차이즈의 경우는 상대적으로 슈퍼바이저 역할이 적게 투입될 수 있고 솔루션 중심의 프랜차이즈의 경우는 상대적으로 슈퍼바이저 역할이 높게 투입될 수 있다. 전자는 충분한 기술 습득 기간을 거치고 창업을 하며 오픈 이후에도 일정 기간 집중적인 관리만 하게 되면 본사 역할이 줄어들지만 후자는 초보 창업자인 가맹점주의 창업이 많고 솔루션에 대한 수동적 대처로 본사의 지속적인 매뉴얼 관리가 필수적이기 때문에 슈퍼바이저의 역할이 높게 투입된다.

특히 메뉴 다양성이 높고 신메뉴 개발이 필수적인 본사의 경우 더욱 슈퍼바이저의 역할이 크다고 할 수 있다. 따라서 가맹점의 분산되어 있고 지나치게 먼 거리에 있는 경우 효율적인 가맹점 관리를 위해서 지원 규모에 따른 전략적 출점전략을 수립해야 한다.

5. 프랜차이즈 체인 상권전략

상권전략은 점포의 장기적 출점전략으로 운영적 요인이 결합된 전략을 말한다. 광의의 상권전략(프랜차이즈 가맹 본사의 전략적 출점전략)은 앞서 언급한 본사의 브랜드 수명주기와 성장에 따른 출점전략을 중심으로 한 다점포 확장전략을 말한다. 협의의 상권전략(프랜차이즈 가맹 본사의 전략적 출점전략)은 개별 점포 즉 특정 업종의 점포가 특정 지역에 창업을 하는 경우 경쟁력이 있는지 본사의 출점전략에 부합하는지 확인하여 상권을 공략하는 전략을 말한다.

5.1. 프랜차이즈 가맹 본사의 전략적 출점전략opening of a franchiser strategy

프랜차이즈 가맹 본사의 전략적 출점전략은 광의의 상권 전략으로 핵심지 공략법 core strategy, 지역 선점법secure a specific area strategy, 도시 거점법city a basic strategy, 지역 맞춤 확산법local custom diffusion strategy, 상품 거점법product focus strategy으로 구분할 수 있다.

5.1.1. 핵심지 상권 공략법core trade market strategy

핵심지 상권 공략법은 지역대표 상권이나 상권발달도가 높은 상권을 집중적으로 출점하는 전략이다. 따라서 핵심지는 성격에 따라 전통적 핵심지 상권과 융복합적 핵심지 상권으로 나눌 수 있다. 전통적 핵심지 상권은 주로 명동상권이나 사당동 상권처럼 지리적 여건에 의해 오래전부터 자연스럽게 형성된 지역대표 상권을 말한다. 이런 곳은 형성초기에 교통 요지였기 때문에 중심 교통시설 주변으로 형성되었다. 따라서 대핵을 중심으로 형성되지만 상권 확장성 측면에서 다양성이 부족하여 위성상권이 발달하지 않는다. 초기엔 메인 상권에 자본 투입이 높은 브랜드 홍보와 플래그십 매장 출점이 많았지만 지역 대표 상권의 틀에서 발전하였기 때문에 상권의 색깔이 명확하지 않아 교통, 대학, 학원, 관광, 배후지 규모 등이 얼마나 연계되어 있는지에 따라 개별적으로 출점전략을 세운다. 각각 위 성격에 따라 브랜드 정체성에 맞게 출점하며 공통적으로 통행량이 많은 편이므로 상품 개성이 높거나 고가보다는 가성비 좋은 프랜차이즈 업종의 출점이 주류를 이룬다. 이수 역세권이나 공덕 역세권처럼 배후를 기반으로 하는 상권일수록 프랜차이즈보다는 개인 창업 업종의 발달이 많은 편이므로 프랜차이즈 브랜드는 개성 있는 콘셉트로 진입해야 한다.

융복합적 핵심지 상권은 상권 변화와 확장이 빠르게 진행되므로 상권 발달과 색깔이 명확한 상권을 말한다. 즉 홍대나 건대 상권처럼 대핵, 다핵, 위성 상권이 모두 발달한 지역이나 망원동, 한남동, 성수동, 이태원 상권처럼 대핵과 위성 상권이 발달한 융복합 상권 등으로 소위 핫한 상권이 여기에 해당한다. 홍대 상권은 너무 넓어 국지적이고 불규칙적으로 발달한 곳이 많아서 최적의 상권 공략이 매우 어렵기 때문에 본사의 홍보와 브랜드 검증을 위한 목적 등으로 출점한다. 반면에 이태원 상권은 핵심지가 명확하지만 상권 확장성이 낮고 상대적으로 좁기 때문에 검증된 개인 브랜드의 진입이 유리하다. 예를 들어 서울시 강남구에 있는 '스케줄 청담'이라는 레스토랑은 복합문화공간을 지향하며 스케줄 청담을 시작으로 스케줄 합정, 스케줄 성수, 스케줄 동탄, 스케줄 해운대, 스케줄 양양 등 전국을 타깃으로 핵심지를 집중 공략하여 진입하기도 한다. 이와 같은 출점은 상권제압력을 높일 수 있는 규모와 상품력으로 준비하여 지역 특색에 맞는 콘셉트로 차별화하여 진입한다. 따라서 점포 출점 수에 중점을 두기보다는 핫한 상권에서 브랜드 인지도를 높이는 데 중점을 두고 출점한다. 또한 최근에는 카페 '노티드'라는 도넛 전문점과 같이 첫 출점지역으로 서울시 강남구 청담동이나 압구정동에 진입하는 사례가 늘고 있다. 즉 높은 퀄리티와 디자인 감성을 입힌 상품으로 가장 핫한유행을 선도할 수 있는 지역을 공략하여 브랜드 인지도를 높이고 있다. 그러나 이들 지역은 투자비와 유지비가 높고 소비자 취향이 까다롭기 때문에 많은 준비가 필요하다. 브랜드 시장선점을 위해서 후속 지역에 적합한 규모로 적절한 타이밍에 공략해야 하기 때문에 경험이 부족한 프랜차이즈 본사에게 적합하지 않다. 융복합 형태의 상권은 젊은 소비자 유입이 많은 편이므로 최근 IT 업체(카카오프렌즈, 라인프렌즈), 게임 업체(넷마블), 공유주방 업체 등은 자사의 캐릭터를 활용한 홍보 활동에 집중하고 있다. 단순히 캐릭터를 판매하는 것이 아니라 고객과 소통하고 친숙해지는 것을 목적으로 락인 효과rock-in를 기대하고 있다. 따라서 판매를 목적으로 하기보다는 사용자 경험을 중요하게 여기며 소비자가 캐릭터 공간에서 자연스럽게 시간을 보낼 수 있는 상권에 매장을 설치한다. 너무 복잡한 지점이나 코너형 매장보다는 넓은 전면을 확보하여 고객이 편안한 상태에서 매장에 진입할 수 있는 지역이 적합하다.

특히 핵심지 상권은 〈그림 6-1〉에서 보듯이 상권 발전 과정에 따라 공략을 다르게 적용해야 한다. 핵심지 상권은 상권 발달도 측면에서 1차, 2차, 3차 핵심지 상권으로 나누어 공략할 수 있다. 1차 핵심지 상권 공략은 대핵이나 중대핵을 공략하는 것으로 2차, 3차 핵심지 상권이 있는 곳의 핵심이므로 상권이 넓고 광범위하게 발달한 홍대 중심가, 강남역 일대, 건대 중심가 등과 같은 상권을 말한다. 1차 핵심지 상권은 상권 발달도가 높아서 임차료나 인건비 등이 매우 높아 대형 프랜차이즈의 전략적 출점이나 질적 수준이 높은 업체가 아니라면 출점하여 버티기가 매우 어렵다. 따라서 단순 통행량에 의한 수요는 꾸준하지 못하기 때문에 상권 내에서 가장 중심성이 높은 대핵 상권이어야 한다. 이 지점은 반경이 그렇게 넓지 않다. 2차 핵심지 상권 공략은 대핵심 상권의 중핵심과 1차 다핵상권의 중핵심을 공략하는 것을 말한다. 중심성이 같지만 상권 성격은 다르다. 대핵심 상권의 중핵심은 상권 발달속도가 높고 상대적으로 간접 통행량을 기대할 수 있지만 임차료 상승이 높고 경쟁률이 높아질 수 있다. 따라서 상품 차별성을 갖춘 브랜드가 인지도 급격한 인지도 상승을 기대하는 경우 더 적합하며 간단한 식사대용, 음료점이 발달한다. 반면 1차 다핵 상권의 중핵심은 소위 말하는 뜨는 상권이 많고 상대적으로 임차료가 저렴하지만 급격한 상권 발달이나 통행량 유입을 기대하기 어렵기 때문에 개성 있는 상품력으로 장기적인 관점에서 창업하는 경우 유리하다.

맛집 콘셉트로 고객을 유인하여 상권 내 stay time을 길게 하여야 하므로 주로 샵인 매장이 발달한다. 3차 핵심지 상권 공략은 대핵심 상권의 중하핵심과 1차 다핵상권의 중하핵심, 2차 다핵상권의 중하핵심을 공략하는 것을 말한다. 전국구 상권을 공략하더라도 1, 2차 핵심지 상권의 리스크를 줄이기 위해 공략하는 상권이지만 전략적 출점이므로 상품의 콘셉트가 명확해야 승산이 있다. 그러나 2차 핵심지 상권의 발달이 약해지고 3차 핵심지 상권에 지나치게 일찍 진입하는 경우 단순히 고객 유입률을 기대하는 창업가는 고전할 수 있기 때문에 3차 핵심지 상권 진입은 신중해야 한다.

결론적으로 핵심지 상권 공략법은 질 좋은 상품과 독창적인 상품콘셉트로 핵심지를 공략하므로 자금 투입이 많이 들기 때문에 수익성 이외에 브랜드 인지도를 높이기 위한 전략적 출점을 목적으로 한다.

5.1.2. 지역 선점법secure a specific area strategy

대도시가 아닌 지방의 중소도시에서 눈높이에 맞는 지역에 눈높이에 맞는 상품성으로 공략한다. 따라서 대체로 상권은 핵심지에 해당하지는 않고 배후를 타깃으로 하는 편이므로 주택가 상권에 출점한다. 그리고 점차 유사지역을 선점하여 조용히 공략한다. 지역을 잘 이해하고 지역에 친화될 수 있는 업종인 치킨, 분식 같은 친숙한 조리 식품의 공략이 적합하다. 최근 창업 트랜드인 무인 시스템 매장이나 신개념 테스트 매장의 진입에 적극 활용되고 있다. 또한 시스템적으로 안정기에 접어들기 전에는 인지도와 상관없이 무리하게 핵심지를 공략하는 것은 피하는 것이 좋다. 따라서 지역에서 충분히 경험하고 준비한 후 수도권의 틈새를 원심법적으로 공략한다. 〈그림 7-5〉의 '또봉이통닭'이라는 치킨 프랜차이즈는 용인에서 출발한 브랜드이다. 전통적인 방식의 튀김 닭을 저렴한 가격에 판매하는 프랜차이즈이다. 특별함보다는 옛날 맛 통닭으로 담백한 맛을 살려 저렴하게 공급하므로 용인이나 안산 같은 수도권 외곽 지역에서 지역민들의 소비를 적극 유도하여 지역에 적합한 틈새를 겨냥한 전략을 폈다. 즉 상품성이 특별히 우위에 있기보다는 옛날 맛 그대로의 통닭을 그 때 그 가격으로 제공하는 콘셉트에 맞게 지역을 선점하는 전략이므로 출점하였으며 대도시권에 진출하기 전까지 잘 알려지지 않은 브랜드이다. 그러나 설립 5년만에 500점이 넘는 업체가 되었다. 이렇게 특별한 상품성만을 추구하지 않아도 옛날치킨의 본질을 추구하는 지역 맞춤 전략으로 소비자들의 틈새를 적극적으로 공략하여 확장한 케이스이다. 이렇게 조용히 중소 도시에서 확장시킬 수 있는 전략은 독특한 콘셉트의 상품보다는 창업가 측면에서 상품 위치성이 민감하지 않는 상품으로 진입하는 것이 적합하다.

5.1.3. 도시 거점법city a basic strategy

상품력과 브랜드 정체성에 맞는 대도시 지역을 선정하여 그 지역을 중심으로 확산시키는 전략을 말한다. 중장기적으로 전국적 확장을 도모한다면 적합하지만 적절한 시점에 물류 시스템과 상품력을 꾸준히 업그레이드해야 하므로 가장 투입 자본이 많이 들기 때문에 쉽게 접근하기 어려운 출점법이다. 교촌 치킨은 대구 지역을 거점으로 점차 원심법적으로 출점하였다. 이후 대도심을 거점으로 지역을 확산하여 전국적 프랜차이즈로 성장할 수 있었다. 특히 교촌은 2003년 매출 대비 2015년 매출 증가율은 약 3배가 증가하였으나 점포 수 증가는 5%도 되지 않는다. 이것은 양적으로 잘 되는 지역과 잘 아는 지역에 작은 도미넌트식으로 집중적으로 출점하는 전략에서 벗어나 질적 성장을 지향하여 전국적으로 지역 거점을 중심으로 충실히 출점하여 효율적인 상권을 공략하였기 때문이다. 또한 높은 가성비를 앞세운 '바나프레소'라는 카페 프랜차이즈는 초기부터 서울시 강남구와 서초구를 거점으로 하여 집중적으로 출점하였다. 이후 브랜드 인지도를 높이고 점차 서울시 전체를 타깃으로 상권을 확장하고 있다. 그러나 편의점과 같은 브랜드 확장성이 중요한 업종은 다르게 접근해야 한다. 예를 들어 1989년 대구를 거점으로 성장한 A편의점은 도시 거점법을 활용하였으나 전국적 인지도가 부족, 수도권 공략 전략 부재, 경쟁력 저하 등으로 전국적 네트워크 구축에 어려움을 겪고 있다. 즉 도시 거점법은 전국적 확장 시점이 중요하므로 일정 시점부터는 출점 집중 지역을 중심으로 효율적 물류 지원이 바탕이 되어야 한다. 또한 편의점과 같은 상품 동질성이 높은 업종은 브랜드 인지도에 따른 양적 확장이 매우 중요하여 전국 체인을 도모한다면 지방도시를 거점으로 하는 공략보다는 수도권 대도시에서 공략이 적합하다. 도시를 거점으로 출점하는 경우는 경쟁을 고려해야 하므로 상권 제압력을 높일 수 있고 가맹점 지원을 활발히 할 수 있는 본점이나 중요 직영점의 역할이 중요하다.

5.1.4. 지역 맞춤 확산법local custom diffusion strategy

유사한 상권, 유사한 규모의 지역을 타깃으로 확장하므로 주로 대도시권에서 공략이 적합하며 전국적 지점 확보전략이 아니라 지역 내 인지도를 높이고 핵심지와 비핵심지를 구분하지는 않는 일반지역을 맞춤형으로 선정하여 확산시킨다. 따라서 점포의 콘셉트가 지역 성향에 맞게 매장의 변화를 추구하므로 매우 유연하고 실속 있는 전략이다. 단지 상품에 대한 정체성을 명확히 하여 브랜드 손상은 최소화해야 한다. 이태원에서 출발한 크래프트 비어 전문점인 한스비어Hans beer는 여기에 부합하는 브랜드라고 할 수 있다. 즉 상권 네트워크로 점포 간 고객 소개, 인지도, 상품 소개가 최적화되어야 하므로 비슷한 형태의 비슷한 소비자를 타깃으로 하기 때문에 비교적 소비자 성향 파악이 쉬운 대학가와 배후지가 혼재된 지역, 확장 배후형 상권에서 적합한 지역에 출점한다. 지역 선점법과 달리 공략지 성향을 상회하는 상품성을 확보해야 하므로 가격 대비 중퀄리티 이상의 상품성을 확보해야 하며 타깃 상품성 또한 대중성을 지향한다. 흔히 아는 샤브샤브 브랜드인 채선당도 여기에 해당하며 일부는 지역 선점법이 혼용되기도 하지만 비교적 규모가 큰 편이므로 상권 수요를 넓게 볼 수 있는 지역 맞춤 확산법이 더욱 적합하다. 〈사진 7-8〉의 리얼 프라이라는 치킨 프랜차이즈는 중앙대 대학가를 본점으로 확장하고 있다. 필자가 운영하는 점포의 바로 옆에서 오픈했는데 공사를 시작할 때부터 매우 준비를 많이 한 체인점이라는 인상을 받았다. 메뉴는 치킨이지만 부족함이 없는 콘셉트와 젊은 층을 적극 공략하였고 특히 매장 내shop in 소비를 타깃으로 맥주를 마시고 싶게끔 하는 상품 구성과 매장 콘셉트로 대학가 배후 상권을 중심으로 지역 맞춤 확산법을 확실히 실행하고 있다.

<사진 7-8> 지역 맞춤 전략 확산(사진 자료: 본사 홈페이지)

공덕역세권은 확장 배후형 상권이며 고기집들이 모여 있는 집재성 상권에 본점을 두고 있다. 춘천에서는 일반화되어 있지만 서울에서는 일반적인 볶음 닭갈비가 주류를 이루는 시장에 숯불 닭갈비로 진출하였다. 돼지갈비, 갈매기살 구이 등이 주를 이루는 지역에 닭갈비를 테마로 상권 제압력을 높여 출점하였다. 체인 확장을 할 경우 전술적 출점 측면에서 보면 뒤에서 설명할 '집중 대치전략'이나 '교두보 확보전략'으로 활용한다.

중장기적으로 점포가 늘어날수록 상품의 질을 높여 점차 대도시권의 핵심 지역을 공략하게 된다. 이때는 상품성을 확산하는 지역에 맞게 한 단계 업그레이드한 콘셉트나 지역 특색을 반영한 매장 환경이나 상품구성으로 진입하는 것이 중요하다. 지역 맞춤 확산법은 상권 네트워크가 기반이므로 아무리 좋은 위치가 있더라도 무리하게 동떨어진 위치에 선정하는 것은 지양해야 한다. 프랜차이즈 출점의 어려움은 브랜드 인지도 상승을 위한 마케팅 비용 지출이 한정되어 있어 점포 자체가 홍보가 되는 수단을 최대한 활용해야 한다.

5.1.5. 상품 맞춤법product focus strategy

말 그대로 상권가치에 부합하는 상품력으로 진입하는 출점전략이다. 따라서 브랜드 희소성이 높거나 상품력을 극대화하여 출점하는 전략으로 소비자의 눈과 강한 인상을 주는 것이 중요하다. 상권분석적 접근법적에 의한 상품력을 집중하므로 체인 확장성보다는 개별 매장의 자체 경쟁력에 치중한다.

얼마 전 한국 진출한 쉑쉑버거는 SPC그룹이 미국에서 들여온 브랜드로 상품성에 초점을 맞추고 상권을 공략한다. 브랜드 정체성이 최고를 고집하므로 많은 체인점을 지향하지 않기 때문에 소비자 접점을 극대화될 수 있는 위치를 선호하므로 타깃층을 충분히 흡수할 수 있는 상권을 공략한다. 예를들어 팔각도, 원조 부안집, 식껍, 이차돌, 목구멍, 임대장, 히츠지야, 고반식당 등 최근 핫한 프랜차이즈 고기집은 도미넌트로 진입하지 않고 명확한 차별성을 가지고 상권에 1대1로 진입하여 브랜드 희소성을 높여 매출을 증대시키고 있다. 〈사진 7-6〉의 바토스라는 퓨전멕시칸 요리점도 연구방식과 린 방식이 혼합된 상품으로 외국문화가 익숙한 이태원 상권에 출점하였다. subway라는 샌드위치 전문점은 샌드위치 브랜드 희소성과 상품 콘셉트의 희소성으로 상품 거점법을 중심으로 대로변 입지를 집중 공략하여 출점한다. 재료 공급과 물류 비용을 고려하기 때문에 점포 간 네트워크가 원활하게 출전전략을 세운다. 베이글은 상품 맞춤법에 적합함에도 불구하고 자체 조달보다는 체인점으로 운영되는 경우도 많아서 상품 특성상 적합하지 않다. 베이글은 과거보다는 대중적인 상품이 되었지만 인식적 대중성이 강하고 상권이 넓은 업종도 아니기 때문에 특정 계층만을 타깃으로는 성공적인 출점이 매우 어려운 업종이다. 즉 소비자 니드가 좁다면 상품력으로 흡수해야 하는데 특별한 가치를 제공하기 어려운 점이 아쉽다. 따라서 상품을 알리고자 무조건 전면도로에 출점하는 것이 좋지 않으며 베이글을 즐기는 소비자가 얼마나 많은지가 중요하다. 상권 내 해외 생활을 경험한 분이 많거나 외국인이 많은 지역이 유리하다. 통행량에 민감한 지역보다는 포괄적이며 안정적인 배후민을 확보한 지역 중에 노출되기 쉬운 곳이 좋다. 따라서 확산이 쉽지 않기 때문에 꾸준히 운영을 할 수 있는 지역인지 파악하는 것이 중요하므로 상권 네트워크 측면보다는 매우 개별적 접근이 중요하다.

5.2. 프랜차이즈 가맹본사의 전술적 출점전략 tactical opening of a franchisor strategy

전술적 출점전략은 그때그때마다 국지적으로 대응하는 협의의 상권 전략을 말한다. 가령 경쟁점이 생겨서 우리 점포의 매출에 심각한 영향을 주거나 예상이 될 때 상권 방어측면의 전략일 수 도 있고 상권 경쟁 측면의 경쟁을 할 수 도 있다. 본사 입장에서는 경쟁적 상황과 본사 여건에 따라 년 단위 또는 분기 단위의 즉각적이고 단기적인 전술을 펼 수도 있다. 따라서 창업가는 가맹 본사의 전술에 따른 출점을 이해한다면 더 성공적인 점포 선정이 가능할 것이다. 틈새전략niche strategy, 안김전략a free ride strategy, 동승전략share strategy, 대치전략face to face strategy, 다중대치전략multiple face to face strategy, 교두보확보전략securing bridgehead strategy, 개인화전략individual strategy 등이 있다.

5.2.1. 틈새전략 niche strategy

틈새전략은 '상품 성격에 따른 전략적 틈새전략'과 '틈새시장 진입 측면전략'으로 구분할 수 있다. 전략적 틈새전략은 시장진입의 여러 가지 전략적 접근법 중 하나로 내가 하고자 하는 업종의 선택과 방향을 틈새라는 키워드에 맞춰서 찾는 것이다.

<표 7-3> 틈새전략 및 틈새시장 구분

구분			내용
상품 성격에 따른 전략적 관점	9:1 틈새전략		완전히 새로운 콘셉트 상품으로 공략
	9의 1 틈새전략		기존의 상품에 콘텐츠를 변경한 상품으로 공략
틈새시장 진입전략 측면	동종 업종 틈새 시장	상품 중심 시장 (상권분석적) — 소화율	넘치는 수요, 동일 수준 이상 상품력
		독점적	상품 독점
		차별적	상품 차별화 경쟁력
		고객위치 중심 시장 (배후분석적) — 소화율	동종 업종 기준으로 남음이 있는 수요를 타깃으로 입지하여 공략할 수 있는 상권
		독점적	동종 업종 기준으로 독점적 수요를 타깃으로 입지하여 공략할 수 있는 상권
		차별적	동종 업종 기준으로 경쟁점과 차별화된 입지에서 공략할 수 있는 상권
	이종 업종 틈새 시장	2차 소비 흡수 경쟁시장	1차 소비를 피하여 2차 소비를 타깃으로 한 틈새시장
		부분 흡수 경쟁시장	특정 점포 또는 업종의 매출 일부를 타깃으로 한 틈새시장

• 상품 성격에 따른 전략적 틈새전략

가. 9:1 틈새전략

일반적인 것을 90%이고 틈새를 10%라고 가정하고 10% 틈새, 즉 기존시장에 없는 새로운 아이템을 찾아 진입하는 전략이다. 따라서 혁신적이거나 매우 독창적이어야 하기 때문에 상품에 대한 충분한 검증을 거치지 않는다면 매우 어려운 전략일 수 있다. 초기 시장 진입에 성공하였더라도 점포 창업은 상대적으로 모방이 쉽기 때문에 경쟁우위를 유지하지 못하는 경우가 많다. 따라서 늘 고객 가치에 집중하고 업그레이드하며 사업적 마인드를 발전시키지 않고 서는 사업이 오래 연속되기 어렵다. 실제로 지금은 찾아보기 힘들지만 2000년대 초 ○○스테이크라는 일본 스테이크 전문점이 a백화점에 출점하여 상당한 인기를 끌었다. 잘 달궈진 철판에 스테이크와 숙주가 함께 나오면 고객이 직접 양념을 넣고 버무려 먹는다. 철판이 너무 뜨거워 버무리다가 양념이 튈 정도이니 예쁜 옷을 입은 여성이나 아이와 함께 온 손님은 조심해야 했다. 요리 방법이 참 재미있는 아이템이었다. 그러나 이 브랜드는 백화점 푸드코트에 입점하였으나 많은 젊은 사람에게 신속하게 퍼져 나가기에는 가격도 부담스러웠고 본사의 마케팅 인식이 부족했다. 아이템도 신선했고 맛도 괜찮았으나 이후 외식업은 더욱 발달하여 조금 더 높은 금액을 지불하면 훨씬 고급스런 음식을 맛 볼 수 있는 곳이 많았기 때문에 오래 가지 못하고 문을 닫았다. 이 업종은 틈새를 잘 선정하였으나 그에 따른 제반 여건(가격, 상권 적합성 등)이 맞지 않았다. 반면에 성공한 사례를 보면 일반적으로 만두는 수요성 업종이 아니므로 어느 정도 독립적 상권이 형성되어 있다. 그러나 어디를 가든지 접근하기 쉬운 상품이다. 통행량이 많은 교차로 상권이나 교통시설이 발달한 곳에서는 쉽게 찾아볼 수 있다. 이태원이라는 외국인이 많이 방문하는 음식문화거리에 만두 전문점은 어떨까? 만두라는 흔한 아이템이지만 일반적인 한국식이 아니고 중국식 만두로 오래전부터 자리 잡은 '쟈니딤플링'이라는 중국식 만두 전문점이 있다. 이태원이라는 관광 상권에서 이태원 분위기를 느끼고 부담 없는 가격에 즐길 수 있는 콘셉트로 진입하였다. 임차료 부담이 적은 매장 규모로 이면도로 초입에 위치하여 매장 홍보효과도 극대화시킬 수 있는 곳에 진입하였다. 상권 성격상 투자비가 높고 경기에 따라 고객 유입률 차이가 크고 단순히 경쟁자가 진입하기에도 부담스러운 아이템이므로 오랜 기간 시장을 독점할 수 있었다. 지금은 음식 문화가 발달하여 완전히 새로운 아이디어를 찾아 승부하기에 어려움이 많다. 따라서 쟈니덤플링 사례에서 보듯이 9:1 틈새는 가격과 마케팅이 잘 받쳐주지 않으면 매우 어렵기 때문에 상권에 적합한 상품 콘셉트를 선정할 때 이 점을 충분히 고려해야 한다.

나. 9의 1 틈새전략

일반적인 것 90%에서 10%의 경쟁력 있는 틈새 즉 기존 상품을 재해석하여 진입하는 전략이다. 검증된 것에서 틈새를 찾는 것이므로 일상에서 쉽게 볼 수 있는 것이기도 하고 어찌 보면 누구나 알고 있는 아이템일 수도 있기 때문에 틈새 상품을 어떻게 발전시키느냐가 중요하다.

음식점의 사례로 예를 들면 홍대 상권에 구슬함박이라는 브랜드로 진입한 함박 스테이크 전문점이 있다. 홍대 상권에서도 다핵 상권에 있으며 이면 도로의 한적한 곳에 위치해 있어 고객이 찾아와야 하는 위치에 있다. 따라서 배후분석적으로 고려된 위치는 아니다. 주메뉴인 함박 스테이크는 그리 독창적인 아이템이 아니다. 앞서 언급한 스테이크 전문점처럼 2000년대 초는 달궈진 프라이팬에 숙주와 함께 제공된 것이 9:1 틈새라면 현재 구슬함박은 그 시기와 다르게 독창적인 1이 아니라 현재 있는 9 안의 1이다. 그렇다고 쉐프의 특별한 스킬과 경력이 있지도 않다. 가정주부가 자식과 가족에게 선사하던 정성이 담긴 요리를 그대로 음식업에서 재연한 것이다. 이 점이 중요한 포인트이다. 저렴하게 근사한 식사를 하고자 하는 연인이나 가족에게는 합리적인 가격으로 제공하므로 연인이나 가족이 부담 없이 즐길 수 있는 상권에 진입한다. 따라서 백화점 등 쇼핑몰에 진입한 사례가 많다. 또한 2인이 함박스테이크를 주문하면서 사이드 메뉴로 얼큰 스파게티를 추가한다. 후라이팬이 식으면 저절로 음식 맛이 떨어지고 자연스럽게 자리를 떠나게 한다. 따라서 회전율도 높은 편이다. 전형적인 지역민과 동선에 의한 배후 창업이 아니라 불특정 소비자와 찾아오는 고객에 의한 상권개발시장이다. 음식의 가치가 중요한 연구방식의 상품이므로 보이지 않는 영업력이 매우 중요하다.

• 틈새시장 진입전략

점포창업에서 상품의 수요를 확보할 수 있는 틈새시장을 개발하여 진입하는 전략이다. 크게 동종 업종 틈새시장 전략과 이종 업종 틈새시장 전략으로 구분할 수 있다. 동종업종 틈새시장 전략은 상권분석적 측면에서 공략하는 상품시장과 배후분석적 측면에서 공략하는 사람 중심 시장이 있다. 이종 업종 틈새시장 전략은 2차 흡수 경쟁 상권 전략이나 부분 흡수 경쟁 전략으로 각각의 상권 성격에 맞게 공략한다.

가. 동종 업종 틈새시장 진입전략

⑴ 상품중심 시장(상권분석 측면)

① 상품 고객 가치를 통한 틈새시장 진입전략

상권분석적 측면(상품시장)은 상권 가치의 파악이 중요하며 그에 따른 남다른 고객 가치로 공략할 수 있는 상권전략을 말한다. 즉 특별한 상품 고유 가치, 상품 고객 가치, 고객 고유 가치를 제공할 수 있어야 한다. 〈사진 7-9〉에서 보듯이 기존 메이저 프랜차이즈 베이커리 전문점 2곳(a, b)이 있는 지역에 식빵을 전문(c)으로 하는 점포가 소화율적이고 차별적인 틈새를 공략하여 진입하기도 한다. 주택가 배후의 최근 점에서 접근성으로 소비자를 구매 욕구를 충족시키기 위해 진입하였다. 경쟁 심화로 a베이커리 전문점은 A위치로 확장하여 이동하였다. 대형 베이커리 전문점의 경우 상품 경쟁력이 높기 때문에 차별적 틈새전략은 브랜드 차별성과 개인의 스킬 차이에 따라 성패가 좌우되므로 남다른 준비와 노력이 절실하다. 참고로 이런 전략으로 출점하여 좋은 성과를 내고 있는 사장님들의 공통점은 그 업을 즐기고 좋아하시는 분이 대부분이었다. 따라서 우리는 너무 전략적인 관점보다는 즐겁게 일할 수 있는 창업 자세가 필요해 보인다. 이후 a베이커리 전문점은 배후 초입 A 위치로 이동하였고 배후로 진입하는 초입에 베이커리 전문점 두 곳(d, e)이 진입하였다. 현재는 d

점포와 c점가 문을 닫았고, 상권 내 고객욕구를 꾸준히 반영하고 있는 매장(A, b, e)만 살아남았다.

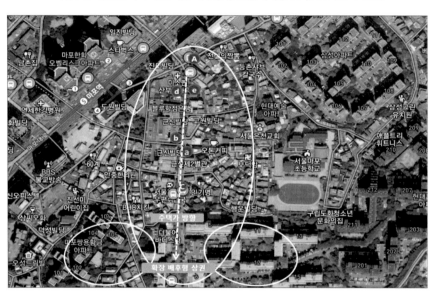

<사진 7-9> 상권분석적 측면 확장 배후형 상권 틈새시장 전략(지도 자료: 카카오 맵)

② 상권가치를 역으로 공략하는 틈새시장 진입전략

일반적으로 시장진입은 상품과 상권의 적합성을 검증하며 시장에 진입하게 된다. 그러나 상권가치 틈새시장 전략은 상품과 상권가치가 부합하지 않는 틈새를 말한다. 예를 들어 독특하고 개성 있는 음식점이 즐비한 이태원 이면 상권(세계음식문화 거리, 이태원에 있는 베트남 퀘논길 등)에 프랜차이즈 업종은 적합하다고 볼 수 없다. 상권에 방문하는 고객은 새로운 경험을 요구하기 때문이다. 그러나 매우 평범한 프랜차이즈 브랜드로도 성공적으로 시장에 진입할 수 있다. 이때 소비자는 상권 방문소비자와 지역 배후민 소비자로 나눌 수 있다. 전자는 상권 내 소비금액을 줄이고 메인 상품 경험에 집중하는 소비자이다. 후자는 배후의 거주민이나 상주민의 직업이 단순 판매직 이라면 혁신적 상품보다는 본능적 상품에 치중한다. 즉 시원함, 갈증 해소라는 본능적 가치를 토대로 한 가성비 상품에 친근하기 때문이다. 예를 들어 이태원 베트남 퀘논길은 이태원 이면도로에 있는 매우 특색 있는 상권이다. 신선한 원두를 직접 로스팅하여 제공하는 커피 전문점 등이 있지만 가성비 높은 빽다방이라는 프랜차이즈 커피 전문점이 진입하여 성공적인 창업을 하고 있다. 그러나 이런 점포의 전략은 유사 아이템을 판매하는 점포와 다르게 창업자의 영업적 전략이 고려되어야 한다. 즉 본능적 가치에 충실한 소비자와 접점을 높일 수 있는 위치에 있어야 하고, 상권 방문 소비자와 배후민 고객 특성에 맞게 틈새 영업시간을 적극 공략할 수 있어야 한다. 이렇게 상권가치를 역으로 공략하는 틈새시장 전략은 높은 상품성이 아니더라도 상권가치에 따른 타깃 소비자 특성을 명확히 이해하고 출점전략을 수립하여 진입한다면 성공확률을 높일 수 있다.

(2) 고객위치 중심 시장(배후분석 측면-위치중심)

배후분석 측면에서 고려하는 고객위치 중심 시장은 상권의 섹터가 중요하므로 고객의 동선과 위치 중심으로 공간 침투하는 방법을 말한다. 주로 상품 동질성이 높은 편의점, 마트, 일반적인 분식점 등 업종이 시장진입에 최적화되어 있다고 할 수 있다. 일반적으로 세 가지 전략으로 나눌 수 있다.

① 소화율적 틈새시장 진입전략

동종 업종 기준으로 기존 점포가 상권 내 수요를 흡수하지 못하는 배후를 타깃으로 공략하는 전략이다. 가령 어떤 지역에 먼저 운영하는 업종이 있다고 할 경우 그 점포의 매출이 한계를 초과하여 더 이상 배후의 수요를 감당할 수 없는 경우 소화율(消化律)이 낮다고 한다. 〈그림 12-21~23〉에서 보듯이 배후 중심 창업과 상품 중심 창업으로 구분할 수 있으며, 전체 수요에서 약 70%까지 소화하지 못하는 경우 나머지 30%의 독점적인 매출을 보고 진입한다. 이럴 경우 새로 진입하는 후보점은 단순히 30%의 매출이 나오는 것이 아니라 추가 창출 매출과 경쟁 흡수 매출을 포함하기 때문에 충분히 의미가 있는 틈새시장을 공략할 수 있는 것이다. 또한 후보점은 선 경쟁점이 완벽하게 소화하지 못하는 지역을 확보하는 전략이므로 비교적 경쟁입지(추후 경쟁점 진입을 고려하는 입지)에 강한 편이다.

② 독점적 틈새시장 진입전략

동종 업종 기준으로 독점적 수요를 타깃으로 입지하여 공략할 수 있는 상권(시장)에서 적용한다. 독점적 틈새상권은 지역의 업종 희소력에 의한 것으로 크게 완전 독점과 경쟁 독점으로 구분할 수 있으며 독점적인 접근으로 진입하기에 적합한 상권을 말한다. 완전 독점은 쟁점 유무와 관계없이 독립적인 수익이 기대되는 상권을 말한다. 예를 들면 상가 시설이 잘 형성되지 않은 주택만 있는 지역이 있다고 가정해 보자. 이곳에 들어설 수 있는 상업시설이 무엇이 있을까? 일반적으로는 부동산 중개업소, 세탁소, 편의점, 슈퍼 등 생활밀착시설일 것이다. 이중에서 독점률이 70% 이상 기대할 수 있는 업종은 편의점과 슈퍼이다. 그러나 비교적 배후가 넓다면 경쟁점이 진입하기 어려운 업종 중에 접근성을 고려하여 독점률적 틈새를 개척할 수 있다.

③ 차별적 틈새시장 전략

동종 업종 기준으로 경쟁점과 차별화된 입지에서 공략할 수 있는 상권(시장)에서 적용한다. 즉 매장여건, 임차료, 접근성, 주정차, 배후수요, 통행량 등이 우위에 있는 곳에 입지하여 공략할 수 있는 상권(시장)에서 적용한다. 〈사진 6-11〉에서 보듯이 이태원의 중심 상권에 대형 커피 매장이 즐비하다. 통행인의 연결성이 끊어진 중심을 벗어난 지역에 진입하여 자신만의 상권을 개척하여 주변의 변화와 관계없이 고객을 유치하고 있다. 상권 확장 모형에서 보면 에그화이트 상권이라고 할 수 있다. 즉 쇼핑하는 고객이 이태원 상권에서 검색에 의해 방문하기 때문에 질 좋고 맛있는 커피를 쇼핑 중간 전환점 또는 상권 여행 시작점이거나 종착점이 될 수 있는 위치에서 상품 가치를 제공한다. 시장진입측면에서 고객 가치가 명확한 연구방식 상품으로 상권개발시장에 진입한 사례라고 할 수 있다. 이렇게 차별적 틈새시장 전략은 차별적인 상품력이어야 경쟁력이 있다.

<사진 7-10> 배후분석적 측면(지도 자료: 네이버 지도)

나. 이종 업종 틈새시장 진입전략

이종 틈새시장 전략은 서로 다른 성격의 업종이나 상권을 타깃으로 효과적으로 진입하는 전략이다. 2차 흡수 경쟁시장 전략과 부분 흡수 경쟁시장 전략이 있다.

⑴ 2차 소비 흡수 경쟁전략

외국 퓨전 음식점 위주로 형성된 지역에 직접적인 1차 경쟁이 아니라 1차 소비 이후 2차 소비를 타깃으로 공략하는 상권이다. 이태원 세계음식문화거리는 외국식 음식점과 주점이 즐비하지만 숯불 닭발과 같은 전혀 어울리지 않는 업종이 진입하여 외국음식을 소비한 소비자의 2차 소비 욕구를 자극하여 공략하는 상권전략을 말한다. 이 전략은 시장에서 초기에 선도적으로 진입하여 경쟁을 최소화할 수 있는 아이템으로 진입하는 것이 중요하다. 따라서 입지적으로 우위에서 소비자 유입이 극대화될 수 있는 지점에 출점해야 2차 소비를 흡수하기 쉽다.

(2) 부분 흡수 경쟁전략

특정 점포의 매출 중 일부 매출의 상품성과 시장성을 보고 진입하는 전략을 말한다. 중요한 것은 1차 업종과 상품의 성격이 보완 관계이거나 연계 관계인 업종을 선택하여 성격이 다른 형태나 상품으로 공략하는 것이 유리하다. 예를 들어 〈사진 7-11〉에서 보듯이 주택가에 편의점이 운영 중에 있고 맞은편에 작은 규모의 빈 점포가 있다. 대략 편의점의 매출이 150만 원 정도이고 커피와 관련된 음료 매출이 10만 원 정도라고 가정할 경우 커피숍 창업가는 15~20만 원 매출을 목표로 커피 수요를 개척할 수 있다. 이와 같은 부분 흡수 경쟁 전략은 상권이 발달하지 않은 주택가 등에서 적용하기 때문에 점포 관계성을 염두에 두고 구체적인 상품의 타깃 규모와 상품력을 명확히 파악하여 공략해야 하므로 대상 점포의 구체적 시장성을 파악하는 것이 중요하다. 따라서 오픈 초기의 점포보다 1년 이상 운영 중인 점포를 기준으로 공략하는 것이 적합하다. 이상에서 보면 틈새 상권 자체를 찾는 것보다 틈새전략으로 현장에서 매우 전향적이고 적극적인 자세로 임해야 함을 알 수 있다. 따라서 막연한 틈새 개념과는 차원이 다르며 어느 하나에 해당해도 창업 방향과 전략에 따라 얼마든지 성공할 수 있기 때문에 창업관점에서 매우 전략적으로 접근해야 한다.

<사진 7-11> 부분 흡수 경쟁전략(지도 자료: 카카오 맵)

5.2.2. 안김전략a free ride strategy

안는 상권은 상권 출점전략 측면의 상권 중 하나로 특별히 눈에 띄지 않는 지역에 형성되는 상권이다. 안김전략은 현재 어떤 지역에 특정 점포가 있음으로써 그 점포가 확보한 영향력으로 내 점포의 매출에 일정 부분 긍정적인 영향을 미치게 하는 출점전략을 말한다. 그러나 이런 전략을 펼치는 업체 입장에서는 매출 안정 측면에서 일정 무임승차를 고려하나 심리적으로 대치전략적 상황을 고려하여 강한 브랜드 효과나 인지도를 향상시키는 것을 목표로 한다. 보통은 수요율(需要律)이 높은 지역을 중심으로 진입하며 크게 이면도로변형과 전면 도로변형의 두 가지 입지유형에서 진입한다. 이면 도로변형에 진입하는 경우 개성 있는 특정 점포의 성공적인 안착으로 수요자가 몰려들게 되면 선두 점포의 상품력에 안겨 유사 업종이나 연계 아이템으로 점포가 늘어나게 된다. 융복합 상권의 초기 과정도 이와 유사한 형태로 시작하는 경우가 많다. 융복합 상권은 리드점포가 있기 때문에 이런 점포의 힘에 안겨 성장하기 때문이다. 상권분석적인 도미넌트 전략으로 진입한 상권도 여기에 해당한다. 특정 브랜드의 안착 또는 전략적 협업으로 점점 각기 다른 브랜드로 지역을 선점하는 형태로 진입한다. 이태원 경리단길 장진우 거리도 이와 같다. 장진우 씨의 식당들이 들어서는 과정은 도미넌트와 유사하고 그 점포들의 성공에 다른 점포들이 들어섬으로써 형성된 경우이다. 즉 뻗어나갈 수 있는 배후가 좁거나 작은 배후에 있으므로 소비자가 오래 머물 수 있는 상권은 아니므로 꾸준한 고객 유입되어야 상권이 유지될 수 있다. 따라서 이런 지역은 동종 브랜드로 경쟁적으로 접근하기보다는 비 중복 업종으로 틈새(소화율, 독창적 틈새)를 공략할 수 있는 접근이 중요하다. 전면 도로변형은 전면 대로변에 비교적 큰 규모의 상가 시설로 형성된 지역의 상권을 말한다. 일반적으로 전면 대로변은 특별히 교통시설 접근성이 뛰어나거나 안정적인 근접 1차 배후를 확보하지 못하면 상권분석적인 업종에 한정하게 된다. 그러나 대로변은 상권 출점전략 측면에서 브랜드 인지도 상승에 매우 큰 영향을 미친다. 따라서 브랜드력이 높은 업종은 대로변을 적극 활용하여 상권범위를 높여 경쟁력을 높인다. 스타벅스 매장에 근접하여 이디야 커피 전문점이 출점한 사례를 자주 보았을 것이다. 대체로 스타벅스 매장의 규모의 1/3로 진입하며, 매출 또한 그와 비례하여 기대한다. 이런 사례는 주로 커피 수요율이 높은 시내 중심가에서 볼 수 있으며 경쟁적 출점이 아닌 소화율적이고 차별적 틈새를 공략한 것으로 볼 수 있다. 이디야 측에서는 그렇지 않다고 볼 수 있으나 소비자는 그런 측면에서 이디야를 이용하고 있다. 물론 두 회사는 마케팅 측면에서 지향점이 전혀 다르지만 이디야의 매장은 이런 측면에서 일부 덕을 본 케이스라고 할 수 있다.

한편으로는 스타벅스가 리드점포lead store가 될 수도 있으나 리드점포의 적극적인 개념은 될 수 없다. 리드점포는 입지적으로 뛰어난 위치에서 남다른 고객가차로 주변 상권을 변화시켜야 하기 때문이다. 단지 스타벅스는 강력한 브랜드력으로 핵점포와 유사한 성격으로 상권력을 발휘하여 편의점과 같이 유입률을 증가시킨다. 이처럼 공생적 개념과 다르게 브랜드력이 높은 업종은 상권 영향력과 관계없이 독자 생존력이 높다. 최근에 경쟁점이 아닌 브랜드가 스타벅스 상권에 안기는 경우도 있다. 이 경우 스타벅스는 집객유도시설의 개념이 강하다. 그러나 적극적인 집객유도시설은 아니다. 〈사진 7-12〉에서 보듯이 롯데리아라는 햄버거 체인점이 대로변의 스타벅스 상권에 안겨 나란히 영업하고 있다. 단지 스타벅스 상권에 안겨 브랜드를 알리고 인지도를 높여 유입률을 높일 수 있을 뿐이다. 스타벅스를 구매하면서 햄버거를 구매하는 경우는 많지 않기 때문이다. 오히려 롯데리아에서 햄버거와 음료를 해결하고 커피는 스타벅스에서 구매하여 스타벅스가 더 덕을 볼 수도 있다. 안김전략은 롯데리아처럼 최소한 브랜드 인지도가 낯설지 않아야 극대화될 수 있다.

<사진 7-12> 안김전략 사례

사진 자료: 카카오 로드뷰

떡볶이를 주 메뉴로 판매하는 소규모 분식점은 매우 규모가 작은 전형적인 골목 상권 업종이다. 그러나 떡볶이를 주 메뉴로 하는 프랜차이즈는 이런 골목 상권을 파고들어 가기에는 상권이 좁다. 따라서 비교적 넓은 배후를 타깃으로 하는 입지유형이나 회사원이나 학생들이 밀집된 대학가 상권에 적합하다. 더구나 프랜차이즈 떡볶이 체인점은 경쟁 업종과 유사 업태 경쟁속에서 진출해야 하므로 1,000점 이상을 출점하기가 만만치 않아 상당히 정체되어 있다. 이런 상황에서 분식 체인점이나 김밥 체인점은 계속 생기고 있다. 그러나 일반적인 김밥 체인점의 경쟁력은 떨어지므로 프리미엄 체인점이 생기고 있으나 객단가가 높아 출점 지역이 매우 제한적이다. 〈사진 4-6〉 점포 양립성 사진 사례에서 보듯이 실제로 모 프리미엄 김밥 전문점은 높은 수요가 예측되는 지역을 선정할 때 객단가가 높은 떡볶이 전문점이 장악한 상권에 안기는 전략으로 출점하기도 한다. 이런 출점전략은 단순히 매출이 잘 나오는 곳을 찾는 것에 그치지 않고 김밥 수요 예측과 함께 상권에 안겨 자리 잡는 기간을 단축시키는 역할을 한다.

5.2.3. 동승전략 share strategy

대치가 아니라 서로 상권력 공유나 동승으로 서로에게 이득이 되는 전략을 말한다. 일반적인 브랜드의 출점 방식이 아니다. 보통 업계 대표 브랜드와 이종 업종의 대표 브랜드가 나란히 상권에 동등한 규모로 입지적으로 유사한 위치에 출점하는 전략이다. 스타벅스와 맥도널드가 서로 경쟁하기 위해 나란히 출점하지는 않는다. 즉 상권 제압력을 극대화시키기 위해 두 점포의 존재로 시너지를 올리는 형태로 출점한다. 전자는 땅이 넓은 외국은 흔한 경우이나 〈사진 7-13〉에서 보듯이 국내는 매우 한정되어 있어 토지 임대료가 급격히 상승되지 않는 지역의 도시 외곽이나 신도시에 로드사이드 형태로 진입하여 상권 제압력을 극대화시키는 형태로 출점한다. 따라서 이렇게 오픈하는 점포는 타깃 상권이 넓어 상권분석을 철저히 해야 하고 도로의 최적의 입지를 선택하여 동선(차량동선)을 고려한다.

<사진 7-13> 동승전략 사례

사진 자료: 카카오 로드뷰

후자는 〈사진 7-14〉처럼 교통이 발달한 곳에서 상권분석적 측면과 배후분석적
측면을 모두 고려하여 스타벅스와 버거킹 두 점포가 양립하여 시너지를 낼 수 있는
형태로 출점한다. 소비자 인지율(認知律)을 극대화시켜 불특정 통행인에 대한 수요도
흡수한다.

<사진 7-14> 동승전략 사례

사진 자료: 카카오 로드뷰

5.2.4. 대치전략 face to face strategy

주로 특정 지역에서 어떤 점포가 좋은 결과가 나는 경우 그와 유사한 업종 내지
경쟁률이 높은 업종끼리 얼굴을 맞대고 정면으로 승부하는 출점전략을 말한다. 즉
독점률(獨占律)은 낮고 경쟁률(競爭律)이 매우 높기 때문에 자칫 자승자박이 되거나 판
만 키워놓고 정작 본인은 문을 닫게 되는 경우도 많기 때문에 다음과 같은 두 가지

측면의 경쟁 우위 조건이 있어야 한다.

• 가맹 본사 측면

첫째, 독창적인 상품력이 있어야 한다. 독창적인 상품은 상품의 질이 아주 높은 것을 말한다. 특히 스타벅스와 같은 강력한 브랜드를 상대할 경우는 커피 상품력이 매우 높고 스타벅스와 차별화된 상품의 경쟁력도 매우 높아야 성공할 수 있다. 둘째, 경쟁점의 배후분석적 소화율(消化律)이 낮아야 한다. 대치전략은 한 쪽은 문을 닫게 되는 상황을 말하는 것이 아니고 공생의 의미이다. 따라서 경쟁점 수요 범위가 명확히 예측되어 경쟁점의 소화율이 70%를 넘지 않는 상권이어야 한다. 하나의 점포만 있을 때는 대박의 매출이 나오고 있는 것을 말하므로 경쟁점이 오픈하더라도 추가 상승 여력이 충분한 상권이어야 한다. 일반적으로 소화율이 70%를 넘지 않는 상권에서는 파이(유효 상권)를 키울 수 있기 때문에 두 점포가 공생이 가능하다. 그러나 현실은 조금 다르다. 막연히 수요율이 높을 경우 유사 업종내지 업태가 진입하는 경우도 많다. 이런 현상이 발생하는 것은 창업가의 창업인식의 문제이다. 즉 남이 잘 되면 나도 잘 될 것이라는 생각으로 진입하지만 냉정히 말하면 대치전략도 아니고 틈새 상권 진입 전략도 아니다. 〈사진 7-11〉에서 보듯이 어떤 지역에 한 평 정도의 작은 커피 매장이 오픈하여 편의점이 있는 기존 매출에서 틈새 매출을 흡수하였다. 그러나 얼마 안 되어 바로 옆 건물에 더 넓은 커피 매장이 오픈하였고 경쟁에서 버티지 못한 영세한 매장이 문을 닫았다. 그러나 상권 내 수요가 한정되어 있기 때문에 비용을 감당하지 못한 큰 매장도 1년도 안 되어 문을 닫게 되었다. 이렇게 대치전략은 상권 내 추가 수요가 있을 경우에 가능하지 무턱대고 더 경쟁력 있는 매장으로 진입한다고 되는 것이 아니다. 셋째, 입지적으로 명확해야 한다. 가령 〈사진 7-15〉의 상권은 입지유형이 명확하지 않지만 비교적 통행량은 많은 지역이다. 따라서 한때 유행한 a주스 전문점이 진입하여 잘 운영하고 있었지만 얼마 되지 않아 일면 5미터 위치에 b경쟁점이 출점하였다. 한 개의 생과일 주스 전문점이 겨우 존속할 수 있는 지역에 출점하였으니 두 점포 모두 고전할 수밖에 없었다. 따라서 전반적으로 콘셉트가 비슷한 경우는 상품력과 영업력이 중요하므로 두 점포 모두 매우 힘들었을 것이다.

<사진 7-15> 잘못된 대치전략 사례

사진 자료: 카카오 로드뷰

넷째, 외부 간판은 강력한 통일감이 중요하다. 상품력을 극대화하기 위해서는 전문성이 중요하다. 프랜차이즈인 경우 상품 동질성이 높기 때문에 전문성을 높이기 위해서는 외부 표시의 통일성이 가장 중요하다. 위 사례를 보면 a브랜드나 b브랜드의 공통점은 생과일 주스 전문점이며 b매장은 사이드 메뉴로 커피도 판매를 하고 있는 하이브리드형 매장이다. 따라서 차이점은 a브랜드는 외부에 생과일 전문점을 강조하지만 b브랜드는 커피와 생과일 주스를 동시에 강조한다. 고객의 선택 문제이지만 최소한 생과일만큼은 a브랜드가 유리하다. 특히 현재의 트렌드로 볼 때 더욱 그렇다. b브랜드의 커피 매출이 더 높을 수 있지만 생과일 주스 매출 하락률을 상쇄시키기에는 부족할 수 있고 경쟁 커피 전문점의 저가 공세까지 고려해야 한다면 b브랜드는 이것도 저것도 아닌 위치에 놓일 수 있다. 물론 b브랜드는 하이브리드 매장의 특징을 살려 전략적으로 공략하는 것이지만 현재 위 상권처럼 여기 저기 저가형 커피 브랜드가 산재해있는 상권은 경쟁력이 떨어질 수 있다. 따라서 시장 경쟁 여건과 경쟁적 측면에서 커피 시장과 생과일 주스가 겹치지 않는 상권이 유리해지므로 출점 측면에서 매우 좁아질 수밖에 없다. 매장 여건이 조금 더 개방적이고 편리해야 한다. 마주 보고 운영하는 경우 가장 큰 경쟁력 중 하나가 문턱이다. 사람과 마찬가지로 매장 안이 밝아야 생기가 있다.

• 가맹 점주 측면

첫째, 개인 서비스 역량이 매우 중요하다. 특히 생과일 주스는 꾸준한 서비스와 운영력이 중요하다. 과일 주스는 신선해야 하고 오전이 중요하므로 오전 근무자는 매우 적극적이고 생기 있는 직원이 있는 곳으로 방문한다. 둘째, 브랜드 콘셉트를 극대화할 수 있어야 한다. 테이크아웃이나 작은 매장일수록 개방감이 중요하다. 개방이되어있어야 편안하게 방문할 수 있기 때문이다. 이때 향기, 소리, 이미지를 잘 활용해야 한다. 셋째, 이미지 콘셉트를 잘 활용해야 한다. 눈에 보이는 매장 연출을 말한다. 생과일 주스는 신선함이 제일 중요하다. 매장 내 과일 상품이 반입되어도 신선이미지 차원에서 오전 시간대는 잠시 두며 업무를 보는 것도 괜찮다. 고객 불편함보다고객에게 신선함을 어필하고 구매 욕구를 자극할 수 있기 때문이다. 무조건 깨끗하게 치우는 것이 중요한 것이 아니다. 위에서 언급한 것처럼 가맹 본사측면과 가맹 점주 측면에서 두 생과일 주스 전문점의 경우 b점포의 대치전략적 출점이 성공 했을까? 실패했을까?

5.2.5 다중대치전략 multiple face to face strategy

대치전략은 점포 대 점포 개별적인 타깃으로 출점하는 전략이지만 다중대치전략은 동일 유사 업종이 모여 있는 상권에서 브랜드 인지도를 극대화하는 출점전략이다. 즉 경쟁점과 정면으로 승부하지만 타깃 범위가 명확하므로 명확한 상품성을 확보하여 차별화된 전략으로 승부를 하며 지점 확대를 계획하거나 규모를 키우려는 본사 직영점이나 본점의 진출이 높은 편이다. 주로 주점, 고깃집 등이 많이 활용하고 있으며 시스템이 안정적이어야 지점 개설이 원활해 질 수 있으므로 단순 통행량에 의한 수요보다 고정적인 거주민과 상주민의 수요를 기반으로 집적효과가 극대화될수 있는 상권을 확보해야 한다. 〈사진 7-16〉은 직장인과 배후민이 많은 공덕역 일대 확장 배후형 상권에 출점한 매장이다. 주로 돼지 고깃집으로 유명한 상권이지만 닭갈비 전문점, 닭칼국수 전문점, 오징어 볶음 전문점 등 점심 장사와 저녁 회식 수요를 공략하고 있으며, 철저히 준비된 콘셉트여야 경쟁력이 있다. 최근에는 소고기 전문점이 콘셉력을 발휘하여 진입하는 사례가 증가하고 있다.

<사진 7-16> 다중대치전략 사례

5.2.6 교두보 확보전략securing bridgehead strategy

주로 소비형 상권에서 유사업종의 진입이 늘어 유흥 형태로 형성되는 곳에서 안정적인 수요에 중점을 두고 교두보 확보하기 위해 출점하는 전략이다. 앞서 설명한 다중대치전략과 유사하나 이는 유사 업종이 모여 있는 곳이며 교두보확보전략은 업종의 성격을 강력히 어필appeal할 수 있는 지역에 펼치는 전략이므로 상권의 성격이 명확한 지역을 공략하므로 상품성도 개성이 넘쳐야 한다. 가치 상권value trade area 측면에서 융복합 상권(이태원 경리단길 등)이나 개척 상권에서 적극적이다. 대중성 높은 상품은 대학가를 공략하기도 하며 웰빙 상품 등처럼 타깃 상품성이 높다면 오피스와 주거 시설이 혼재된 형태의 도심 상권도 적극 공략한다. 이렇게 구매자 성향이 중요하므로 소비율(消費律)에 중점을 두는 지역과 구매율(購買律)에 중점을 두는 지역으로 구분하여 출점할 수 있다. 전자는 상권 내 주요 수요자의 소비율(구매 능력)에 따라 상품력과 브랜드력을 결정한다. 가령 법조 단지 주변은 비교적 높은 소비율을 보이므로 상품력을 높이는 형태로 진출한다. 그러므로 자금력이 떨어지거나 초기 프랜차이즈 업체입장에서는 매우 어려운 상권 전략이다. 후자는 상권 내 주요 수요자의 구매율(구매 욕구)에 따라 상품력과 브랜드력을 결정하는 경우로 대치전략적 사항을 충분히 고려하지 못하는 경우 수익적 측면에서 크게 기대할 수 없는 단점이 있다. 따라서 본사 브랜드 관리 차원에서 전략적으로 출점하는 경우가 많다. 〈사진 7-17〉은 강남역 상권의 위성상권으로 직장인 밀집지역의 유흥상권이지만 완전 소비형이 아니고 사이드 배후를 확보한 불완전 소비형(소비 시설 비중이 30~60%인 유형)이다. 직장인이 부담 없이 회식할 수 있는 상권이므로 상품력이 뛰어나지 않아도 브랜드 콘셉트나 차별성이 명확해야 하고 본사 직영점 출점도 상권 제압력을 높이는 형태보다는 실속형으로 진출하는 경우가 많다.

<사진 7-17> 교두보 확보전략

지도 자료: 카카오 맵

〈사진 7-18〉에서 보듯이 프랜차이즈 확장을 계획하는 업체는 본점이나 강남권 1호점으로 강남 지역을 교두보로 확보하고 어느 정도 수요도 확보할 수 있는 상권으로 선택하는 전략이다. 따라서 초보자가 충분히 준비하지 못하면 매우 까다롭고 어

렵다. 위험부담이 적은 대중적 브랜드로 가성비를 고려하여 상권분석적 출점이 적합하다. 따라서 교두보확보전략은 상품성이 명확하고 상권과 잘 맞아야 하므로 매우 까다로운 전략이다.

<사진 7-18> 교두보 확보전략 사례(사진 자료: 카카오 로드뷰)

5.2.7. 개인화전략individual strategy

향후 5년 이내는 모든 업종은 공급이 수요를 초과하는 상황이 될 것이다. 그러므로 표준화된 상품이 아닌 개인화 상품이 주류를 이룰 것이기 때문에 차별화된 가치를 제공할 수 없다면 생존하기 어려운 시장이다. 따라서 개인 브랜드화하여 특정 소비 계층을 타깃으로 구체화할 수 있는 세부 출점전략을 세워 매장 규모와 상품을 종합적으로 고려하여 매장 콘셉트에 맞는 위치선정으로 공략해야 한다. 예를 들어 경기도 경기도 파주 물발리에 일대는 대형 카페의 메카가 되었다. 말똥도넛, 더티트렁크, 레드파이프, 브릭루즈, 카페문발리, 버터킹빵공장, 초코랩 등 각기 독창적이고 차별화된 콘셉트로 설계하여 고정고객뿐 아니라 집객효과를 통해 새로운 경험을 찾고자 하는 고객을 유치하고 있다.

<사진 7-19> 개인화전략 사례(지도자료: 카카오 로드뷰)

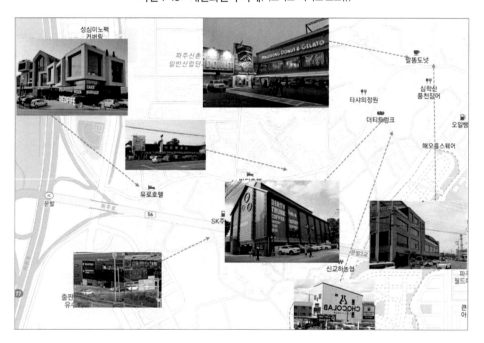

Chapter 8.

기타 상권전략

1. 지역 상권 제압전략 district commercial supremacy strategy

더욱 개별적으로 도미넌트dominant 출점전략, 빅 도미넌트big dominant 출점전략, 스크랩 앤 빌드scrap and build 출점전략, 허브 앤 스포크hub and spoke 출점전략, 포인트 투 포인트point to point 출점전략, 원 웨이 어트랙션one way attraction 출점전략, 만다라트Mandal-Art 출점전략 등의 방법으로 출점하고 있다. 도미넌트 전략은 주로 배후분석법적으로는 동일 상품의 점포로 공략하며 상권분석적으로는 다른 종류 또는 업종으로 공략한다. 스크랩 앤 빌드 전략은 주로 지역 확산법이 적용되는 확장 배후형 상권과 같이 배후를 기반으로 하는 지역에서 경쟁 우위를 높여 지역을 제압하는 전략으로 활용된다. 여기서 경쟁 우위 요소는 위치, 매장여건을 말한다.

1.1. 도미넌트dominant 출점전략

본사 지점 출점을 위한 지역 제압하는 전략으로 다음의 세 가지 목적으로 시행한다. 점포 개별적으로는 배후분석적 출점과 상권분석적 출점이냐에 따라 다르고 입지적 요소(입지력)에 치중할지 물리적 요소(브랜드력, 상품력)에 치중하느냐에 따라 출점전략을 달리해야 한다.

1.1.1. 목적

가. 지역 제압력

비교적 가까운 거리에 같은 브랜드 또는 같은 회사의 여러 브랜드가 상권에서 고객 수요를 최대한 확보하여 경쟁에서 우위를 확보하는 것을 말한다.

나. 브랜드 인지도 향상

비교적 매장 여건이 우수한 형태 또는 최적의 입지에 들어서므로 브랜드 인지도의 극상승을 유도하여 경쟁사 이미지를 감쇠시킨다. 특히 편의점처럼 상품 동질성이 높은 업종은 배후분석법에 민감하다. 고객에 노출이 경쟁력이 될 수 있기 때문에 이는 매우 중요한 목적이 된다. 〈사진 8-1〉의 사례를 참고하기 바란다. 특히 이것은 배후가 좁은 도심 상주형(오피스)이나 소비형(소비시설, 판매시설)에서 더욱 극대화된다.

다. 물류 이동/관리 비용 절감

모두 근거리에 있으므로 물류 이동에 따른 비용과 점포 관리 비용이 절감된다. 즉 물류 차량은 더 먼 거리로 이동하지 않고 근거리에서 배송을 완료할 수 있으며 슈퍼바이저의 업무 동선이 짧아서 더 효율적인 업무가 가능하다.

1.1.2. 배후분석적 도미넌트와 상권분석적 도미넌트

이런 도미넌트 출점은 배후분석적 도미넌트 출점과 상권분석적 도미넌트 출점으로 나눌 수 있으며, 동일 브랜드인지 다른 브랜드인지에 따라 차별적으로 적용해야 한다.

가. 배후분석적 도미넌트 전략(동일 브랜드 출점일 경우)

배후분석적 도미넌트 전략은 좁은 상권을 제압하는 전략이라고 할 수 있으며 크게 두가지 특징이 충족해야 한다. 첫째, 별개의 입지여야 한다. 즉 별개의 입지에서 전환 포인트에 있어야 한다. 〈사진 8-1〉에 있는 점포는 반경150미터 내에 있지만 1

점포, 2점포, 3점포, 4점포는 모두 입지유형이 다르기 때문에 각각 점포의 타깃 고객 동선이 다르다. 1점포는 우물형(배후 유형은 우물 유동형), 2점포는 주요 도로변형, 중심지형(배후 유형은 고정 배후형), 3점포는 동선 시작형(배후 유형은 동선 배후형, 우물 유동형), 4점포는 우물형(배후 유형은 고정 배후형)이다. 비록 지역은 좁더라도 각기 다른 전환 포인트connected point에 있어서 매출이 분산되어 경쟁점 진입이 어렵다. 도미넌트는 방어 점포와 보조 점포의 역할이 혼재된 형태를 띠기 때문에 눈앞 정도의 거리에 있다면 도미넌트가 아닌 방어 점포의 성격이 더 강하다. 따라서 이런 경우 전략적으로 대체 점포로서의 역할을 염두에 두기도 한다.

<사진 8-1> 배후분석적 도미넌트 출점

지도 자료: 카카오 맵

둘째, 상권 발달도가 높아야 한다. 상권 즉 배후가 좁은 곳에 많은 사람들이 모여 있거나 유입되어야 브랜드 인지도를 극대화할 수 있다. 배후가 넓은 지역이라면 완벽한 전환 포인트에 있어야 하지만 비교적 멀리 떨어져 있으므로 브랜드 인지도를 높이는 효과는 상대적으로 낮다. 이런 도미넌트는 보통 본사의 지점 출점 측면의 전략이다. 따라서 일정 규모 이상이어야 하고 상권 발달도가 높은 지역이어야 하므로 본부 투자금이 높아질 수 있다. 이는 지역의 가맹점에 영향을 미쳐 결국 수익성 저하로 이어질 수 있는 측면도 있지만 일본 세븐일레븐은 매우 성공적으로 출점하였고 최근에 한국의 스타벅스도 매우 적극적으로 활용하고 있는 전략이다. 특히 한국 편의점 시장 환경은 일본보다 상권이 좁은 반면 응집률이 높기 때문에 위치 선정이 잘못되면 매우 기존 점포도 곤란해 질 수 있다. 다만 편의점은 배후분석에 민감한 업종이므로 매출 회복률이 높은 편이어서 일정 시점 이후에 매출이 90% 이상 회복된다. 그 이유는 각 점포가 무분별하게 출점하지 않고 별개의 입지유형이기 때문이다. 따라서 본사의 지점 출점전략보다는 배후형에서 가맹점의 출점전략으로 활성화되는 것이 바람직하다. 속초관광중앙시장에 닭강점 전문점이 유명하다. 그중에서 만석 닭강정은 단순히 시장 내 규모를 키우기보다는 전통적인 도미넌트 전략에 부합하는 출점전략을 펼치고 있다. 최초 오픈한 시장 중앙의 점포를 중심으로 도로건너 주차장 방향의 점포와 부출입구에 점포에 출점하였다. 제 1점포는 시장 중심에서 쇼핑

<사진 8-2> 배후분석적 도미넌트 출점 사례

지도 자료: 네이버 지도

중인 소비자를 타깃으로 하며, 제2 점포는 쇼핑 후 또는 테이크아웃 소비자를 타깃으로 하지만 한편으로는 닭강정의 인지도를 높이고 기선제압 역할을 한다. 부출입구 점포는 부출입구 소비자에게 인지도와 함께 쇼핑 후 주차장으로 돌아가는 고객의 마지막 마음을 사로잡는 점포로서 역할과 함께 쇼핑의 편리성을 중심으로 고객에게 새로운 가치를 제공하는 역할을 한다. 이렇게 배후분석적 도미넌트 출점전략은 이동목적 동선에 따른 수요를 극대화할 수 있어야 한다.

나. 상권분석적 도미넌트 전략 (다른 브랜드 출점일 경우와 동일 브랜드 출점일 경우)

다른 브랜드 출점일 경우 프랜차이즈인 경우와 비 프랜차이즈인 경우에 따라 접근 방식이 다르다. 프랜차이즈인 경우는 비교적 좁은 상권에서 공략한다. 〈사진 8-3〉은 백종원 대표의 외식 프랜차이즈 '더본' 그룹의 브랜드가 집중적으로 형성되어 있다.

<사진 8-3> 상권분석적 도미넌트 전략

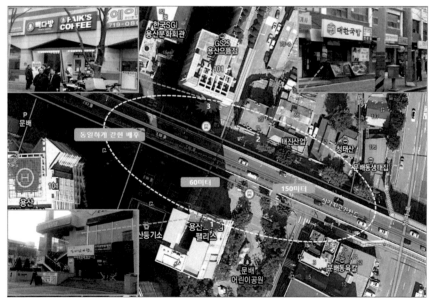

지도 자료: 카카오 맵

다음의 네 가지 조건에 부합해야 최적의 도미넌트 출점전략이 될 수 있다. 첫째, 갇힌 배후여야 한다. 상가 시설이 모여 있는 지역이 갇혀 있는 형태여야 한다. 그래야 외부로 이동은 줄어들고 유입률은 높일 수 있기 때문이다. 외식업의 경우 배후 수요가 풍부한 곳이 유동인구가 많은 지역보다 테스트 매장으로서 더욱 적합하다. 너무 눈에 띄지 않는 상권에서 충분히 검증할 수 있는 시간이 필요하기 때문이다. 둘째, 배후와 동선에 의한 매출보다는 상권 특성에 의한 매출이 높기 때문에 특정 지역에 모여 있어야 한다. 점포마다 입지유형적 구분이 명확할 필요가 없다. 지도에서 보듯이 특정 지역에 근접하여 같은 입지유형이어도 무방하다. 그래야 상권에서 점심 시간이라면 메뉴가 분산되어 고객을 흡수할 수 있고 저녁 회식 시간이라면 회식 고객의 선택폭을 넓힐 수 있어 고객 분산율에 대한 상권 제압력을 극대화할 수 있다. 셋째, 상권, 상가 시설이 발달하면 안 된다. 외식업은 너무 시장이 크고 메뉴도 많기 때문에 지역에 상가 시설이 많거나 상권이 너무 발달한 곳은 극대화하기 어렵다. 따라서 사진처럼 상가 시설이 많지 않은 좁은 지역이 더욱 좋다. 물론 수요율 넘치는 지역은 상권이 발달해도 상관없다. 그러나 이런 곳은 엄격히 보면 지역제압과 브랜드 인지도 상승이 아니고 장사가 잘되는 곳일 뿐이다. 넷째, 대중을 공략할 수 있는 메뉴여야 한다. 아무리 다양한 메뉴로 제압을 하더라도 대중 메뉴를 중심으로 분산되는 메뉴나 연계 메뉴로 제압해야 한다. 〈사진 8-3〉은 중식 브랜드 '홍마반점'으로 전략점포로 지역을 제압한다. 그리고 국밥 브랜드 '대한국밥'이라는 메뉴로 출점하였다. 국밥은 겨울철에 강세이며 아침과 술국으로 제격이므로 중식의 부족한 점을 적절히 보완하고 있다. 맛도 전혀 다른 성격이므로 분산되는 고객을 흡수할 수 있다. 다른 음식점의 한 끼 가격으로 식사와 함께 커피 음료를 후식으로 연계될 수 있는 커피 브랜드 '빽다방'으로 후식 수요까지 상권을 잘 제압하고 있다. 주의해야 할 것은 잘 알려지지 않은 프랜차이즈와 달리 브랜드 정체성이 명확하고 인지도가 높은 경우 상품성이 평균 이상이어야 하고 상권 내 소비자의 성향과 브랜드 정체성이 부합해야 한다. 따라서 일률적으로 추진하기보다는 상품 위치성 측면에서 배후성격, 배후유형, 입지유형, 메뉴가 완벽히 조화될 수 있는 상권을 공략해야 한다. 비 프랜차이즈인 경우(상권분석적, 배후분석적 도미넌트 혼합)는 프랜차이즈에 비해 자금력이 떨어진다. 일반적인 상품성으로는 승부를 낼 수 없으며 별도의 상권스토리가 필요하다. 이 태원 경리단길의 장진우 거리는 도미넌트 전략으로 진출하여 성공한 케이스이다. 장진우 식당, 장진우 다방, 술집인 방범 포차, 향토음식점 문오리, 빵집인 프랭크, 그랑블루 등 각각의 점포는 모두 개성이 넘치는 다른 점포이다. 모든 점포는 각기 다른 콘셉트와 독창적인 경쟁력으로 창업하였다. 이외에도 개인창업으로 성공하여 프랜차이즈 사업을 하는 신근식 대표는 영등포역 일대 상권에서 냅-다 청양집, 원조 부안집, 돼순이네, 등포 등 고깃집을 다양한 콘셉트로 브랜딩하여 진입하였다. 이런 방식은 사업감이 없다면 절대 성공하기 힘들다. 이런 상권 초기에 비슷한 콘셉트나 단순 식음료로 고객 유입률에 혹하여 창업하는 경우 매우 어려운 창업이 될 수 있다. 따라서 골목상권에 도미너트로 진입하는 경우 선제적이며 각기 다른 콘셉트로 기획하여 진입해야 한다. 용산구 문배동의 인쇄소 거리에 열정도 청년 장사꾼도 다양한 브랜드로 출점하였다. 열정도를 이끄는 브랜드는 상권 자체가 남다른 고객 가치를 추구하고 있기 때문에 이렇게 형성된 상권은 낙후된 지역을 살리는 전형적인 개척 상권이기도 하다. 이처럼 경리단길 장진우 거리와 문배동 열정도 거리는 골목상권에 속한다고 볼 수 있기 때문에 다른 브랜드의 점포가 한 상권에 형성되는 경우 상권 발달이 제한적일 수 있다. 따라서 상권력을 높여 생존율을 높이기 위해서 상권에 진입하는 창업가는 상권 내 협업, 브랜딩, 상품력 등에 대해 남다른 노력을 해야 한다.

동일 브랜드 출점일 경우 다음과 같은 조건이 형성되어야 한다. 첫째, 테마가 있는 관광상권이거나 지역적인 특징이 있는 상권이어야 한다. 지자체에서 상가들에 대한 지원과 지역민의 동의를 얻기 위해서는 지역의 주요 산업이 관광이나 체험 등에 의한 빌생해야 한다. 그래야 외부 관광객 등이 꾸준히 유입될 수 있다. 강릉은 커피를 테마로 상권이 발전하였다. 테라로사 커피브랜드는 강릉일대 주요 지역 6곳에 도미넌트 출점한 후 수도권으로 진출하였다. 둘째, 지역 특색에 부합하는 강력한 상품 브랜딩이 되어야 한다. 경주빵과 찰보리빵은 경주에서만 맛볼 수 있는 대표적인 상품이다. 셋째, 다른 지역에 가맹점을 두지 않아야 한다. 상품의 희소성을 높이기 위해 경주빵과 찰보리빵을 먹기 위해서는 경주에 방문해야 한다는 강력한 이미지를 주는 것이 중요하다. 위 사례에 해당하는 대표적인 사례로 경주에 있는 이상복 경주빵은

15곳이 넘는 지역에 도미넌트 출점을 하여 처음 방문하는 관광객도 인지할 수 있는 강력한 이미지를 심어주고 있다.

1.1.3. 도미넌트의 입지적 요소(입지력)와 물리적 요소(브랜드력, 상품력)에 의한 출점

입지적 요소(입지력)에 의한 출점은 위치에 의한 출점에 중점을 두기 때문에 앞서 설명한 배후분석에 민감한 편의점은 상품의 동질성이 높고 속초 만석 닭강정이 있는 속초 중앙시장에는 닭강정 전문점이 많이 때문에 이에 가장 부합하는 상권이다. 물리적 요소(브랜드력, 상품력)에 의한 출점전략은 브랜드력이나 상품력이 높은 업종이나 브랜드일 경우에 따라 다르다. 이 두 가지 요소에 가장 부합하는 대표적인 브랜드는 스타벅스가 있다. 스타벅스는 커피 브랜드 파워와 상품력이 입지력을 상쇄시킨다. 〈사진 8-4〉는 부도심권에서 배후 밀착률(密着律)이 높은 상권에서 상권 제압력을 높이기 위해 스타벅스의 브랜드력과 상품력으로 출점한 사례이다.

<사진 8-4> 물리적 요소에 의한 도미넌트 출점

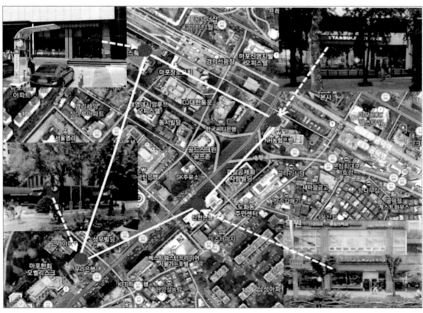

지도 자료: 카카오 지도, 사진 자료: 카카오 로드뷰

〈사진 8-5〉에서 보듯이 스타벅스 출점은 주변 상권의 커피 경쟁률에 따라 입지적 요소를 고려하여 삼거리 양쪽 코너 자리에 출점하여 지역 제압력을 높이는 형태로 출점하기도 한다. 특히 이런 출점은 커피 가격에 민감하지 않으며 사진처럼 배후분석적 입지유형이 도로변 우물형이거나 도로변 중심지형인 지역에서 더욱 효과가 극대화될 수 있다. 따라서 주변의 커피 브랜드는 나름의 독창적인 콘셉트와 고객 가치를 제공할 수 있어야 스타벅스 상권 제압력에서 분리될 수 있다.

<사진 8-5> 입지적 요소에 의한 도미넌트 출점

지도 자료: 카카오 지도, 사진 자료: 카카오 로드뷰

1.2. 빅 도미넌트 big dominant 출점전략

일반적 도미넌트는 입지적 도미넌트와 물리적 도미넌트가 혼재된 형태의 출점을 말한다. 그러나 빅 도미넌트는 대형 몰이나 백화점에 적용할 수 있기 때문에 지역적 개념의 상권 제압전략으로 가장 넓은 개념의 도미넌트를 말한다. 즉 무조건적인 확산보다는 도시 간 지역의 거점이 되는 지점을 공략하여 브랜드 홍보, 물류비용, 상권 제압력을 높이고자 하지만 단순히 개별 테넌트적 관점보다는 상생과 새로운 가치를 추구하지 않는다면 성공하기 어렵다.

1.3. 스크랩 앤 빌드scrap and build 출점전략

새로 허물고 세운다는 개념으로 어느 정도 상권 장악력을 예측할 수 있는 경우 출점전략이다. 경제적으로는 국지화 경제에서 부분적 국지화에 해당한다고 볼 수 있다. 창업 상권에서는 두 가지로 구분할 수 있다. 하나는 더 우월한 위치로 확장 이전하는 것이고 다른 하나는 현재 위치에서 확장하는 경우이다. 우월한 위치로 확장 이전하는 경우는 기존의 매장의 경쟁력이 낮아 더 넓고, 새롭게 경쟁력 있는 매장으로 이동하여 상권 제압력을 높이는 전략을 말한다. 주로 상권이 커지거나 배후가 넓어 고매출이 예상되거나 경쟁점의 출점이나 경쟁에 적극적으로 대응하거나 방어하고자 할 경우 전개하는 출점전략이다. 속초에 있는 물회 전문점인 '봉포머구리', '청초수물회'와 춘천 '감자집' 등과 같은 지역특산물을 활용한 매장이 출점이 여기에 해당한다.

<그림 8-1> 배후분석적 스크랩 앤 빌드전략

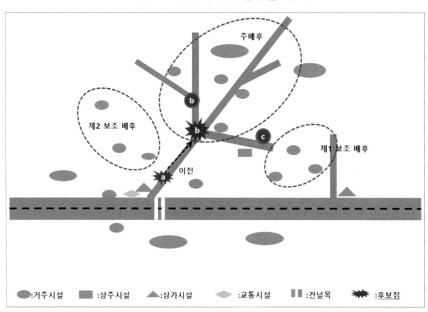

배후분석적 전략과 상권분석적 전략으로 구분할 수 있다. 배후분석적 스크랩 앤 빌드 전략은 창업 동선에 의한 위치에 중점을 둔 전략이다. 〈그림 8-1〉에서 보듯이 기존 점이 a위치에 있었고, 매출이 늘어나면서 경쟁입지 측면에서 c나 d 위치에 경쟁점이 진입할 경우에 대비하여 a점포는 b위치로 더 넓고 경쟁력 있는 위치로 매장을 확장 이전한다. 이와 같은 사례는 주로 배후분석에 민감한 편의점, 커피 전문점, 부동산 중개업소, 문구점, 과일 야채가게 등에서 볼 수 있다.

상권분석적 스크랩 앤 빌드 전략은 창업 동선 측면보다 상품력과 매장 규모를 크게 하여 더 많은 고객을 유입시킬 수 있는 자리로 이동하는 것을 말한다. 지역상권을 기준으로 보면 경주의 경주빵의 사례로 볼 수 있다. 예를 들어 경주 어디를 가나 경주빵 전문점을 볼 수 있다. 그중에서 '황남빵'이라는 경주빵 전문점은 경주 대표 상권인 경주역사유적지구와 황리단길 상권 주변에 위치하여 경주에서 가장 현대적이고 큰 규모로 건물을 세워 관광객의 소비욕구를 유도하고 있다. 반면 동네상권에서는 새롭게 건물을 지어 이전하는 경우보다 건물에서 임차공간을 추가로 확보하거나 〈사진 8-3〉과 같이 근거리에 추가로 확장하는 경우가 더욱 많다. 사진의 경우 장사가 잘되는 음식점이 바로 앞 초근거리에 확장하는 경우로 경쟁점 대응과 상권 제압 측면보다는 근본적으로 현재 장사가 잘되어 매장을 넓히고 사업을 확장하고자 하는 목적이 더욱 강하다. 따라서 적극적 스크랩 앤 빌드 전략으로 볼 수 없다.

<사진 8-6> 상권분석적 스크랩 앤 빌드 전략

이외에도 배후분석적 측면과 상권분석적 측면 모두 고려하여 처음부터 지역 상권 제압력을 높이기도 한다. 대기업 프랜차이즈가 상권 발달 단계 신도시에서 상권 제압력을 높이기 위해 대로변의 눈에 띄는 위치에 대규모로 출점하는 전략이다. 〈사진 7-14〉에서 보듯이 주로 스타벅스, 맥도널드와 같은 패스트푸드점이 드라이브 인, 드라이브 쓰루 형태로 출점한다.

1.4. 허브 앤 스포크hub and spoke 출점전략

<그림 8-2> 허브 앤 스포크 전략

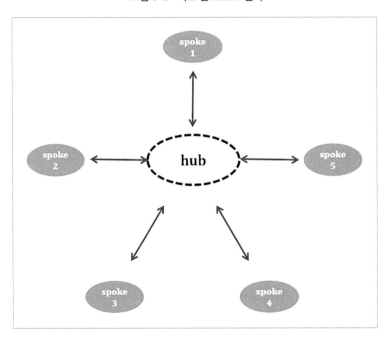

물류 시스템에서 발전한 모델이다. 델타 항공사와 같이 대형 항공 회사가 중심지 허브 공항이나 중심지 물류 센터를 기점으로 최종 목적지나 물류 영업소를 spoke(바퀴살)로 하여 승객이나 물류를 효율적이고 집중적으로 처리하기 위해 발전시킨 시스템이다. 즉, 충분한 수요가 확보될 수 있어야 성과가 나올 수 있다. 따라서 미국의 대형 항공사가 도입한 시스템이다. 단점으로는 스포크(지점) 간 이동 또는 전

달이 필요한 경우가 많은 데도 불구하고 다시 허브를 거쳐야 하는 불편함과 비효율성이 발생하기도 한다. 창업 상권에서 허브 앤 스포크는 지점 간 수평적 개념인 도미넌트 전략과 다르게 허브라는 중앙지점에서 각각 하위 지점으로 업무지시, 물류 제공, 상품 연구, 인력 재배치, 교육 등 중추적 기능을 하는 점포를 말한다. 그러나 현실적으로 점포가 이 모든 역할을 할 수 없기 때문에 초기 프랜차이즈 본사나 개인 업체의 경우 중심 점포에서 체인점 모집, 교육, 상품 연구, 물류 공급 등을 허브 매장을 통해 하위 직영점의 원활한 운영을 지원한다. 가끔 특정 상권에서 스타벅스의 출점 사례로 보는 경우도 있으나 이 경우는 허브가 될 수 있는 지역에 도미넌트 전략으로 출점하는 것으로 보는 것이 적합하다고 할 수 있다.

1.5. 포인트 투 포인트 point to point 출점전략

<그림 8-3> 포인트 투 포인트 전략

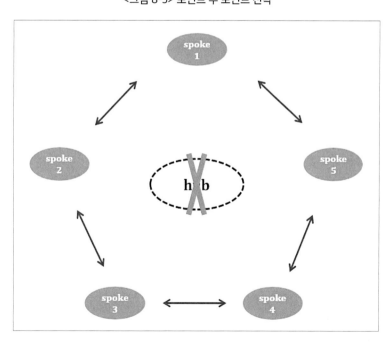

허브 앤 스포크와 마찬가지로 물류 시스템에서 발전한 모델로 허브 앤 스포크의

틈새를 공략하는 전략이다. 포인트 투 포인트 전략은 허브를 두지 않고 스포크 간 이동으로 작은 인접 지역 또는 영업소간 지점을 연결하는 시스템으로 지점간 시너지를 목적으로 한다. 즉 미국의 사우스 웨스트 같은 저가 항공사가 시장진입을 위해 활용한 시스템으로 효율성을 앞세워 틈새를 공략한 것으로 볼 수 있다. 창업 상권에서는 중소 개인 체인점이 허브 지점을 운영하는 대기업 매장을 보고 대기업 주변의 작은 상권을 도미넌트로 공략하는 전략이라고 할 수 있다. 단지 대기업을 직접적으로 공략하기보다는 대기업의 상권에 의존하는 전략으로 접근할 수 있다. 대기업 허브가 있기 때문에 상권 규모가 크고 상권 내 작은 수요가 곳곳에 형성되어 있거나 넓은 확장 배후형 상권에서 적용할 수 있다. 예를 들어 이런 상권 중에 대기업 스타벅스 체인점 주변에 작은 규모의 중소 체인점이 틈새를 공략하는 경우가 여기에 해당한다. 그러나 도미넌트 전략보다 개별 점포의 입지적 성격이 강하지 못하고 소규모로 주변 상권에서 틈새로 출점하므로 강한 브랜드 인지도 상승 효과를 기대하기는 어렵다고 할 수 있다. 이 전략은 스포크 간 연결을 중요시 여기므로 소통과 원활한 업무를 위해 직영점 중심의 체인사업에서 적합하다고 할 수 있다.

1.6. 원 웨이 어트랙션one way attraction 출점전략

<그림 8-4> 원 웨이 어트랙션 전략

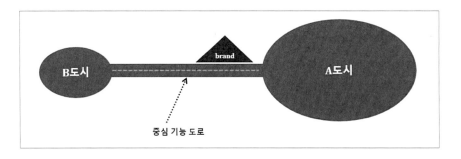

도시 간 다른 연결도로의 불편함과 부재로 인해 중심 연결 도로에 집중되는 중추가 되는 도로변에 출점하는 전략이다. 주로 브랜드력이 높은 대기업 체인점이 활용

하는 전략이다. 주변 상권 발달과 관계없이 소외된 지역에 브랜드 정체성을 알리고 소비자에게 가치 제공을 목적으로 한다. 최대한 많은 소비자에게 홍보하므로 도시와 도시 경계를 잇는 주요 도로의 중간 지점에 진입하며 다양한 간선도로나 외곽도로와 연결될 수 있는 중추도로 주로 대로변에 있기 때문에 드라이브 쓰루drive-thru 형태나 주차가 가능한 부지를 확보한다. 〈사진 8-7〉은 서울 금천구에서 수원, 안양 등으로 진입하기 전 경수산업도로에 있는 스타벅스 매장은 공장지대의 대로변에 홀로 있다. 주변 점포에 영향을 줄 수 있는 여건이 아닌 위치에서 강력한 브랜드로 출점하였다. 이렇게 주변 상권 형성과 관계없이 출점지만 직접적인 배후를 타깃으로 하지 않기 때문에 도시 간 인프라가 공유될 수 있어야 도시 간 중심 연결도로의 흡인력이 극대화될 수 있다. 따라서 입지적 특성을 활용한 고객 창출형 매장이라고 할 수 있다.

<사진 8-7> 원 웨이 어트랙션 사례

지도 자료: 카카오 맵

표 8-1

구분	상권 발달	배후	동선	입지	매장여건	도로	가시성
요건	관계없음	주거 배후 확보	배후민 이동 고려	도시와 도시경계를 지나는 대보변 (건널목 근접)	drive-thru나 주차 공간 확보	도시 간 중추도로로서 외곽도로 및 간선도로 근접	대로변 위치

<표 8-1> one way attraction 출점전략 요건

1.7. 만다라트Mandal-Art 출점전략

<그림 8-5> 만다라트 출점전략

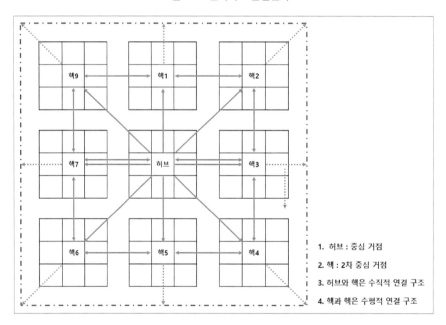

1. 허브 : 중심 거점
2. 핵 : 2차 중심 거점
3. 허브와 핵은 수직적 연결 구조
4. 핵과 핵은 수평적 연결 구조

만다라트는 일본의 디자이너인 이마이즈미 히로아키가 구상한 목표 관리 기법이다. 가로 세로 9면의 정사각형의 중간에 핵심 목표를 설정하고 가운데를 제외한 8군데를 기점으로 또 다시 9면의 정사각형을 확장하여 중앙엔 핵심 계획을 세우고 확장하는 개념으로 목표 실행에서 구체적인 세부계획을 수립해 가는 과정의 맵을 말한다. 상권전략에서는 이를 응용하여 중앙엔 핵심 거점점포를 세우고 이를 기점으로 8개의 거점(2차 핵심 거점)을 세우고 또다시 8개의 세부 거점을 중심으로 세부 지점을 세우는 형태의 출점전략을 말한다. 8개의 2차 핵심 거점을 중심으로 세부 지점이 생기기 때문에 각각 매장의 상권을 장악하게 되면 그 틈을 들어가기 어렵기 때문에 허브 앤 스포크의 장점과 포인트 투 포인트의 장점을 보완한 전략이라고 할 수 있다. 이 전략의 특정은 세부 2차 핵심 거점의 확장을 염두에 두어 핵심 거점점포를 선정하므로 특정 권역 도시의 상권을 완벽하게 제압하고 체계적인 네트워킹에 유리한 전략이다. 8개의 2차 핵심 거점은 각각의 지점의 성격을 달리하여 상권 경쟁력을 높일 수 있는 전략적 융통성이 필요하므로 적절한 상권 획정을 하는 것이 중요하다. 가장 넓은 상권을 체계적으로 공략하므로 상위 전략이며 경쟁 업종의 위치를 염두에 두지 않고 핵심 거점을 공략하므로 대중성이 높고 다점포 출점이 가능하며 브랜드력이나 상품력이 높아야 한다. 또한 운영적 측면에서 2차 핵심 거점까지는 직영 체제를 유지하는 것이 중요하므로 준비기간이 길고 비용이 많이 들 수 있다는 단점이 있다. 이와 같은 전략은 전국단위로 광범위하게 공략하는 편의점 등 업종에서 중앙본부나 영업본부를 중심으로 공략하는 데 적합하다.

1. 재정비 출점전략reorganization opening strategy

일정 목표 수 이상 출점 한 가맹본사가 출점전략을 전체적으로 다시 설정하기 위해 활용하는 출점전략으로 규모가 더 커지기전 점포 출점의 중간 점검이라고 할 수 있다. 이것은 업체의 현황을 바탕으로 앞으로 방향을 설정하는 것이므로 대체로 거시적 안목을 바탕으로 한 출점 정비전략이다. 업계 현황과 제도적 환경, 상품가치의 변화 등에 의해 전체적인 출점전략을 정비해야 할 때 활용하는 전략이다. 가장 기본적으로 상권분석적 재정비 전략, 배후 유형적 재정비 전략, 입지유형적 재정비 전략으로 구분할 수 있다. 그렇다면 어느 정도 기준에서 재정비를 해야 할까? 어떤 기준이 있기보다는 본사의 상황에 따라 다르다고 할 수밖에 없다. 업종 성격과 업태가 다르고 시장 환경이 다르고 경영주 개인의 눈높이가 다를 수 있고 가맹 본사 출점 목표 등 무수히 많은 이유 때문이다. 일반적으로 가맹본사는 규모가 커질수록 부실 점포를 줄이고 체계적인 출점을 원한다면 일정 기준을 준수할 필요가 있다. 이 일정 기준은 보통 연 출점 수와 점포의 연 평균 매출 구간에 따라 구분할 수 있다.

<표 8-2> 출점 재정비 구간

구분	년 출점 수	매출 구간	재정비 비율	결론	예외
1구간	~10	하위 30%	10% 초과 시	재정비	
		중위 40%			
		상위 30%			
2구간	11~30	하위 30%	15% 초과 시	재정비	
		중위 40%			
		상위 30%			재정비 예외: 매출 하위 30%구간이 각각의 재정비 비율을 초과하더라도 극하위 비중이 낮은 경우
3구간	31~50	하위 30%	20% 초과 시	재정비	
		중위 40%			재정비 대상: 매출 하위 30%구간이 각각의 재정비 비율 이하라도 극하위 비중이 높은 경우
		상위 30%			
4구간	50~100	하위 30%	25% 초과 시	재정비	
		중위 40%			
		상위 30%			
5구간	100~	하위 30%	30% 초과 시	재정비	
		중위 40%			
		상위 30%			

〈표 8-2〉에서 보듯이 출점 점포의 매출 비중에 따라 하위그룹(하위 30%), 중위 그룹(중위 40%), 상위 그룹(상위 30%) 비율로 나눌 수 있다. 이 표는 다음 세 가지를 고려하며 정비한다.

조건 1. 평균 매출은 평균 수익과 함께 평가해야 하므로 평균 수익이 발생하는 전후를 기준으로 한다.

조건 2. 그룹 기준은 업계 평균 매출과 수익을 토대로 해당 업체의 매출과 수익을 기준으로 한다.

조건 3. 매출이 높더라도 평균 이하의 수익이 나는 점포는 그룹 평가에서 제외한다.

그다음은 평균 출점 수를 기준으로 5개 그룹으로 구분할 수 있다. 일반적으로 출점 수에 따라 업종의 성격과 정체성이 다르기 때문이다. 보통은 출점 수가 적을수록 희소력이 높은 업종이거나 경쟁이 치열하거나 점포당 규모가 큰 경우이다. 이렇게 출점 수가 많지 않은 경우 그룹을 나누는 것은 변별력이 떨어질 수 있다. 많은 점포를 출점하는 것이 아니므로 한 두 점포의 출점 실수도 손실이 클 수 있기 때문이다. 따라서 하위 그룹 비율이 10%를 초과하는 경우 즉시 재정비를 요구한다. 물론 하위 그룹 비율이 10%를 초과하지 않더라도 하위 그룹 중 약 70% 이상이 극하위인 경우 재정비할 것을 권한다. 점차 출점 수가 많을수록 대중적이거나 점포당 규모가 작은 경우 대체로 테이크아웃 형태의 매장이 많다. 출점 수가 많기 때문에 상대적으로 하위 비중이 더 높아지더라도 물류비용 절감이나 홍보비용 절감 등 영업비용이 줄어들기 때문에 상대적인 재정비를 요구하는 경우 하위 그룹 범위가 더 넓어지게 된다. 그러나 하위 그룹 내에서도 극하위 비중이 낮아 전체 실적에 부정적인 영향을 미치는 것이 작다면 하위 그룹이 각각 재정비 비율을 넘기게 되더라도 반드시 재정비를 요구하는 것은 아니다. 물론 아무리 상위 실적이 좋아 상대적으로 전체 평균 매출을 높이더라도 하위 그룹이 기준을 초과하는 경우는 원칙적으로 재정비는 권한다. 상위 그룹은 항상 위험 요소가 내재해 있기 때문에 언제든지 하향 조정될 수 있고 재정비 요구는 하위 그룹의 증가가 원인이므로 전반적인 출점 개선이 목적이다. 〈표 8-2〉는 상대적이므로 일반적인 출점 측면의 최소한의 기준으로 참고하기를 바란다.

1.1. 개발 중심적 재정비 출점전략

상품에 중심을 두어 상권분석적으로 적합한 지역에 초점을 맞춰 재정비한다. 대부분의 초기 가맹본사는 업종의 정체성에 입각한 출점은 구체적으로 설정하지 못하고 상권 발달도가 높은 지역에 집중적으로 출점하거나 막연히 성공 사례 점포가 있는 지역이나 유사한 지역을 선별하여 출점하는 경우가 많다. 특히 초기 프랜차이즈의 경우 점포 개발 조직이 체계적으로 갖춰지지 않아서 부동산 중개업소, 컨설팅 업체의 물건 소개로 담당자와 대표자가 경험적으로 점포를 개설한다. 따라서 큰 기업이 아닌 이상 출점전략과 상권분석이 체계적일 수 없기 때문에 비교적 무난한 점포를 선호한다.

초기에는 부실점포의 증가가 많지 않으나 시간이 지나 점차 개점수가 늘어날수록 비용을 줄이기 위해 자체 점포개발인력을 충분히 보강하기보다는 기존 시스템의 한도 내에서 충분한 검증을 거치지 않고 무리하게 출점하는 경향이 있다. 따라서 부실점포 수가 대폭 늘어나게 된다. 특히 상권분석에 민감한 업종은 한 두 점포의 성공이 프랜차이즈화 될 수 없기 때문에 더욱 어렵다.

중점 점검 사항은 다음과 같다.

첫째, 브랜드 정체성이다. 출점 지역이 여기에 부합하는지 파악한다. 의외로 자사 상품의 성격을 정확히 이해하지 못하고 막연히 눈에 띄는 지역에 출점하는 경우가 많다. 상품성에 의해 막연히 찾아오겠지 하면 착각이다. 상품성도 평준화되어 있어 추가 고객을 유치하기 위해서는 그에 맞는 마케팅도 필요하다. 특히 과거엔 상권분석에 민감한 업종 중 일부는 규모의 경제 논리로 크게 출점하는 것 자체가 경쟁력이었다. 그러나 임차료, 인건비 등의 상승으로 검증된 상권보다 상권 변화가 빠른 골목상권에 진입하는 경향이 증가하고 있기 때문에 강력한 팬을 확보할 수 있도록 브랜드 정체성을 명확히 하는 것이 중요하다.

둘째, 업종 모형도 그린다. 업종과 브랜드의 1차 경쟁(실질적 경쟁), 2차 경쟁(잠재적 경쟁)을 파악하여 실질적 경쟁자와 잠재적 경쟁자를 파악하여 그에 맞는 정보를 재수집 할 수 있다. 셋째, gis 분석 시스템을 활용하여 최소한의 통계적 가치를 점검한다. 전체 점포의 매출 실적과 주변 상권의 특이점을 도시화하여 경쟁지도, 상생지도를 작성하여 재정비 플랜을 세운다. 이 부분은 기존 상권분석 시스템을 적용하기보다는 데이터를 수집 가공하여 본사의 브랜드 정체성과 실적 정보 등을 토대로 전문집단의 도움을 받아 본사의 매뉴얼을 재정비 하는 것이 중요하다. 넷째, 창업 상품성을 재설정한다. 3 value 피라미드 model을 점검하여 상품의 고객 가치를 재점검한다. 다섯째, 창업가 입장에서 상품 및 상권 개발 시장 Matrix를 재설정한다. 상권분석적 창업은 방향성이 가장 중요하기 때문이다. 여섯째, 창업 9력을 재설정한다. 대부분의 지역은 상권 성격이 다르고 경쟁 정도가 다르다. 따라서 브랜드 정체성에 입각한 점포 개별적인 힘에 맞는 상권에 출점해야 한다. 무조건으로 브랜드 정체성과 점포의 개별성을 배제한 출점은 운에 맡길 수밖에 없는 상황이 되므로 점포 개별성을 파악하는 것은 매우 중요하다. 특히 규모가 작은 프랜차이즈인 경우 장기적인 사업 계획을 준비하고 있다면 폐점률을 줄이는 것이 중요하다. 따라서 프랜차이즈 설립시기와 프랜차이즈 기획에서 더욱 면밀히 검토하여 출점하는 것이 중요하다.

1.2. 배후유형적 재정비 출점전략

8가지 배후유형에 입각한 출점을 재정비하는 것을 말한다. 고정 배후형, 우물 배후형, 고정 우물형, 동선 배후형, 유동 입지형, 배후 입지형, 순수 유동형, 우물 유동형으로 나누어 동선의 흐름에 의해 출점 위치를 재정비 하는 것을 말한다. 매출이 일어나는 동선에 의한 유형이므로 대체로 상권분석적 재정비보다는 상권 범위가 좁으며 상품에 치중하기보다는 동선에 의해 출점전략을 세우는 것이므로 상품의 동질성이 높은 업종이나 좁은 상권에서 적용한다. 따라서 틈새 상권이나 경쟁점이 생기는 6가지 입지처럼 어떤 배후에서 특정 업종이 고매출의 수익이 나오는 경우 다른 배후 유형에 진입하는 경우가 여기에 해당한다.

1.3. 입지유형적 재정비 출점전략

배후분석적 19가지 입지유형에 입각한 출점을 재정비하는 것을 말한다. 따라서 대체로 배후 유형적 재정비보다는 상권 범위가 좁다. 위치에 의해 매출이 극대화되는 지점을 재정비하는 것으로 대체로 상품 동질성이 높고 객단가가 낮은 배후분석에 민감한 업종에 최적화될 수 있는 재정비 출점전략이다. 위치 자체를 최우선으로 하는 전략이므로 편의점, 소매점, 과일가게, 야채가게, 커피 전문점, 분식점 등 배후분석에 민감한 업종이나 배후분석적 전략으로 출점하는 경우의 전략이다.

위 세 가지 출점전략을 구분하는 이유는 본사는 출점 실패율을 낮추고 장기적인 전략을 세우는 것이 중요하기 때문이다. 개인 경영주의 경우 창업은 답이 없고 정확한 기준을 갖지 않으며 더욱 복잡하고 난해해서 창업 방향을 잡을 수 없기 때문이다.

2. 직영점 출점전략 opening direct management store strategy

스타벅스는 대표적인 레귤러(직영) 체인이다. 스타벅스의 대표적 경쟁력 중 하나는 서비스이다. 이렇게 스타벅스의 서비스를 최고수준으로 유지할 수 있었던 것은 직영점으로 관리하기 때문이다. 그러나 직영점은 고정 비용이 높고 상품 개발력, 상권 제압력을 높이는 형태의 출점이 많기 때문에 시스템 유지 비용과 개별 점포의 투입 금도 높다. 따라서 일반적인 프랜차이즈 가맹 본사도 가맹점 체계를 유지하여 효율 적이고 안정적인 시스템 지원을 위해 전체 점포 수의 일정 비율은 직영점을 유지하 는 것이 좋다. 신규 브랜드인 경우 상황에 따라 최소 2~3호점까지는 직영점으로 브 랜드 관리를 하는 것이 좋다. 본사 교육과 매출 관리 등을 통행 가맹 사업자를 모집 하는 데 수월하기 때문이다. 또한 일정 점포 이상부터는 10:1 전략 또는 20:1 출점전 략을 유지하여 10점포나 20점포에 한 점포는 직영점을 오픈하여 브랜드 관리를 할 필요가 있다. 이것을 얼마나 잘하느냐에 따라 체계적인 출점은 물론 효율적인 매장 관리가 가능하다. 다음은 직영점 출점의 필요성에 대해 직영점 검증과 일반적 기능 에 대한 내용이다.

2.1. 직영점 검증

본문 2.2.에서 직영점의 9가지 기능에 대해 설명하고 있다. 이 모든 기능의 중심은 가맹점의 성공을 위한 것이므로 가맹점도 직영점의 경험이 가맹점에 똑같이 전달될 수 있어야 고객 욕구를 충족시킬 수 있다. 따라서 가맹점 확장을 위한 프랜차이즈 본 사 측면에서 가장 중요한 직영점의 역할은 검증이다.

가맹점주 측면에서 본사와 계약을 하고 점포를 운영하는 데 있어 어떤 문제가 있 을지 다음 사항을 중점으로 5단계로 점검하고 시정을 한다.

첫째, 과연 고객에게 전달하고자 하는 브랜드 정체성을 가맹점도 충분히 전달할 수 있을지?(가맹점의 규모, 분위기, 인적자원 등이 브랜드 정체성을 고객에게 명확히 전달할 수 있을지 에 대한 브랜드 정체성 검증)

둘째, 과연 가맹점주가 본사와 똑같은 맛이나 서비스를 유지할 수 있을지?(직영점의 레시피나 조리법을 가맹점에서 가장 유사하게 구현할 수 있을지 검증)

셋째, 과연 가맹점에 대한 본사의 물류 공급은 원활할지?(직영점이 사용하는 자재 및 원재료의 공급에 대한 최적의 지원이 가능한지 검증)

넷째, 과연 가맹점에 대한 본사의 운영지원(슈퍼바이저)은 원활할지?(트렌드에 민감한 고객을 유지하기 위해 본사의 상품 출시, 홍보, 시설 등에 대한 최적의 지원이 가능한지 검증)

다섯째, 과연 가맹점이 다양한 상권에서 충분히 검증되었는지?(가맹점의 출점 리스크를 줄이고 안정적인 매출을 확보하기 위해 검증)

<표 8-3> 직영점 검증 단계

구분	브랜드 구축 검증	가맹점 동일체 검증	정량화 배송 검증	운영지원 검증	상권다양화 검증
1단계	→				
2단계		→			
3단계			→		
4단계				→	
5단계					→

위와 같은 문제를 통해 실제 가맹점주에 대해 다음 사항을 검증할 수 있도록 한다.

과연 가맹점주가 본사의 브랜드 정체성을 충분히 인지하고 창업을 할 수 있을지?

과연 가맹점주가 본사와 협력적 관계를 유지하고 경영을 할 수 있을지?

과연 가맹점주 역량을 어느 정도까지 향상시킬 수 있을지?

과연 가맹점주의 기업가 정신은 어느 정도 갖춰져 있는지?

이상에서 보듯이 직영점은 단순히 본사 운영매장의 상징성이 중요한 것이 아니라 가맹점과 동일체로서 검증한다.

2.2. 직영점 일반적 기능

가. 브랜드 이미지 관리를 통한 캐릭터 구축

본사 정책에 따른 물적, 행동적 방침 즉 시스템 전달, 홍보물 부착 등을 하는 경우 가장 적극적으로 반영하는 것은 프랜차이즈 점포의 경쟁력 중 하나이다. 규모가 큰 본사일수록 장기적 정비와 단기적 정비가 규칙적이고 디테일하다. 가령 장기적 정비는 연도별 방침을 구체화하고 있다. 중기적 정비는 계절별, 분기별 방침을 구체화하고 있다. 단기적 정비는 월별, 주간 방침을 구체화하고 있다. 이런 본사의 다양한 방침은 일반적으로 개별 가맹점은 본사 방침에 즉각적인 대응이 느리기 때문에 일정 비율 직영점을 유지하여 운영하는 것이 브랜드 이미지 관리에 유리하다. 브랜드 이미지 관리를 통해 카카오의 친근한 이미지와 캐릭터를 만들어 기업 이미지를 각인시킨다. 특히 빅 프랜차이즈를 지향한다면 처음부터 캐릭터를 고민하는 것이 중요하다. 스타벅스와 맥도널드는 이 점을 매우 중요시 여긴다.

나. 가맹점 관리

가맹점의 매출, 경쟁점 출점, 가맹 점주의 능력, 가맹 계약 등 다양한 이유로 본사의 실적과 이미지에 직간접적인 영향을 미친다. 본사 직영을 위한 전략적 점포는 점포의 상황에 따라 적극적으로 활용할 수 있으며 가맹점의 부족한 부분을 채우고 보완하는 역할을 겸하고 있다. 따라서 직영점의 실적과 관리는 모범이 되어야 한다.

다. 가맹점 경영 지원

개별 가맹점의 세일즈 프로모션, 단독 오더, 오발주 등으로 상품 공급이나 장소 문제와 어려움에 처할 수 있다. 본사 물류 센터에서 즉각적인 대응이 어렵기 때문에 본사는 직영점을 통해 개별 가맹점을 지원할 수 있다.

라. 실적 관리

매출은 기업 성장과 직결되는 가장 중요한 요소 중 하나이다. 직영점은 프랜차이즈 시스템을 최유효 이용하여 가장 적극적으로 활용할 수 있기 때문에 직영점으로 본사의 실적 관리를 기대할 수 있다.

마. 교육점과 테스트 매장

본사와 스킨십이 중요하다. 예비 가맹사업자가 본사 교육점에서 교육을 받는 경우와 개인 가맹점에서 교육을 받는 것은 차이가 있다. 예비 가맹사업자 입장에서 본사의 브랜드 정체성을 이해하는 데 부족한 점이 있을 수밖에 없다. 본사는 타깃을 명확히 하기 위한 상품이나 서비스를 개발하기 위해 테스트를 해야 하는데 직영점은 매출 지향적이기보다 고객지향적으로 상품이나 서비스를 테스트할 수 있다.

바. 도미넌트dominant 출점전략

도미넌트 전략은 본사의 직영점 출점전략으로 브랜드 홍보, 물류 비용 감소, 상권 제압력에 있다. 그러나 업종 성격과 브랜드 파워, 점포 규모 등에 따라 그 효과는 매우 차이가 크다.

사. 전략적 예비 점포 개발

점포 개발하다 보면 경쟁점의 경쟁과 기존 상권과 다른 지역에 출점을 하게 되는 경우도 있고 가맹자원의 부재로 추가 출점이 어려운 경우가 있다. 그렇다고 전혀 점포개발을 하지 않을 수 없기 때문에 전략적으로 예비점포를 개발하여 매출을 안정화시키게 되면 가망 점주를 찾기가 더욱 수월하다.

아. 터닝 포인트turning point 개발

개인적으로 매우 중요한 전략 중 하나라고 생각하는 점이다. 보통 점포를 개발하여 목표 출점을 훨씬 상회하는 경우 점포 개발을 잠시 멈추게 된다. 이럴 때 무작정 멈출 수 없기 때문에 본사 전략 차원의 점포를 개발할 수 있는 터닝 포인트가 될 수 있는 점포를 개발할 필요가 있다. 즉 시장은 늘 경쟁 환경 속에서 고객의 취향도 변하고 각종 환경도 변한다. 고객은 기존의 매장 인테리어에 식상해하기 때문에 주요 고객 취향과 유동적 고객의 취향을 반영한 인테리어로 고객의 마음을 사로잡을 수 있는 트렌드를 놓치면 안 된다. 또한 인건비, 임차료 등 각종 비용은 증가하는데 점포 개발 면적이 늘 일정할 수는 없다. 상황에 따라 특수한 점포를 개발하여 미래 경쟁력에서 살아남을 수 있는 틈새 점포 또는 전략 점포가 필요하기 때문이다. 만약 1,000호점 이상을 목표로 하는 빅 브랜드라면 더욱 그렇다. 똑같은 형태의 점포로는 새로 진입하는 경쟁기업에 대응하기 어렵고 현재의 실적을 꾸준히 지키기도 어렵기 때문이다.

자. 고객 커뮤니케이션

가맹점을 통한 고객 정보나 의견은 정확한 전달, 많은 참여, 올바른 답변을 수집하기 어렵다. 따라서 일반 가맹점에서 한계가 있으며, 더 나아가 co-creation을 통한 기업의 가치창조 및 가치전달을 위해서는 더욱 많은 직영점이 필요하다. 실제 고객의 불편사항, 요구사항을 가장 적극적으로 수집하고 반영하는 스타벅스는 매우 좋은 예이다.

차. 가맹점 참여

브랜드 가치를 높일 수 있는 방법 중에서 가맹점의 브랜드 인식과 가치실현이 한 몫한다. 이를 위해 가장 중요한 것은 가맹점과 가맹본부의 상생협력이다. 프랜차이즈의 상생협력은 가맹본부와 가맹점의 장기적인 동반성장을 위한 가맹본부의 자원(김영길 외, 2019)이라고 하였고, 유동근 외(2012)는 상생협력을 지식공유, 상호의존, 상호 이익공유로 분류하였다. 이를 전달하고 공유하기 위한 최적의 장소는 직영점이다. 본사가 가맹점에게 지식을 제공할 수 있는 방법은 슈퍼바이저에 의한 전달방식과 현장전달 방식이 있는데 후자가 직영점에서 개발 및 테스트를 위해 다수의 가맹점주와 의견을 나누고 직접 공유하는 방식이다. 이를 통해 점포에 직접적인 이익을 나누고 가치를 공유하여 동반성장의 발판을 마련한다.

2.3. 직영점 출점전략

〈그림 8-6〉에서 보듯이 프랜차이즈 본사의 시장진입 전략은 크게 직영점 출점과 가맹점 출점으로 구분할 수 있다. 직영점 출점은 직영점 검증 사항에 대해 어느 분야를 중심으로 지향하느냐에 따라 가맹점을 확장 정책이 달라질 수 있다. 따라서 직영점 출점은 브랜드 구축 출점전략, 가맹점 동일체 출점전략, 배송중심 출점전략, 운영지원 중심 출점전략, 상권 다각화 출점전략으로 나누어 접근할 수 있다. 가맹점 출점은 전반적인 시장진입전략의 일환이므로 그림과 같은 순서로 고려할 수 있다.

<그림 8-6> 프랜차이즈 본사의 시장진입 전략

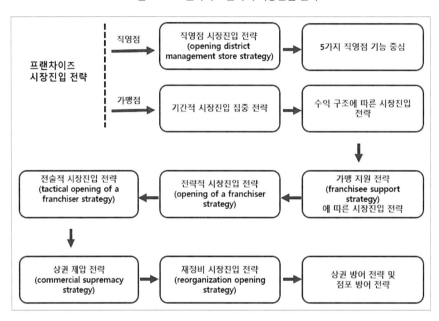

가. 브랜드 구축 출점전략

브랜드 구축 중심일 경우 브랜드 정체성과 가장 부합하는 상권을 공략하여 소비자 또는 가망 가맹점주에게 브랜드 이미지를 최적으로 전달하는 것에 중점을 둔다.

나. 가맹점 동일체 출점전략

가맹점 동일체 중심일 경우 직영점 수준의 운영을 지향하므로 상품 개발 및 매뉴얼 역량 개발에 중점을 두어 가맹점을 모집하는 것에 중점을 둔다. 따라서 많은 수의 가맹점 모집을 목표로 하지 않기 때문에 높은 수준의 QSC를 요구한다.

다. 배송중심 출점전략

정량화 배송 중심일 경우 물류의 효율적인 배송을 중심으로 가맹점을 모집하는 것에 중점을 둔다. 즉 소스 및 원재료 비중이 높고 적극적인 가맹점 확장 전략을 염두에 둔 본사에게 적합하다. 물류, 공장 시스템이 잘 갖춰져 있어서 확장 중심적인 전략이다.

라. 운영지원 중심 출점전략

운영지원 중심일 경우 본사의 정책과 신상품 도입 등 매뉴얼 진행, 돌발상황, 프로모션 등 점포의 매출 증대, 경쟁지원, 원활한 소통 등을 중심으로 가맹점을 모집하는 것에 중점을 둔다. 시장진입이 수월한 업종, 수요성 업종, 유행에 민감한 아이템 비중이 높은 본사에 적합하다. 예를 들어 편의점, 커피 음료 전문점, 분식 전문점이 여기에 해당한다고 볼 수 있다.

마. 상권 다각화 출점전략

본사 직영점의 상품 가치와 브랜드 정체성에 적합한 상권에 출점하는 것에 중점을 둔다. 상품을 제외하고 사람, 점포, 상권 모두가 일치하는 점포는 없기 때문에 다양성에 대한 리스크를 줄이기 위해서 본사는 다양한 상권 경험을 통해 최적의 상품 콘셉트, 매장 콘셉트를 개발해야 한다.

3. 방어전략defensive strategy

3.1. 상권 방어 전략trade area defensive strategy

상권 방어는 프랜차이즈 본사 측면에서 우리 점포의 안정적인 운영을 위해 경쟁점의 출점 제한 또는 점포 확장을 방어하기 위한 행위를 말한다. 상권 방어는 본사의 가맹점 출점과 본사의 지점 출점전략에 따라 전략적 방어와 개별 점포에 대한 전술적 방어로 구분할 수 있다. 주로 전자는 도미넌트dominant 전략 등을 병행한 사전적 방어의 개념이 강하다. 후자는 이미 운영 중인 점포가 스크랩 앤 빌드scrap and build 등을 통해 매장 규모, 위치, 상권력 등이 우위에 있는 위치로 이전하여 전반적 상권 제압력을 높이는 것을 말한다. 유일하게 사후적 방어의 개념이 강하다. 이 두 가지는 본사의 점포 개발 실적에 영향을 미치기 때문에 본사는 매우 전략적으로 접근하고 있다.

점포 방어는 개인 점포나 개별 가맹점이 경쟁점의 출점에 따른 매출 차단이나 점포 계약 유지를 통해 꾸준한 운영을 위한 행위를 말한다. 개별 창업가 가장 소홀히 하는 개념 중 하나이지만 창업 성격에 따라 또는 업종에 따라 꾸준히 운영하는 데 있어 절대로 소홀히 해서는 안 되는 사항이다. 따라서 개별 점포의 방어 행위는 업종에 따라 매우 차별화되어 있다. 이외에도 적극적 방어는 아니지만 허브 앤 스포크 전략으로 물류 거점을 확보하여 시장 인프라를 선점하는 경우도 있고 포인트 투 포인트 전략으로 상권 네트워크로 출점 의지를 낮출 수 있다. 체인점이 많고 상권이 좁은 편의점에서 행해지고 있다.

3.2. 점포 방어 전략store defensive strategy

가. 영업력 방어sales defense

홍보public relations, 운영기획operative planning, 서비스 운영operation service, 관리 서비스facility management, 상품 개발product development를 말한다. 특히 상품 개발은 린

방식 상품 개발 시장에 진입하는 경우 상품성에 중점을 둔 매장에서 메이킹making 상품을 제공하는 업종의 가장 기본적인 방어로 꾸준히 상품의 품질을 유지하며 업 그레이드 하는 것이다. 그러나 업종의 성격에 따라 대응 방법이 다르나 대체로 디저 트류와 같은 간편 식음료 업종은 신제품을 최소 6개월 간격으로 준비하여야 신규 경쟁자에 대응할 수 있다. 예를 들어 이태원 경리단길에서 추로스로 붐을 일으킨 스트리트 츄러스라는 브랜드가 있다. 그러나 추로스가 인기를 얻자 금세 다른 경쟁업체의 진입으로 곳곳에 추로스를 맛볼 수 있기 때문에 상권 내 희소가치가 떨어질 수밖에 없었지만 6개월 간격으로 획기적인 상품을 출시하여 경쟁업체의 획일화된 콘셉트에 우위를 차지할 수 있었다. 당시 신규 출점한 추로스 프랜차이즈는 거의 사라지고 현재 유일하게 추로스 전문점으로 성장하고 있는 브랜드라고 할 수 있다.

나. 위치 방어locational defense

사람이 중심인 편의점처럼 상권이 좁고 상품 동질성이 높은 업종은 보조 점포나 방어 점포로 경쟁점의 진입을 차단하여 매출을 보전한다.

다. 경쟁 방어competitive defense

우리 점포가 있는 상권에 시너지가 될 수 있는 업종의 진입을 유도하거나 제안하여 상권의 시너지를 형성하여 협력적 경쟁을 유도한다. 상권이 발달하지 않은 지역이나 초기 상권 형성 단계에서 주의 깊게 봐야할 부분이다. 다만 상품 중복률이 20% 이하 이거나 상품 콘셉트가 다른 경우로 한정한다. 이렇게 창업가는 점포 관계성을 중요하게 보고 상권 내 커뮤니티가 형성될 수 있는 노력이 필요하다.

라. 계약 방어first contract defense

간혹 우량 점포나 특수한 점포인 경우 경쟁사나 잠재적 경쟁사가 직접 해당 건물 임대인을 설득하여 신규계약을 시도하게 된다. 이 경우 보통 계약 만료 시점에 이루어지므로 사전에 임대인과 연장 계약을 시도하여 방어한다. 그러나 이런 방어 전략은 상생권으로 발전하기 위한 선순환적인 상권화를 전제로 하는 것으로 무분별한 방어는 오히려 상권 쇠퇴를 불러올 수 있다.

<표 8-4> 방어전략

구분		내용	기타
상권 방어 전략	본사 전략 측면	도미넌트 전략, 스크랩 앤 빌드 전략, 허브 앤 스포크 전략, 포인트 투 포인트 전략	사전적
	개별 점포 전술 측면	스크랩 앤 빌드 전략, 도미넌트 전략, 허브 앤 스포크 전략, 포인트 투 포인트 전략	사전적, 사후적
점포 방어 전략	영업력 방어	상품 개발에 중점	사전적
	위치 방어	사람(고객)에 중점, 위치 선정	사전적
	경쟁 방어	협력적 경쟁	사전적
	계약 방어	사전 계약	사전적

4. 상권 반사 효과trade area reflex attractive effect

상권 반사 집객 효과trade area reflex attractive effect 효과란 경쟁업종 내지 경쟁 상권의 영향력에 따라 반사적으로 이익을 보게 되는 효과를 말한다. 반사적 이익이라고 생각하여 가볍게 여기는 경우도 있으나 실전에서 매우 전략적으로 접근해야 하므로 처음부터 진지하게 고민해야 하는 사항이다. 공휴 반사 집객 효과, 야간 반사 집객 효과, 계절 반사 집객 효과, 틈새 반사 집객 효과가 있다.

4.1. 공휴 반사 집객 효과public holiday reflex attractive effect

일반적으로 공휴일은 토요일, 일요일과 국경일, 명절 등을 포함하는 말이다. 공휴 반사 집객 효과는 공휴일에 영업을 축소하는 업종이나 상권의 영향력 저하로 상대 점이나 상대 상권이 이득을 보게 되는 효과를 말한다. 따라서 매우 개별적이고 상대적인 사항이다.

예를 들어 이에 가장 부합하는 경우는 대형 주거 복합시설이나 독립 쇼핑몰의 경우 외식이나 공휴 휴식을 취하는 분들은 선택의 여지가 많지 않기 때문이다. 또한 혼재형 상권 즉 오피스와 배후가 혼재된 상권은 공휴일에 오피스 인구가 빠져나간 상권은 공동화로 대부분은 영업을 하지 않게 된다. 그러나 일부 점포는 배후를 상대로 하거나 특별한 입지유형의 위치에 있어 영업을 하기도 한다. 이때 이 점포는 문을 닫은 점포들로 인해 평소 분산된 배후 수요 매출을 모두 흡수하게 된다. 이것이 공휴 반사 집객 효과라고 한다. 오피스와 거주 배후가 혼재된 형태의 상권이다. 예를 들어 어떤 상권 곳곳에 커피 전문점이 있지만 경쟁점들은 식사 동선에 강한 위치에 집중되어 있다고 가정한다. 이 경우 상권의 공동화 현상으로 주말에 문을 닫는 매장이 생기기 때문에 반사 효과를 보게 된다. 7일 중 2일이 공휴일이므로 이 효과는 상대점과 상대 상권의 여건에 따라 반사 효과를 달라질 수 있다. 이 효과가 극대화되기 위해서는 다음의 전제 조건이 있다.

첫째, 혼재형(주택과 오피스 혼합) 상권이어야 한다. 오피스 배후는 어쩔 수 없이 포기하더라도 주거 배후나 상가 시설을 배후를 있어야 한다. 만약 오피스 위주라도 입지형에 있어서 주동선 효과를 기대할 수 있어야 한다. 둘째, 입지유형이 명확해야 한다. 완벽한 오피스 상권이며 고정 우물형처럼 갇힌 곳은 이런 효과를 기대하기 어렵다. 따라서 주요 도로변형으로 주배후 접근성이 좋은 곳이거나 동선 시작형과 같은 곳에서 주동선 효과를 기대할 수 있어야 한다. 따라서 경쟁점들은 오피스 상권이나 갇힌 배후에 있어야 주말에 문을 닫는 경우가 늘어난다. 그러나 위의 전제 조건과 관계없는 업종도 있다. 가령 배달 업종은 상권 범위가 넓은 편이므로 이 업종이 문을 닫을 경우 상대 업종은 그 효과가 훨씬 높게 나올 수 있다. 장사가 잘 될수록 더욱 그렇다. 부동산 중개업소의 경우 일요일엔 대게 문을 닫는다. 어떤 지역의 부동산을 알아보거나 상담하다가도 주말에 방문할 경우 문을 연 업소를 방문하게 된다. 단 일요일에 방문하는 고객은 약속 고객이 아닌 경우 나름대로 소신을 가지고 방문한 고객이므로 확실한 매물로서 고객과 접객하지 않는다면 계약으로 이루어지기 어려운 점이 있다. 셋째, 상품은 평균이상 경쟁력이 있어야 한다. 고향에서 명절을 보내지 못하는 분은 외식을 할 수 있는 장소를 찾지만 상품 경쟁력은 평균 이상이거나 명확한 가치를 제공할 수 있어야 한다. 이 경우 소비자가 충분히 인지할 수 있는 지역에 있거나 홍보되어야 한다. 당연히 문을 닫았을 것으로 여기기 때문이다.

4.2. 야간 반사 집객 효과 night reflex attractive effect

야간 반사 집객 효과는 상대점이나 상대 상권이 야간에 영업을 하지 않으면서 반사적으로 이익을 보게 되는 효과를 말한다. 공휴 반사 집객 효과보다 업종성과 지역성이 제한되어 있다. 즉 일반적으로 24시간 운영되는 업종은 편의점, 24시간 패스트푸드 체인인 맥도널드, 24시간 커피 전문점, 24시간 음식점 등이 있지만 업종 전체적으로 운영 효율이 있는 것은 편의점이 유일하다. 단지 24시간 패스트푸드 체인인 맥도널드는 강력한 상권 제압력으로 야간 반사 집객 효과를 보고 있고, 24시간 커피 전문점은 오피스와 유흥이 혼재된 도심가에 집중되어 있다. 최근엔 앞의 커피 전문점처럼 맥도널드와 유사하게 상권 제압력을 높이는 형태로 오피스와 주거 배후를 상권으로 하는 지역에 오픈하기도 한다. 24시간 음식점은 야간 소비가 활발한 일부 완전 소비형 상권이 아니고서는 만만치 않다. 야간 반사 집객 효과로 혜택을 볼 수 있는 업종은 적지만 꾸준하므로 매우 반사 이익이 높은 편이다.

4.3. 계절 반사 집객 효과 season reflex attractive effect

계절 반사 집객 효과는 경쟁 상대점이나 경쟁 상권에서 계절적인 요인에 따른 운영 여건으로 반사적 이익을 보게 되는 효과를 말한다. 예를 들어 스몰 비어나 치킨 호프 전문점은 여름철엔 야외 테이블 매출이 높기 때문에 주변의 편의점에서도 테라스에서 매출은 활성화된다.

4.4. 틈새 반사 집객 효과niche reflex attractive effect

틈새 업종과 틈새 상권 시장 진입 측면에서 틈새 효과로 반사적 이익을 보게 되는 효과를 말한다. 처음부터 전략적으로 틈새를 노리고 진입하는 것이므로 가장 반사 이익이 적은 편이며 언제든지 경쟁 상황이 바뀔 수도 있는 불안요소가 존재한다.

지금까지 언급한 '반사 집객 효과reflex attractive effect'와는 반대로 '반사 집객 유출 효과reflex attractive outflow effect'가 있다. 예를 들어 시위 효과와 지역 행사 효과로 해당 지역에 소비자가 유입되면 다른 상권은 상대적으로 위축되어 이익이 낮아지게 된다. 예를 들어 이태원 축제, 반포 서리골 축제 등과 같이 지역대표 축제나 특수 목적에 의한 집회로 인해 이외의 상권은 반사적으로 소비가 위축되어 반사 이익이 떨어지는 효과를 말한다.

Part 3   배후분석

Chapter 9.

배후분석 5대 요소와
점포 선정 5대 요소

Section 배후분석 5대 요소 1

・가 치 창 업・

1. 배후분석 개요

협의의 상권분석은 어떤 지역에서 어떤 업종이나 업태로 창업하는 데 적합한지를 판단하는 분석을 말한다. 배후분석은 위치적인 측면에서 최적의 점포 위치 선정하여 점포 생존율을 높일 수 있는 분석을 말한다. 따라서 넬슨의 소매입지선정 8원칙과 유사하지만 넬슨의 8원칙에서 말하는 입지는 가장 좋은 자리의 개념이다. 즉 누가 봐도 좋은 자리이므로 절대적인 자리에 가깝다고 할 수 있다. 그러나 창업 상권에서 배후분석은 좁은 경제적 범위에서 배후분석 요소로 어떤 지역에서 어떤 업종이 어떤 자리에서 매출이 가장 효율적인지 얼마나 꾸준히 유지될 수 있는지를 철저히 창업적 관점에서 측정하는 분석법을 말한다. 더 구체적으로는 바로 그 자리의 면적, 임차료 등 매장 여건을 고려하여 최적점에 있는지 판단하고 위치적으로 현재뿐 아니라 미래의 경쟁을 고려하는 지극히 현실적인 분석법이므로 경로의 의존성path dependence이 개입될 여지가 전혀 없다. 즉 언제든지 새로운 경쟁점으로 인해 소비자는 과거의 소비 관성에 따르지 않을 수 있기 때문이다. 따라서 위치적으로 안정성이 가장 중요하다. 위치적 안정성에 가장 부합하는 업종인 편의점과 같이 상품의 동질성이 높은 업종에 최적화되어 있다. 단지 모든 창업은 상권분석(업종 적합성)과 배후분석(최적 위치 선정)이 공존하므로 어느 정도의 포지션인지에 따라 적용 범위를 달리하면 된다. 최근 창업은 완벽한 상권 창업과 배후 창업이 줄어들고 함께 혼재된 형태로 진화하였으므로 지금 언급하는 배후분석은 철저히 위치적인 관점에서 접근하기를 바란다.

　배후분석은 크게 5가지 요소로 이루어져 있다. 점포 선정 5대 요소, 배후성격, 배후유형, 입지유형, 점포 선정 변화율로 구분하여 분석을 한다. 이중에서 점포 선정은 점포 창업의 6대 요소 중 한 요소이면서 철저히 점포의 위치에 대한 기본 개념으로 매우 중요한 사항이다. 점포 선정 5대 요소는 배후, 동선, 입지, 경쟁입지, 매장여건으로 구분할 수 있다. 배후 리스트(배후성격, 배후유형, 입지유형 등)를 구분하는 것은 건축에서 각각의 용도지역(주거지역, 상업지역, 공업지역 등), 용도지구(고도지구, 미관지구, 보존지구 등), 용도구역(개발제한구역, 시가화조정구역 등)에 따른 입지를 파악하여 가장 적합한 용도(주택, 주거복합시설, 상업시설, 오피스시설, 병원시설, 학교시설 등)를 선택하여 개발하는 것이다. 마찬가지로 점포 선정 할 때 내가 하고자 하는 점포의 배후 성격, 배후유형, 입지유형 등을 정확히 구분하여 가장 적절한 업종과 콘셉트에 맞는 입지를 찾아 최적의 수익을 기대할 수 있기 때문이다. 배후 성격은 배후에 있는 소비자의 성향을 구분한 것이다. 이것은 총 8가지로 구분할 수 있다. 간혹 프랜차이즈 가맹 본사가 입지유형이라고 하여 구분하는 것을 보면 실제는 입지유형이 아니라 배후 성격을 구분한 것이다.

<표 9-1> 배후 성격

구분		내용
거주형(거주시설 배후)		거주시설에 의한 매출이 90% 이상 발생
상주형(오피스 시설 배후)		상주시설에 의한 매출이 90% 이상 발생
혼재형 (거주시설: 상주시설)	7:3 혼재형	거주시설에 의한 매출이 70%이고 상주시설에 의한 매출이 30% 발생
	5:5 혼재형	거주시설에 의한 매출이 750%이고 상주시설에 의한 매출이 50% 발생
	3:7 혼재형	거주시설에 의한 매출이 30%이고 상주시설에 의한 매출이 70% 발생
특수 혼재형		병원, 학원, 대학, 호텔 등 특수시설을 배후로 포함하여 매출 발생

	완전 소비형	판매형	판매형 소비시설과 소비자 방문에 따른 매출이 90% 이상 발생
		유흥형	유흥형 소비시설과 소비자 방문에 따른 매출이 90% 이상 발생
		혼합형	혼합형 소비시설과 소비자 방문에 따른 매출이 90% 이상 발생
소비형 (소비시설 배후)	불완전 소비형	판매형 — 사이드 배후 거주형	판매시설에 의한 매출이 40~70% 발생하고 나머지는 거주시설에 의한 매출이 발생
		판매형 — 사이드 배후 상주형	판매시설에 의한 매출이 40~70% 발생하고 나머지는 상주시설에 의한 매출이 발생
		판매형 — 사이드 배후 혼재형	판매시설에 의한 매출이 40~70% 발생하고 나머지는 혼합에 의한 매출이 발생
		유흥형 — 사이드 배후 거주형	유흥시설에 의한 매출이 40~70% 발생하고 나머지는 거주시설에 의한 매출이 발생
		유흥형 — 사이드 배후 상주형	유흥시설에 의한 매출이 40~70% 발생하고 나머지는 상주시설에 의한 매출이 발생
		유흥형 — 사이드 배후 혼재형	판매시설에 의한 매출이 40~70% 발생하고 나머지는 혼합에 의한 매출이 발생
		혼합형 — 사이드 배후 거주형	혼합에 의한 매출이 40~70% 발생하고 나머지는 거주시설에 의한 매출이 발생
		혼합형 — 사이드 배후 상주형	혼합에 의한 매출이 40~70% 발생하고 나머지는 상주시설에 의한 매출이 발생
		혼합형 — 사이드 배후 혼재형	혼합에 의한 매출이 40~70% 발생하고 나머지는 혼합에 의한 매출이 발생

배후유형은 소비자의 동선에 의한 매출이 일어나는 흐름을 구분한 것이다. 단순히 통행량을 파악하는 것이 아니라 배후 유형에 따른 동선의 흐름을 말하는 것으로 총 8가지로 구분하였다.

입지유형은 어떤 지역에서 어떤 업종이 매출이 극대화될 수 있는 자리가 있는 지역의 모양을 말한다. 이것은 19가지로 구분할 수 있다. 이것은 주로 도시나 작은 시내에서 적용하며 교외에서는 별도로 로드 사이드 점포lode side store로 4가지 배후 유형과 12가지 입지유형으로 구분한다. 점포 선정 변화율은 점포 선정하면서 정형화되지 않는 것에 대한 예외적인 사항의 여러 가지 변수에 대한 것을 말한다. 즉 소비자의 행태적 관점, 점포의 변화, 경쟁점의 변화, 상권의 변화, 도시 계획의 변화, 정책의 변화 등이 변하기 때문이다. 배후분석법적 관점에서 모든 점포는 배후 성격, 배후 유형, 입지유형적으로 해석할 수 있어야 한다. 즉 이것들이 불명확한 점포는 정석이 아니라고 말할 수 있다. 그렇다고 정석이 아닌 점포는 수익성이 없다는 것이 아니다. 모든 사람에게 뿌리가 있듯이 점포도 그런 관점에서 기본적인 뿌리가 있다. 세상에 어느 점포도 같은 점포는 없기 때문이다. 가까운 주변을 둘러보거나 핵심 상권에서 점포를 둘러보면 볼수록 복잡하다. 이런 이유로 점포 선정은 정답이 없다. 따라서 최소한 입지적으로 구분할 수 있는 기준을 이해한다면 점포 선정 변화율로 복잡한 변화를 적용하여 조금 더 빨리 내 업종에 맞는 자리를 찾는 데 도움이 될 것이다. 실제 현장에서 보면 창업 초보자가 가맹본사의 점포를 소개받아 창업하여 대박이 나기도 하고 창업 전문가가 창업을 하여 쪽박이 나기도 한다. 이런 이유는 무엇일까? 같은 경력을 가졌어도 최고의 점포 개발 전문가와 그렇지 않은 직원과의 차이는 무엇일까? 이것은 다름 아닌 얼마나 기본에 충실하였느냐의 차이이다. 기본기가 잘 갖춰져 있으면 욕심을 평정할 수 있기 때문이다. 즉 사적으로 너무 무리한 욕심을 내면 실수를 하게 되기 때문이다. 따라서 본서의 배후분석 코너에서는 특별한 테크닉보다 배후분석의 기본기에 중점을 두고 기술하였다. 철저히 위치에 의한 교육이므로 다양한 업종을 예로 들어 설명하지 않았다. 오히려 더 복잡해질 수 있기 때문이다. 단지 스스로 관심이 많은 업종이나 창업 방향에 따라 매출 최적화와 경쟁점 위치에 따른 변화를 책을 읽으면서 스스로 생각하며 적용해보면 더 쉽게 이해할 수 있을 것이다.

. 가 치 창 업 .

배후유형
(背後類型)

어떤 배후에서 동선에 따른 매출이 발생하는 흐름을 유형에 따라 구분한 것을 말한다. 크게 배후형(背後型), 유동형(流動型), 입지형(立地型)으로 나눌 수 있다.

1. 배후유형

배후형은 '매출이 고정되어 있는 배후 내에서 매출이 발생'하는 것으로 고정형 배후, 동선형 배후, 우물형 배후, 고정 우물형 배후로 나눌 수 있다. 유동형은 '매출이 통행량에 의해 발생'하는 것으로 순수 유동형 배후, 유동 우물형 배후로 나눌 수 있다. 입지형은 '매출이 입지의 4요소에 충족한 곳에서 발생'하는 것으로 배후 입지형 배후, 유동 입지형 배후로 나눌 수 있다. 이렇게 배후유형은 8가지가 있으며 각각 배후유형을 보충 설명하기 위해서 소비자 동선적 매출 흐름, 주로 적용되는 입지유형, 중점 점검 상항 순으로 기술하였다.

<표 9-2> 배후유형

구분		내용
배후형	고정형 배후	배후가 고정되어 있는 배후
	동선형 배후	배후민의에서 동선에 의해 매출이 발생하는 배후
	우물형 배후	배후에서 배후민이 여기저기서 흘러나와 모여서 매출이 발생하는 배후
	고정 우물형 배후	배후가 좁은 지역에서 우물형 매출이 발생하는 배후
유동형	순수 유동형 배후	통행인에 의해 매출이 발생하는 배후
	우물 유동형 배후	통행인이 우물에 고이듯이 매출이 발생하는 배후
입지형	배후 입지형 배후	입지적 요인에 의해 매출이 발생하는 배후
	유동 입지형 배후	입지적 요인에 의해 유동형 매출이 발생하는 배후

1.1. 배후형

1.1.1. 고정형 배후

가. 매출 흐름

<그림 9-1> 고정 배후형

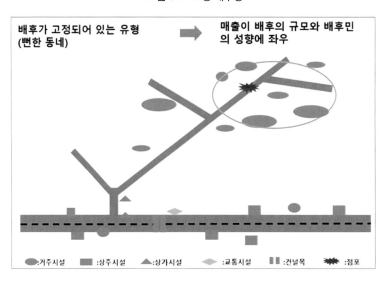

말 그대로 배후가 고정되어 있는 지역에서 그 지역민만을 상대로 정적인 매출이 발생하는 지역을 말한다. 즉 지형적 특징으로 올 수 있는 사람들이 정해져 있기 때문에 매출 한계가 명확하다. 배후가 고정되어 있더라도 넓으면 매출이 높게 나올 수 있다. 그래서 매출이 배후의 규모와 배후민의 성향에 의해 좌우된다. 배후가 고정되어 있더라도 넓으면 더 많은 사람들이 있으니까 더 오를 수 있을 것이다. 또 그들의 소비성향이 적극적이면 더 오를 수 있을 것이다.

나. 입지유형적 성격

19가지 입지유형 중에서 주로 우물형, 막다른 배후형에 많이 있다.

다. 중점 점검 사항

고정 배후형은 '배후분석법'에 민감한 업종일수록 경쟁요소를 철저히 파악해야 한다. 단순히 경쟁점이 없기 때문에 독점적인 수익을 기대하고 진입하는 것은 너무 안일한 접근이다. 편의점 창업이라면 고정 배후형의 제1순위 위치에 있어야 장기적인 요소에도 대비할 수 있다.

첫째, 근접 1차 배후가 안정적이어야 한다. 근접 1차 배후가 불안정하면 경쟁점이 진입하면 매출 하락 폭은 더욱 커질 수 있다. 그림을 보면 b점포가 이 배후에서 위치는 좋아 보인다. 그러나 고정 배후형에서는 이런 위치에 초점을 맞추기보다는 a점포처럼 안정적인 근접 1차 배후를 확보해야 한다.

둘째, 매장 여건이 더 좋아야 한다. 수요자가 정해져 있어서 같은 지역에서 경쟁에 우위에 있기 위해서는 매장 여건이 더 좋아야 경쟁점의 진입 의지가 꺾이거나 경쟁에 우위에 있을 수 있다. 만약 커피 전문점 창업이라면 어떨까? 편의점은 완제품을 구입하여 가는 업종이기 때문에 매장여건이 현저히 차이가 나지않는 이상 크게 걱정할 일은 없다. 그러나 커피 전문점은 더 편안하고 넓은 공간에 민감하기 때문에 매장여건이 더욱 우위에 있어야 경쟁력이 있다.

1.1.2. 동선형 배후

가. 매출 흐름

배후에 초점을 맞춘다. 그 배후에서 동선에 의한 매출이 중요하다. 그래서 단순히
통행량을 보는 것이 아니다. 배후민이 가장 많이 다니고 가장 자주 다닐 수 있는 유
형을 말한다. 그렇다면 배후는 어떤 모양일까? 이런 배후 유형은 '19가지 입지유형'
중에서 부채꼴형이나 동선 시작형에 가장 많이 있다.

<그림 9-2> 동선형 배후

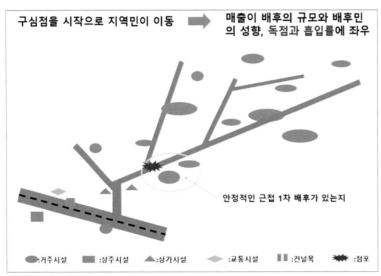

나. 입지유형적 성격

부채꼴형이나 동선 시작형에 많다. 부채꼴형은 배후 모양이 부채꼴 모양이고 동
선 시작형은 어떤 모양이 있기보다는 배후민이 이동하는 동선의 시작점을 말한다.
가령 어떤 배후에서 제1 교통시설이나 건널목이 있는 유형을 말한다.

다. 중점 점검 사항

가장 배후민이 많이 다닐 수 있는 곳이므로 배후의 초입에 있다. 이런 곳은 교통시

설이 발달해 있거나 건널목에 가까운 곳이므로 상권이 발달한 편이다. 그러나 이동속도가 빠르고 단순통과동선이 되기 쉽기 때문에 충동구매가 가능하고 소비자 인지율(認知律)을 높일 수 있는 소규모 개인 베이커리 창업, 만두 등 테이크아웃점 등이 어울린다. 너무 발달하면 경쟁점이 진입하기 좋고 단순 통행량에 현혹되기 쉽기 때문에 다음 세 가지는 중점적으로 점검해야 한다.

첫째, 배후유형 특성상 배후가 넓어야 합니다. 아무리 통행량이 가장 많은 꼭지점에 있더라도 배후가 넓어야 그 효과가 나타난다. 둘째, 흡인율이다. 흡인율(吸引律)은 '29가지 점포 선정 변화율' 중 하나로 아무리 사람이 많이 다녀도 이들을 점포로 방문하지 않으면 의미가 없기 때문이다. 흡인율이 높기 위해서는 '동선의 전환포인트'에 있어야 한다. 셋째, 매출 포트폴리오(지역적 고른 매출 분포)를 찾아야 한다. 부채꼴형인 경우 꼭짓점이 있는 곳은 배후민이 가장 많이 다닌다. 출근할 때 퇴근할 때 항상거처 가야 하기 때문이다. 그러나 이런 곳은 그림을 보듯이 배후 밀착률은 낮다. 이말은 거주 동선이나 상주 동선에 의한 매출은 낮을 수 있다. 동선에서 자세히 언급하였지만 집에 머물다가 또는 회사에 있다가 나와서 소비하는 확률이 낮다는 것이다. 출근 동선이나 퇴근 동선 또는 불특정 통행인에 의한 매출이 높아 수익적으로 안정적이면 상관없지만 보통 그러기 쉽지 않기 때문에 이런 점을 상쇄시킬 수 있는 점이있는지 찾아야 한다. 그래서 최소한의 안정적인 근접 1차 배후나 불특정 통행인에의한 매출을 기대할 수 있어야 한다. 흔한 말로 '매출 포트폴리오'가 갖춰져야 안정적인 부채꼴형 입지가 된다.

1.1.3. 우물형 배후

가. 매출 흐름

배후에 초점을 맞추며 모든 배후에서 가장 기본이 되는 유형이다. 우물처럼 물이고이듯이 배후에서 배후민이 여기저기서 흘러나와 모이는 동적인 매출이 발생한다. 그러므로 흘러나오는 통행(가상의 동선)을 예측하여야 하기 때문에 배후를 보고 매출을 가늠하는 것이 매우 어렵다.

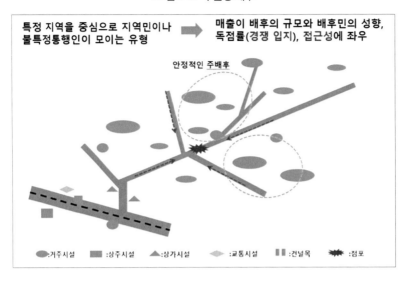

나. 입지유형적 성격

우물형, 도로변 우물형, 고정 우물형에 가장 부합한다. 우물형은 배후의 중심에서 배후민이 흘러나오므로 배후가 넓어야 한다. 도로변 우물형은 도로변을 따라 형성된 우물형을 말한다. 주배후가 가장 많고 배후도 가장 넓은 유형이다. 고정 우물형은 배후가 고정되어 있기 때문에 매우 좁은 편이다. 거주형에도 있지만 도심의 상주형에도 있다.

다. 중점 점검 사항

배후민의 흐름이 비교적 정적이므로 현재의 동선보다 가상의 동선을 예측할 수 있어야 한다. 배후민이 가장 접근하기 좋은 곳에 있어야 하므로 다음 여섯 가지는 중점적으로 점검해야 한다.

첫째, 배후가 넓어야 한다. 우물형의 기본이다. 둘째, 안정적인 주배후를 확보해야 한다. 배후민의 흐름이 중요하므로 단순히 근접 1차 배후의 확보는 큰 의미가 없다. 셋째, 배후 밀착률(密着律)이 높아야 한다. 최대한 많은 배후와 접해있어야 한다. 넷째, 전환 포인트에 있어야 한다. 동선형 배후처럼 반드시 지나가야 하는 곳이 아니므로 쉽게 방문할 수 있는 위치에서 그들의 소비를 유도할 수 있어야 한다.

다섯째, 독점률이 높아야 한다. 배후민 이동 동선의 흐름을 끊는 곳에 경쟁점이 생기면 매우 고전할 수 있다. 여섯째, 배후민의 성향이 친화율이 높아야 한다. 해당 업종에 거부감이 많은 사람도 있겠지만 배후민을 상대하는 유형이므로 그렇지 않은 사람이 더 많아야 한다.

1.1.4. 고정 우물형 배후

가. 매출 흐름

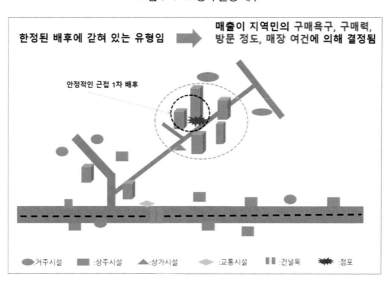

<그림 9-4> 고정 우물형 배후

고정형 배후의 일종이다. 그리고 우물형처럼 고여 있어서 배후가 더 좁은 편이다. 교통시설이 발달한 곳과 떨어져서 한정된 지역에 우물처럼 고여서 매출이 일어난다. 그런데 배후가 한정되어 있는 배후형인데 좁으면 매출이 나올까? 아마 쉽지 않을 것이다. 그래서 배후 밀도율과 응집률이 높아야 한다. 주택이 밀집된 거주형에는 많지 않다. 그러나 오피스텔이나 아파트 같은 주거시설이 모여 있는 곳에 형성되어 있다. 상주형은 오피스 빌딩이 몰려 있는 곳이다.

나. 입지유형적 성격

19가지 입지유형 중에서 주로 고정 우물형, 막다른 배후형에 있다.

다. 중점 점검 사항

배후가 좁은 편이므로 어디가 좋은 자리인지 금세 알 수 있다. 이것저것 따질 요소가 적으니 더욱 그렇다. 그렇지만 다음 세 가지는 중점적으로 검토해야 한다.

첫째, 배후민의 성향이 중요하다. 배후의 크기가 한정되어 그곳에 있는 배후민의 성향이 업종과 친숙하지 않다면 매우 고전할 수 있다. 편의점 창업에서 거주형은 가족형 거주민 즉 온 가족이 모여 사는 곳은 마트 소비가 강하므로 친화율(親和律)이 낮다. 상주형은 공무원이나 공기업에 근무하시는 분은 그다지 많이 이용하지 않는다. 반면 벤처나 it 엔터테인먼트 기업에 근무하시는 분은 친화율이 매우 높은 편이다. 즉 이렇게 배후가 좁은 우물형 입지는 배후민 성향에 적합한지에 중점을 둔 상권 창업이 적합하므로 업종과 상품력을 정확히 이해하고 창업해야 한다. 둘째, 배후가 한눈에 들어오는 지역이므로 가장 많은 배후민을 접할 수 있는 곳이어야 한다. 따라서 접근성이 좋아야 매출이 극대화될 수 있기 때문이다. 셋째, 안정적인 근접 1차 배후를 확보해야 한다. 근접 1차 배후를 중요하게 여기는 것은 계절과 날씨에 관계없이 꾸준한 매출을 기대할 수 있고 경쟁관계에 최소한의 매출을 유지할 수 있기 때문이다.

이 경우 거주형은 특성상 기대 이상의 고 매출을 예상하지 않기 때문에 상대적으로 경쟁관계가 약하지만 상주형인 경우는 조금 다르다. 가령 상주민의 구매율, 소비율, 내방률이 높아 기대 이상의 매출이 나온다면 금세 경쟁점이 진입할 확률이 높다. 그래서 처음부터 근접 1차 배후를 적극적으로 고려해야 한다. 만약 '근접 1차 배후'에 충실한 자리와 '접근성(최대한 많은 배후민을 접할 수 있는 곳)'에 충실한 자리 중 어느 하나를 골라야 한다면 선택은 당사자가 해야 한다. 그러나 일반적으로 너무 후자에 치중하는 경우 의외의 자리에 경쟁점이 진입하여 더욱 힘든 경우 많다. 이런 유형은 경쟁이 심한 업종보다 생활밀착형 창업이나 독창성이 높은 창업이 유리한다.

1.2.1. 순수 유동 배후형

가. 매출 흐름

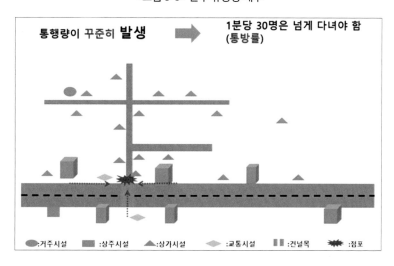

<그림 9-5> 순수 유동형 배후

　유동인구의 유동이라는 단어와는 차원이 다르다. 유동형은 가장 사람들의 통행이 많은 곳이다. 지나다니는 사람들에 의해 매출이 일어나는 곳이라고 하지만 실제 창업 현장에서 유동인구에 의존하여 창업하여 성공하는 경우는 드물다. 오히려 유동인구는 임차료를 파악하는 데 더 적합한 기준을 제공한다고 할 수 있다. 야간이든 주간이든 분당 30명 이상은 지나다녀야 유동형이라고 할 수 있는데 하루 통행량이 4만 명이 넘어야 한다. 이 정도 통행량이 다니는 곳은 서울에서도 100곳이 넘지 않는다. 가령 강남역 8번 출구는 대한민국에서도 손꼽히는 유동형인데 이곳은 일일 15만 명이상 다닌다. 이런 곳은 아무리 못해도 평당 120만 원은 넘는다. 10평 정도의 매장에 월 임차료가 1,000만 원 정도를 말한다. 실제 현장에서 이정도 임차료를 내고 창업하여 좋은 수익을 내는 경우는 드물기 때문에 단순히 통행량이 많다고 수익을 기대할 수 없다.

나. 입지유형적 성격

동선 시작형, 전면대로변형, 도심 우물형 등에 있다.

다. 중점 점검 사항

통행인이 많은 곳이다 보니 임차료나 권리금이 높아 적절히 수익을 낼 수 있는 곳을 찾아야 한다. 다음 세 가지는 중점적으로 점검해야 한다.

첫째, 동선의 전화 포인트에 있어야 한다. 이런 순수 유동형은 도로변에 많은 편이므로 건널목이나 교통시설과 마주 보는 정도로 있어서 불특정 통행인의 충동구매나 동반구매를 유도할 수 있어야 한다.

둘째, 통방률이 높아야 한다. 유동형에서 통방률은 매장이 잘 보이면서 전환 포인트에 있어야 매출이 일어난다. 셋째, 매출 포트폴리오를 점검해야 한다. 이런 유동형 배후는 지나다니는 불특정 통행인에 의한 매출이 높다. 그래서 이들에 의한 매출은 한계가 있기 때문에 도심의 상주형이나 특수 혼재형에서 회사원이나 학원가 관광객 등이 많이 다니는 곳에서 매출 포트폴리오가 잘 형성되어 있어야 안정적인 수익을 기대할 수 있다. 유동형 배후는 지역에 따라 상권의 변화가 심하고 투자비 등 비용이 높기 때문에 상권 형성과정을 잘 이해하고 전략적으로 창업해야 한다.

1.2.2. 우물 유동형 배후

가. 매출 흐름

배후가 우물에 고이듯이 형성되어 있다. 주로 사이드 배후가 있는 불완전 소비형인 경우도 많은 편다. 또한 유동형이므로 통행량이 꾸준히 유입되는 편다. 그렇기 때문에 매출은 일정 지역으로 통행량이 꾸준히 유입되면서 일어난다. 흔한 말로 먹자골목 초입이나 중심지 포인트 같은 곳이다.

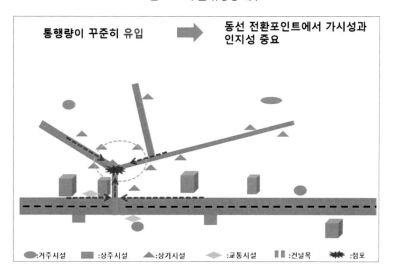

<그림 9-6> 우물 유동형 배후

나. 입지유형적 성격

도심에 있는 우물형, 도심에 있는 고정 우물형, 동선 시작형, 장방형 등에 있다.

다. 중점 점검 사항

일종의 유동형이지만 통행량이 꾸준히 유지할 수 있는 곳은 홍대나 강남역 등 일부 지역을 제외하고 그렇게 많은 편이 아니다. 배후 성격에 따라 매출 편차도 심하다. 소비형 비중이 높은 곳은 주말과 평일, 시간대별 매출 편차가 심하다. 따라서 다음 네 가지는 중점적으로 점검하여야 합니다. 첫째, 유입률이 높아야 한다. 그러기 위해서는 주요 교통시설이나 건널목에 근접해야 한다. 둘째, 통방률이 높아야 한다. 전환 포인트에 있어야 지나가는 사람의 충동구매나 동반 구매를 유도할 수 있다. 셋째, 내방률이 높아야 한다. 일반적으로 상주형에서 회사원이 가장 많이 방문하지만 소비형에서도 중요하다. 특히 우물 유동형 배후는 통행량에 비해 임차료가 높은 지역이 많고 배후가 넓은 편이 아니다. 그래서 소비시설에 매출 높기 위해서는 방문객의 체류시간이 길어서 중간중간에 나와서 다른 소비를 유도할 수 있어야 한다. 편의점이라면 주점에서 술을 마시다가 잠시 숙취해소 음료수를 마시러 나온다던지 잠시 휴식을 취하려고 나와 담배 등의 소비를 할 수 있다. 이런 소비는 소비자 성향이 젊은 지역이고 소비수준이 높은 업종이 몰려 있는 곳일수록 높은 편이다. 통행량만 많고 흐르는 상권에서는 기대하기 힘든 매출이다. 네 번째 매출 포트폴리오를 점검해야 한다.

자산도 재분배하여 투자하듯이 매출도 고르게 나와야 한다는 말이다. 이런 지역은 강경합 지역이면서 불완전 소비형에 많은 편이므로 사이드배후는 안정적인지 점검하여 고른 매출을 기대할 수 있어야 한다. 사이드 배후는 거주시설이나 상주시설이므로 안정적인 근접 1차 배후나 접근성이 좋은 곳에 있어야 한다. 이런 곳에서 창업하는 경우 주 단위, 월 단위, 연 단위로 소비간격과 매출 발생간격을 파악해야 한다. 어떤 상권은 저점 매출과 고점 매출 차이가 너무 커서 수지를 맞추기 어려운 지역도 많기 때문이다.

1.3. 입지형

1.3.1. 배후 입지형 배후

가. 매출 흐름

<그림 9-7> 배후 입지형 배후

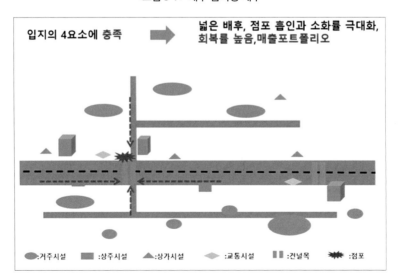

배후형이면서 입지가 좋은 것을 배후 입지형 배후라고 한다. 말이 조금 복잡하지만 그대로 해석하면 어렵지 않다. 어떤 배후에서 특정 위치를 기준으로 항상 배후민 중심으로 그들의 이동 동선에 있으면서 매출이 일어난다.

나. 입지유형적 성격

장방형, 초입 산재 배후형, 동선 시작형, 부채꼴형 등이 있다.

다. 중점 점검 사항

배후형이나 유동형도 입지가 좋아야 한다. 그러나 입지형은 그냥 좋은 정도를 말하지 않는다. 무지하게 좋은 것을 말한다. 그래서 입지형은 늘 건널목 접근성, 교통시설 접근성, 주배후 접근성, 경쟁입지 접근성과 함께 점검해야 한다. 이런 곳은 경쟁점 진입시 매출 포트폴리오도 잘 갖춰져 있어서 매출 회복률이 다른 어떤 유형보다도 높다. 이 네 가지 중 세 가지가 부합해야 입지형이라고 할 수 있으며 다음 세 가지는 중점적으로 검토해야 한다. 첫째, 배후가 넓어야 한다. 배후 입지형이므로 배후가 넓어야 다닐 수 있는 사람도 많다. 둘째, 흡입률이 좋아야 한다. 입지 네 가지 중 세 가지는 부합해야 가장 많은 사람이 다닐 것이고 전환 포인트에 있어야 그들이 내방률이 높아질 것이다. 셋째, 경쟁입지에 취약하면 안 된다. 배후가 넓으니까 배후 안쪽에 경쟁점이 진입하기 쉽다. 최소한 경쟁점은 방어 점포가 될 수 있기 때문에 긍정적이지만 너무 많은 경쟁점이 진입할 수 있다면 입지형의 장점이 극대화될 수 있기 때문에 주의해서 검토해야 한다.

1.3.2. 유동 입지형 배후

가. 매출 흐름

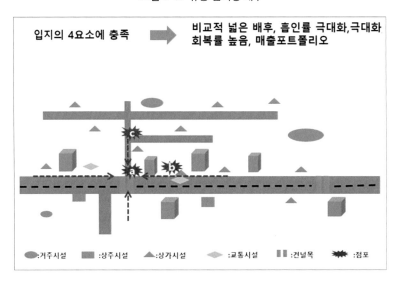

<그림 9-8> 유동 입지형 배후

입지의 4요소에 충족 ➡ 비교적 넓은 배후, 흡인률 극대화,극대화
회복률 높음, 매출포트폴리오

⬭:거주시설　▮:상주시설　▲:상가시설　◆:교통시설　▮▮:건널목　✴:점포

유동형이면서 입지형이다. 배후 입지형보다는 배후가 좁지만 통행량은 훨씬 많은 곳을 말한다. 그래서 통행량이 입지가 좋은 곳으로 몰려 매출이 일어난다.

나. 입지유형적 성격

장방형, 동선 시작형, 초입 산재 배후형, 부채꼴형, 우물형 등에 있다.

다. 중점 점검 사항

배후 입지형과 마찬가지로 입지의 4요소 중 세 가지는 부합해야 한다. 특히 교통시설 접근성은 필수 요소이다. 일반인이 지나다니면서 가장 눈에 띄는 자리이기 때문에 그림을 그려 보기도 쉽지만 이런 곳은 임차료가 엄청 비싼 곳이다. 그래서 다음의 세 가지는 중점적으로 점검해야 한다. 첫째, 통방률이다.

입지의 4요소에 충족하여 전환 포인트에 있으면 된다. 그러나 다른 곳과 다르게 단순히 통방률을 고려하는 것이 그들이 소비성향과 함께 고려해야 한다. 가령 이런 위치에서 저 마진 상품이 많이 팔리거나 이익률이 줄어들어 수익에 미치는 영향이 매우 크다. 대체로 이런 곳은 임차료가 높은 편이기 때문이다. 둘째, 경쟁 입지를 철저히 고려해야 한다. 그 이유는 임차료가 배후 입지형보다 더 높기 때문이다. 그래서 단순히 통행량만 많이 보는 것이 아니라 그들의 가망수요를 어느 지점에서 먼저 유도하느냐를 고려해야 한다. 그림에서 보듯이 a포인트에서 먼저 유도하는 것이 유리한지 b포인트나 c포인트에서 경쟁하는 것이 유리한지 판단해야 한다. 만약 이중 한 곳만 입점이 가능하다면 금상첨화이겠지만 모두 입점이 가능하다면 경쟁점의 진입에 대비하여 매출분석을 철저히 해야 한다. 아무리 자리가 좋아도 이런 점 때문에 고민하는 것이다. 셋째, 매출 포트폴리오는 점검해야 한다. 경쟁점의 진입으로 매출이 떨어질 수도 있고 임차료가 높아 어떤 변수가 생기면 수익적으로 불안정할 수 있다. 특히 유동 입지형 배후는 도심이나 교통시설이 발달한 곳에 있기 때문에 철저히 점검해야 한다. 가령 회사가 많은 유동 입지형 배후는 주말 매출은 매우 약하다. 평일 매출이 현저히 높으면 상관없겠지만 그렇지 않은 경우가 더 많기 때문에 이 부분을 커버할 수 있는 요소가 있는지 반드시 점검해야 한다.

Chapter 10.

점포 선정

Section　　　**점포 선정 5대 요소**　　　1

1. 점포 선정 개요

점포 선정 5대 요소는 배후분석법에서 점포의 위치를 선정하기 위해 가장 중요한 5가지를 말한다. 5가지는 배후, 동선, 입지, 경쟁 입지, 매장 여건을 말한다.

<표 10-1> 점포 선정 5대 요소

구분			내용
배후	상시직접적인 매출이 발생하는 범위	근접 1차 배후	독점적인 매출이 일어나는 범위에 드는 배후
		1차 배후	상시 직접적인 매출이 발생하는 범위
		2차 배후	욕구가 즉시 실행되는 않는 거리에 있는 배후
	1차 배후내에서 발생하는 매출 규모에 따라	주배후	1차 배후 내에서 매출이 발생하는 범위가 가장 큰 배후
		보조배후	1차 배후 내에서 배후의 성격과 관계없이 주배후 이외 지역에서 분산된 매출이 발생하는 배후
	배후 성격에 따라	사이드배후	주배후와 성격이 다른 배후
동선	접근성에 따라	1차 동선	목적성 구매와 비목적성 구매가 높은 동선
		2차 동선	구매의사와 관계없는 단순 통과 동선
		주동선	이동목적 동선에 따른 구매율이 가장 높은 동선

구분				내용
동선	이동목적에 따라	거주형, 상주형, 소비형	거주 동선, 상주	거주지, 오피스, 매장에 에서 수시로 이동하는 동선
			출근 동선	출근길 소비가 이루어지는 동선
			퇴근 동선	퇴근길 소비가 이루어지는 동선
			식사 동선	식사 목적으로 소비가 이루어지는 동선
			여가 동선	여가 목적으로 소비가 이루어지는 동선
		소비형만 해당	소비 동선	상권 내 방문하는 소비자의 이동 동선
		거주형, 상주형, 소비형	차량동선	차량 이동에 의해 소비가 이루어지는 동선
입지	소비자 접근성에 따라 (지형적측면 입지 4요소)	건널목 접근성		건널목 접근성이 좋은 입지
		교통시설 접근성		교통시설 접근성이 좋은 입지
		주배후 접근성		주배후 접근성이 좋은 입지
		경쟁적 입지 접근성		경쟁점에 비해 위 세 가지 접근성이 좋은 입지
	소비자 행태에 따라 (행태적 측면 입지 3요소)	목적성 입지		목적성 구매가 높은 입지
		충동성 입지	정적 충동성 입지	특정 지점에서 즉흥적으로 소비하려는 형태가 많은 입지
			동적 충동성 입지	이동 중 오감에 의해 즉흥적 소비하려는 형태가 많은 입지
		충족성 입지		약한 구매목적이었으나 지나가는 김에 소비하려는 형태가 많은 입지
경쟁 입지				배후, 동선, 입지를 고려하여 후본점 기준으로 현재 또는 미래 경쟁점의 위치에 따른 우리 점포 경쟁력
매장 여건				면적, 구조, 인테리어, 코너형, 전면길이, 점두 공간, 주정차 공간, 가시성, 인지성, 홍보물 설치 여건 등

　배후는 밥그릇이라고 표현한다. '매출이 적극적으로 일어나는 범위'를 말한다. 즉 작은 상권일 수 있다. 그래서 상권의 사전적 의미인 상행위가 미치는 범위보다 더 구체적이고 더 적극적인 개념으로 점포 개발자가 가장 많이 사용하는 용어이기도 하다.

　동선은 사전적 의미로 사람이나 탈것이 다니는 길이다. 그러나 창업 상권에서는

'눈앞에 보이는 동선뿐 아니라 현재 보이지 않는 가상의 동선'을 포함해서 말한다. 그래서 단순히 통행량을 조사한다고 알 수 있는 것이 아니다.

입지는 사전적 의미로 인간이 경제적 활동을 하기 위해 선택하는 장소이다.

그러나 창업 상권에서 입지는 어떤 지역에서 어떤 업종이 매출이 효율적으로 나오는 자리를 말한다. 즉 매출이 나오는 모든 불특정 자리가 아니기 때문에 입지는 매우 중요한 것이다. 덧붙여 배후분석법에서 좋은 입지는 매출이 오를 수 있는 입지, 현재뿐 아니라 미래에도 큰 변화가 없이 매출을 유지할 수 있는 입지가 좋은 입지이다. 따라서 초반 매출이 빠르게 상승하고, 경쟁점 진입으로 매출이 떨어지는 자리는 좋은 자리가 아니다.

입지유형은 '인접도로를 따라 매출이 발생하는 지형적 특징에 따른 배후 모양'을 말한다. 권용석(2012)는 배후분석법에서 입지유형을 19가지로 정의하고 있다.

경쟁입지는 '배후, 동선, 입지로 현재의 경쟁점뿐 아니라 미래의 경쟁점의 매출 변화를 예측'하여 후보점의 출점 여부를 파악하는 것이다. 이는 상권 경계가 비교적 명확하므로 상품의 경쟁력이 동일한 일반 프랜차이즈는 매우 중요한 요소가 되었다. 특히 편의점은 가장 민감하다. 따라서 철저한 배후, 동선, 입지에 대한 이해를 하지 않고서는 제대로 파악하기 어렵다.

매장여건은 임차료, 면적, 매장 구조, 매장 높이, 코너형, 전면의 길이, 간판, 전면 활용, 주정차 공간 등을 말한다. 최근엔 과다한 출점으로 무한 경쟁 시대가 되어 다시 매장 여건의 중요성이 높아지고 있는 추세이다.

배후
(背後)

Section 2

1. 배후개요

배후는 점포 선정 5대 요소 중에서 가장 기본적이며 중요한 개념이다. 배후는 상권보다는 좁은 개념으로 실수요자가 있는 세대와 사람이 있는 지역적 범위를 의미한다. 어떤 업종이든지 매출이 발생하는 한계범위가 있지만 특정 위치의 점포를 기준으로 배후의 한계범위는 '직접적으로 매출이 일어나는 범위'이기 때문에 밥그릇에 비유할 수 있다. 좋은 밥그릇은 잘 깨지지 않고 맛있는 밥을 많이 담을 수 있어야한다.

마찬가지로 좋은 배후는 배후민이 흘러나가지 않고 구매력과 소비력이 높은 배후민이 많이 있어야 한다. 그럼 어떤 기준으로 배후를 알아볼까? 크게 두 가지로 구분할 수 있다. 우선 직접적인 매출이 발생하는 범위에 따라 근접 1차 배후, 1차 배후, 2차 배후로 구분할 수 있다. 근접 1차 배후neighboring rear는 '독점적인 매출이 일어나는 범위에 드는 배후'를 말한다. 쉽게 말해서 누구에게도 빼앗기지 않는 나만 먹을 수 있는 밥을 말한다. 경쟁점과 경쟁이 있는 지역에서도 우리점포에서 확실히 올릴 수 있는 매출이다. 과거에는 독점률이 높은 지역이 많았지만 지금은 경쟁이 치열해서 독점할 수 있는 배후는 점점 좁아지고 있지만 가장 중요하다.

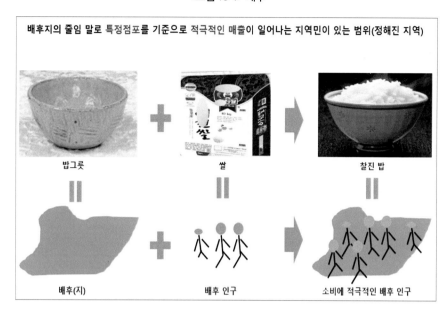

<그림 10-1> 배후

배후지의 줄임 말로 특정점포를 기준으로 적극적인 매출이 일어나는 지역민이 있는 범위(정해진 지역)

밥그릇 + 쌀 ⇒ 찰진 밥

= = =

배후(지) + 배후 인구 ⇒ 소비에 적극적인 배후 인구

1차 배후first rear는 '상시 직접적인 매출이 발생하는 범위'를 말한다.

상시란 어떤 기준일까? 상시의 기준은 배후 성격에 따라 조금씩 다르지만 그 차이는 배후를 보는 데 매우 중요한 점이다. 우선 시간적으로 거주형은 집에 머물러 있거나 퇴근 이후에 발생하는 매출이 많기 때문에 집에서 조금 떨어져있어도 된다. 배후민의 성격과 지형에 따라 차이는 있지만 시간적으로 3~4분 이내의 거리를 말한다. 상주형은 직장에 머물러 있거나 출근하면서 발생하는 매출이 높기 때문에 직장에서 멀리 떨어져 있으면 안 된다. 상주민의 성격과 지형에 따라 차이는 있지만 시간적으로 1~2분 이내의 거리를 말한다. 직장에서 쉬는 시간에 잠깐 나와서 커피 타임을 갖고 싶은데 이정도 시간을 벗어나려면 쉬는 시간에 구애가 없는 직장이어야 할 것이다. 또한 매출로는 1차 배후의 매출은 보통 60~80% 정도이다.배후 비중이 높은 지역은 80%가 넘는 곳도 있고 불특정 통행인이나 배후성격이 소비형인 곳은 30%이내일 수 있다.

2차 배후second rear는 '욕구가 즉시 실행되지 않는 거리에 있는 배후'로 일반적으로 전체 매출에서 20~30%를 차지한다. 물론 10%보다 낮을 수도 있고 30%보다 높을 수도 있다. 10% 이하인 경우는 아무래도 배후가 좁거나 소비형처럼 불특정 통행인이 많은 곳에 있고 30% 이상은 곳은 배후형 중에서 배후, 동선, 입지 등 다양한 요인에 의해서 달라질 수 있다. 일반적으로 거주형은 5~6분 상주형은 2~3분 이내의 거리를 말한다. 따라서 1차 배후보단 매출 포지션을 예측하기 더욱 어렵기 때문에 2차 배후에 대한 비중을 높이 측정하면 안 된다. 반대로 일반적인 대박 점포는 2차 배후의 예상 밖의 매출이 나오기 때문에 가볍게 봐서는 안 된다.

1.1. 1차 배후에서 매출이 차지하는 비중에 따라

애플바움의 매출규모에 따른 1차, 2차, 3차 상권에서 1차 상권에 해당한다고 볼 수 있다. 단지 배후분석에서는 매우 지형적 구분을 명확히 해야 하므로 1차 배후도 주배후, 보조배후, 사이드 배후로 세분화할 수 있다.

<그림 10-2> 범위와 매출에 따른 배후 기준

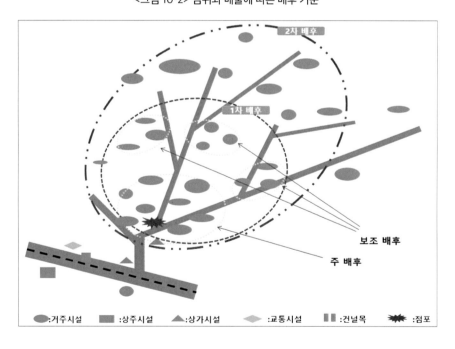

1.1.1. 주배후main rear

1차 배후에서 주요매출이 일어나는 배후로 배후형에서 가장 중요한 배후이다. 특히 배후가 여러 곳인 지역일수록 주배후를 명확히 파악하여 경쟁입지를 비교해야 한다. 초보자는 상권이 넓은 지역을 선호하지만 그것은 중요하지 않다. 자기 밥그릇도 불명확한데 상권이 넓은 것이 무슨 의미가 있겠는가?

오히려 상품력 등으로 상권을 넓힐 수 있는 것이 훨씬 중요하다.

1.1.2. 보조배후ancilary rear

1차 배후에서 주배후와 성격이 같으며 주요매출이 일어나는 배후가 아닌 보조적인 매출이 일어나는 배후를 말한다. 개별적인 보조배후가 주배후보다 넓을 수는 없지만 보조배후가 여러 곳인 경우 하나의 주배후보다 넓을 수는 있다.

1.1.3. 사이드 배후side rear

주배후와 성격이 다른 배후를 말한다. 예를 들어 불완전 소비형인 경우 보통 주배후의 성격은 소비형이고 사이드 배후는 거주형이나 상주형이다. 즉 후보점이 있는 1차 배후의 주요 매출(30~70%)은 소비시설이 있는 곳에서 일어난다. 사이드 배후인 주택이나 오피스에서도 나머지 매출이 일어난다. 이때 주배후인 소비형과 배후 성격이 다른 거주형이나 상주형을 사이드 배후라고 한다.

1.2. 실전 2차 배후 구분하기

2차 배후는 애플바움의 2차, 3차 상권이라고 말할 수 있다. 이렇게 2차 배후를 2차, 3차 상권으로 포함하는 이유는 배후분석에서는 배후 성격과 배후 유형에 따라 매출 규모가 달라질 수 있기 때문이다. 따라서 '상시 직접적인 욕구가 즉시 실행되지 않는 거리에 있는 배후'로 전체 매출에서 10~30%를 차지한다. 물론 10%보다 낮을 수도 있고 30%보다 높을 수도 있다. 10% 이하인 경우는 배후가 좁거나 소비형처럼 불특정 통행인이 많은 곳에 있을 수 있고, 30% 이상인 곳은 배후형 중에서 배후, 동선, 입지 등 다양한 요인에 의해서 달라질 수 있다. 이렇게 2차 배후는 유동적이므로 후보점과 떨어져 있고 넓기 때문에 정량적으로는 경쟁점과 겹치는 부분과 그렇지 않은 부분으로 나누어 볼 필요가 있다. 이렇게 2차 배후는 유동적이고 상대적인 측면이 강하므로 실제 현장에서는 수익적인 관점에서 매우 중요하게 점검해야 할 사항이다.

1.2.1. 겹치는 2차 배후

<그림 10-3> 일반적인 겹치는 2차 배후

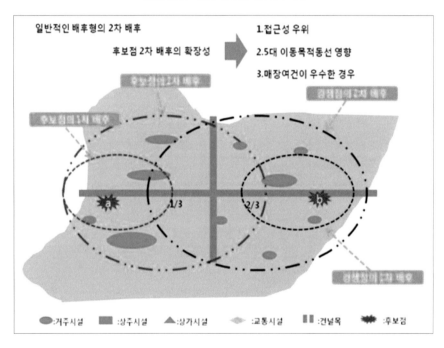

우리점포에서 경쟁점과의 2/3 지점까지 배후를 말한다. 접근성이나 지리적인 여건에 따라 달라질 수 있다. 2/3라는 의미는 후보점과 경쟁점의 거리가 총 3이라고 가정하고 중간거리에서 1을 더 나간 지점까지는 일부지만 우리 점포로도 방문할 수 있다고 보는 것이다. 가령 후보점의 매장이 경쟁점보다 훨씬 잘 꾸며져 있거나 더 편리하게 준비되어 있거나 점주의 운영이 뛰어나다면 조금 더 멀더라도 우리 쪽으로

수요를 흡수할 수 있다. 반대로 2/3를 넘는 지점부터는 경쟁점이 아무리 운영을 잘하고 상품이 다양해도 훨씬 가까우니까 거기에서 매출이 발생하기를 기대하는 것은 버려야 한다. 물론 이와 같은 경우는 모든 업종이 통용되는 것이 아니라 상품의 성질이 동일한 업종에 가장 민감하다. 예를 들어 편의점 창업이나 커피 전문점 창업, 문구점 창업이 주로 그렇다. 위의 사항은 배후에서 일반적 구분입니다만 배후 성격, 배후 유형과 입지유형에 따라 적용 범위는 다를 수 있기 때문에 정량적인 구분이 쉽지는 않다. 특히 배후 성격, 배후 유형, 입지유형에 따른 이동 목적 동선을 정확히 이해해야 가능하다. 가령 아래 그림을 보면 어떤 지역에서 a 점포가 있는 배후 성격은 거주형이고 배후 유형은 동선형 배후이고 입지유형은 부채꼴형이다.

<그림 10-4> 입지유형적 겹치는 2차 배후

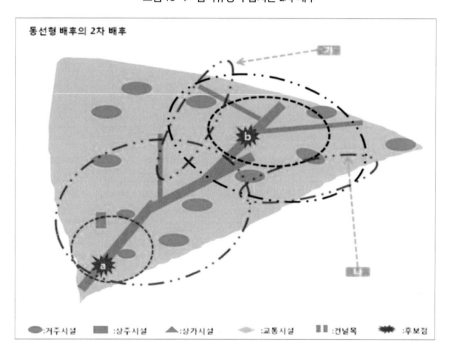

이곳에서 더 깊이 들어간 b 점포가 있는 곳의 배후 유형은 고정형 배후이고 입지유형은 막다른 배후형이라고 가정한다. a 점포의 주요 매출이 일어나는 이동 목적 동선은 퇴근 동선한다. 반드시 지나가야 하는 구심점이며 거주형에서는 퇴근하면

서 소비하는 비중이 높기 때문이다. 그러므로 b 점포의 1차 배후에 있는 가나 나 지역도 a 점포에서 구매하는 배후민이 생기는 것이다. 그러나 첫 번째 그림처럼 일반적인 배후형에서는 주요 매출이 일어나는 이동목적 동선은 거주 동선이므로 아래와 같은 일반적인 2차 배후를 형성된다. 따라서 2차 배후는 9가지 배후 성격, 8가지 배후 유형, 19가지 입지유형, 배후민의 성향 등 여러 가지 요인으로 인해 2차 배후의 범위를 정량적으로 구분 짓는 것은 매우 어렵다. 그렇다고 하더라도 배후분석법적인 기준을 기본으로 접근하는 것이 맞다고 본다.

1.2.2. 겹치지 않는 2차 배후

경쟁점이 없이 멀리 떨어져 있는 배후로 접근성에 특별한 제약요인(공사로 인하여 보행이 불편하거나 방범시설의 미비로 인해 통행이 적은 경우 등)이 없는 한 도보로 일정 시간 안에 드는 배후를 말한다. 아무리 경쟁점이 없더라도 배후의 한계는 있다. 거주형은 도보로 15분 상주형은 도보로 7분 이내의 거리를 말한다. 상대적으로 소비형에서는 구분하기가 애매하다. 특히 완전 소비형에서는 구분하는 것이 의미가 없다. 곳곳에 경점이 공존하기 때문이다. 단지 사이드 배후가 거주형인 불완전 소비형은 2차 배후에 거주시설이 형성되어 있는 곳이 많기 때문에 매우 중요하게 관찰할 필요가 있다. 이렇게 2차 배후는 1차 배후처럼 '상시 방문하지는 않아도 가끔 혹은 반드시 구입하고자 할 때 올 수 있는 거리에 드는 배후'를 말한다.

이상에서 보듯이 2차 배후에서의 매출은 거리가 상당히 떨어져 있는 곳에서 발생하는 매출이므로 상시 발생하는 매출이 아니다. 따라서 야간이 될 수도 있고 주말이 될 수도 있고 가끔 지나가다가 발생할 수도 있다. 그러므로 이런 매출은 어디에서 얼마의 매출이 정해진 것이 아니므로 쉽게 판단할 수 없다. 특히 배후가 넓은 곳에서는 2차 배후에 있는 배후민에게 알려지고 이들의 소비가 익숙해지기 위해서는 시간이 걸리므로 2차 배후의 매출은 매우 조금씩 천천히 나타난다.

1.3. 2차 배후의 지형적인 모양

위에서 보듯이 거리와 시간에 따른 구분은 배후 성격, 배후 유형, 입지유형에 따른 매출 변화가 다르다. 이외에도 2차 배후가 위치한 배후의 지형적인 모양에 따라 매출 변화도 많다. 이는 1면 2차 배후, 2면 2차 배후, 다면 2차 배후, 전면 2차 배후, 후면 2차 배후로 구분하기도 한다. 이렇게 구분한 이유는 배후민의 성향이 같다는 전제로 어떤 형태의 2차 배후가 소화율이 가장 높은지 파악하는 데 있다.

1.3.1. 일면 2차 배후

<그림 10-5> 1면 2차 배후

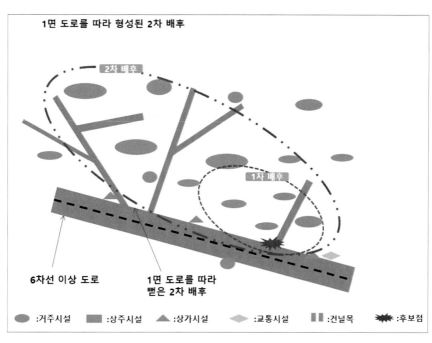

점포를 기준으로 2차 배후가 도로를 따라 1면으로 형성되어 있다. 이런 곳은 한번 들어가면 나오기가 쉽지 않기 때문에 거주 동선이 매우 약하다. 따라서 출퇴근 동선에 따른 소비를 유도할 수 있지 않으면 매출은 매우 더디게 오르는 곳이다.

1.3.2. 이면 2차 배후

점포를 기준으로 양옆 2면으로 형성되어 있다. 일반적으로 부채꼴 형태의 입지에서 구심점에 있는 경우로 배후 안쪽에 경쟁점이 없다면 2차 배후의 범위가 가장 멀리까지 형성될 수 있는 곳이다. 이런 곳은 2차 배후의 매출도 매우 빠른 속도로 올라간다.

1.3.3. 다면 2차 배후

점포를 기준으로 2차 배후가 여러 면으로 형성되어 있다.

<그림 10-6> 2면 2차 배후

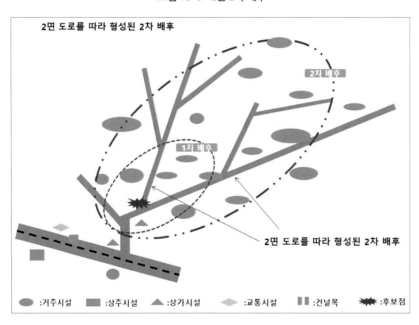

<그림 10-7> 다면 2차 배후

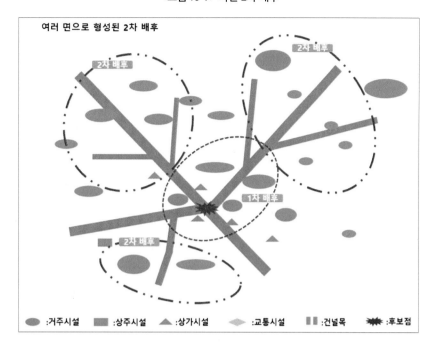

<그림 10-7> 다면 2차 배후

1.3.4. 전면 2차 배후

<그림 10-8> 전면 2차 배후

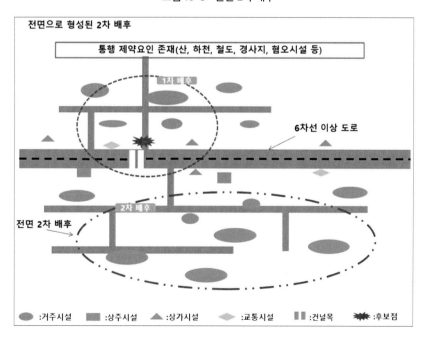

후면은 배후가 통행 제약요인이 존재하여 배후가 단절되어 점포를 기준으로 2차 배후가 전면으로 형성되어 있다. 일반적으로 입지유형이 우물형, 방사형, 도로변 중심지형, 중심지형 등이 여기에 해당한다. 이런 곳은 여러 길로 배후민이 흘러나오는 유형이므로 얼마나 배후민의 흡인율이 높은지에 따라 매출 차이가 많이 난다. 일반적으로 주요 도로변형이나 산재 배후형에서 도로 건너편에 형성되어 있다. 이런 곳은 전면 도로가 차선이 4차선 이하인 경우 배후 확장성이 높은 편이지만 5차선이 넘는 경우는 단절감이 높다. 따라서 입지의 4요소에 충족하지 않으면 흡인율이 떨어져 2차 배후의 매출이 극대화되기 어렵다.

1.3.5. 후면 2차 배후

<그림 10-9> 후면 2차 배후

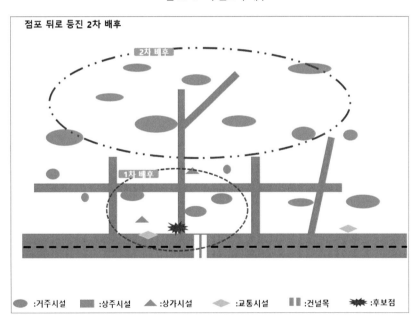

점포를 기준으로 2차 배후가 후면으로 형성되어 있다. 일반적으로 주요 도로변형이나 산재 배후형에서 등진 배후에 형성되어 있다. 따라서 주배후 접근성이 좋고 주요 도로를 따라 형성되어 있다면 2면 2차 배후만큼 배후 소화율이 높은 유형이다.

만약 그렇지 않고 포괄 배후로 형성된 곳은 매출 형성이 매우 더뎌서 1차 기대 매출이 나타나지 않을 수도 있고 일반적인 2차 목표 매출이 형성되는 기간보다는 더 오랜 시간이 걸릴 수 있다.

1.4. 상권 리드점포trade area lead store

1.4.1. 집객 유도시설attractive inducing facility

집객 유도시설은 주변 점포에 매출 영향을 주는 건물이나 시설물을 말한다. 유명 음식점, 유흥 클럽, 교회, 공연장, 체육관, 전시장 등이 있다. 이들의 공통점은 매일 매출이 일어나기보다는 특정일에 치중한다. 즉 주말이나 공연이 있는 날에만 매출이 집중되어 불규칙적이므로 상시 직접적인 매출이 발생하는 배후가 아니다. 예를 들어 집객 유도시설이 대규모 전시장인 경우 전시가 없는 날이나 휴일이 많을 경우 매우 부담될 수 있기 때문에 집객 유도시설에서 발생하는 매출은 부가적인 매출로 봐야지 처음부터 이런 시설물에서 발생하는 매출을 예상하고 창업하는 것은 바람직

<그림 10-10> 집객 유도시설

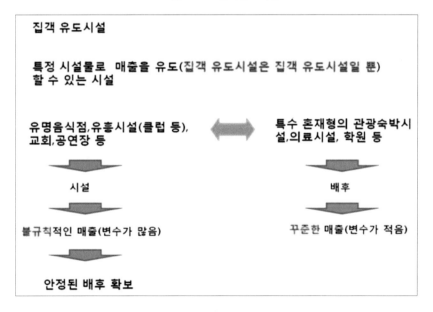

하지 않다. 반면에 관광숙박시설, 대학교, 학원, 의료시설 등은 배후로 본다. 관광숙박시설은 관광객이 잠을 자거나 휴식을 취하는 곳이므로 거주시설과 마찬가지이고, 대학교나 학원은 오피스시설과 같이 본다. 의료시설도 마찬가지 이지만 외부 방문객이 많은 점을 고려해야 한다.

1.4.2. 리드점포 lead store

가. 리드점포개요

어떤 상권에서 상권의 활성화를 위해 소비자 유입률을 높이는 데 가장 큰 영향을 미치는 점포를 말한다. 창업하고자 하는 점포가 있는 지역에 배후분석법적으로 유입률을 증가시킬 수 있는 자리가 어떤 업종이냐에 따라 상권의 흐름이 달라진다. 특히 배후분석법에 민감한 업종으로 창업을 고민하는 지역 중에 상권 발달도나 활성도가 낮은 지역이라면 주변에 리드점포가 될 수 있는 점포가 있는지 또는 리드점포로 발전할 가능성은 있는지 잘 살펴봐야 한다. 최근에는 지방의 중소도시나 시골 마을에 리드점포와 집객유도시설 역할을 하는 맛집 하나가 소비자를 유입시켜 상권과 지역 경제를 변화시키고 있다. 이렇게 고객을 유인하지만 구체적으로는 상권에 유입시키는 것이 리드점포의 역할이라면 집객 유도 시설은 점포를 오픈하고자 하는 후보점의 입장에서 집객 유도 시설로 방문하는 고객이 후보점으로 방문하여 연계 구매로 매출에 영향을 주는 점포를 말한다. 즉 후보점이 오픈하는 데 있어 부수적인 매출이 기대되는 요소이다. 그러나 리드점포는 상권이 활성화되는 데 매우 중요한 요소로서 상권 발달 측면에서 보면 더욱 범위가 넓은 개념의 점포를 말한다. 특히 도심 상권에서 후보점이 있는 상권의 완성률이 낮거나 후보점의 입지적 장점이 명확하지 않은 곳에서 리드점포의 역할은 매우 중요하다. 따라서 가장 완벽한 리드점포가 되기 위해서는 다음의 사항에 부합해야 한다.

<표 10-2> 상권 리드점포(trade area lead store)

구분	집객 유도 시설 (attractive inducing facility)	리드점포 (lead store)	핵 점포 (key tenant)
관점	점포 및 상권에 영향	점포 및 상권(지역)에 영향	독립적이며 다른 점포와 상권 모두 영향
상권	상권리드 유무 따지지 않음	상권을 리드	상권을 리드
시설 면적	반드시 넓음	반드시 넓지 않아도 됨	넓음
입지	교통시설 접근성 고려	전환 포인트에 있어야 함 (도심), 시골 마을은 무관	넓은 의미로 중요함
해당 상권 관계	상권 성숙도 고려	상권 성숙도 낮은 지역에서 중요	장기적인 상권을 봄
영향(점포 선정 변화율)	통방률 영향	유입률 영향	대상 아님
가시율	중요하지 않음	매우중요	중요
매출 발생	매출 일정치 않음, 인접 점포에 직접적인 매출 발생	매출 일정, 인근 점포에 간접적인 매출 발생	독립적 매출
해당 시설	관공서, 공연장, 전시관, 체육시설, 교회, 유흥업 등	식음료, 주점 등	영화관, 대형 서점 등
영향 주는 대상(업종)	식음료, 편의점 등	제한없음	복합몰
창업가 영향	없음	높음	높음

나. 리드점포 특징

(가) 동선의 전환 포인트에 있어야 한다

쉬운 말로 좋은 자리에서 지역 상권을 방향을 리드할 수 있어야 한다. 사람들이 다니지 않는 구석에서는 해당 점포만은 장사가 잘될지라도 상권의 변화를 기대하기는 힘이 들기 때문이다.

(나) 가시율이 좋아야 한다

가시율이 좋아야 점포가 돋보이고 다른 업종의 진입에 영향을 미치기 수월하다. 집객 유도 시설만큼 면적이나 점포 크기에 민감하지 않으나 최소한 바닥 면적이

100평방미터가 넘거나 3층 이상의 건물로 이루어져야 한다. 따라서 리드점포는 상권을 이끄는 점포이므로 작은 평형의 맛집은 리드점포가 될 수 없다.

⒟ 소비형에서는 외식업이나 유흥 소비 시설이어야 한다

소비형 상권에서 외식업이나 유흥 소비시설은 창업시장에서 가장 높은 비중을 차지하고 있으며 이들 점포에 가장 큰 영향을 미치는 것도 동일 업종이다.

⒠ 리드점포는 부지런해야 한다

유흥 소비 시설인 경우 늦은 시간까지 영업을 해야 하고 외식업인 경우 최대한 이른 시간 문을 열어야 한다. 최대한 많은 사람들이 이용할 수 있고 볼 수 있어야 하기 때문이다.

⒡ 변화가 적어야 한다

장사가 안 되어 자주 바뀌거나 불확실한 요소가 많으면 안 되기 때문에 검증된 경영주, 검증된 업종이어야 한다. 다음 리드점포 사례를 보면 특정 본사가 편의점 오픈을 고려 중인 a 위치는 배후(가 지역)가 매우 좁은 편이다. a 포인트는 편의점이 오픈을 고려 중인 점포이고 b, c 점포는 a 점포의 경쟁 점포라고 가정하다.

입지유형도 완벽한 우물형으로 형성되기에는 부족함이 있다. 그러나 매장 여건이 좋은 편이다. 현재 배후 유형과 입지유형이 명확하지 않아 전체적으로 안정된 매출을 기대하기에는 부족한 점이 있지만 매장여건은 경쟁점 대비 매우 우월하다. 후보점이 있는 지역은 1차 배후가 매우 얇은 단점이 있다.

유동인구에 의한 매출이 기대 이하로 낮게 나오게 되면 매우 고전할 수 있다. 그래서 주변의 점포 도움을 받지 않고 상권의 변화를 기대하기 어렵기 때문에 주변의 점포 역할을 파악하여 리드점포로서의 역할을 해줄 수 있는 점포가 있는지 파악해야 한다. 따라서 집객 유도 시설이나 리드점포가 있어서 상권과 배후에 긍정적인 역할을 할 수 있는 점포가 있어야 한다. 여기에서 x와 y포인트는 동선의 전환 포인트가 되는 점포로서 외부 동선의 유입률을 높일 수 있는 리드점포로서의 역할을 수행할 수 있는지 잘 파악해야 한다. 만약 x, y 포인트에 있는 점포가 부동산 중개업소, 카센터 등이라면 리드점포가 될 수 없으므로 다른 업종을 바꿀 수 있는 가능성도 파악해야 한다. 〈그림 10-11〉에서 보듯이 배후분석적 관점에서 점포 선정 시 매출의 불확실성이 높은 경우 리드점포로 인한 점포 매출 증대, 매출 안정화에 얼마나 기여하는지 판단하는 근거로도 필요하지만 모든 점포 선정 시 반드시 있어야 하는 것이 아니라 상권 발달 가능성을 기대해야 하는 창업인 경우 그렇다.

㈔ 지역의 특산물이나 특징이 있어야 한다

리드점포는 상권이 발달하지 않은 지방 중소도시나 시골 마을에서도 중요한 역할을 하는 경우가 있다. 최근에는 창업을 바라보는 관점이 다양해지고 도시창업의 포화로 귀농·귀촌하여 시골 마을에서 창업이 증가하고 있다. 이런 점포의 창업이 성공할 경우 주변 점포뿐 아니라 상권을 넘어 지역경제에 긍정적인 영향을 미치기도 한다. 상권(지역)으로 소비자 유입을 극대화시키기 위해서는 지역 특산물, 볼거리, 즐길거리 등 인프라가 있다면 방문객 유입률을 높일 수 있다. 예를 들어 전라북도 부안군 진서면 작은 마을에 '슬지네찐빵'도 평범한 마을에 위치하여 지역경제에 활력을 불어넣고 있다. 특히 판로가 어려운 농산물인 팥, 오디, 쑥, 흑미, 찹쌀, 소금 등을 원료로 상품을 개발하여 농가 판로를 개척하였고, 부안 곰소시장 등에서 젓갈을 판매하는 매장들은 이 찐빵 매장 하나로 인해 15~20% 정도 매출이 증가하였다고 한다. 그러나 이처럼 리드점포가 특별히 상권히 형성되어 있지 않은 시골 마을에 창업하여 성공할 수 있는 것은 고객 가치를 발견하고 실현하기 위한 창업가의 마인드와 공동체 사회의 일원으로서 실천하는 남다른 기업가정신이 크게 작용하였기 때문이다. 따라서 리드점포 주변에 창업하고자 하는 예비 창업가는 창업가의 마인드도 충분히 고려하고 진입해야 할 것이다.

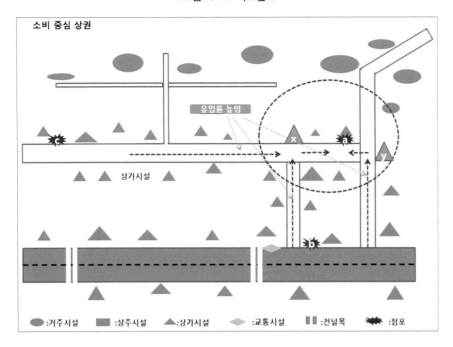

<그림 10-11> 리드점포

1.4.3. 핵 점포key tenant 또는 anker teant

우량 임차 점포라고 말하기도 하는데 이는 입점하는 업종의 종합적인 경쟁력으로 독립적으로 소비자를 유도할 수 있는 점포이기도 하다. 이것은 리드점포의 더 넓은 개념이며 더욱 검증된 점포이기도 하다. 최근 몰mall은 이런 우량 점포를 유치하는 데 집중하고 어떻게 상가 라인을 형성할지 매우 고민하고 있는 실정이다.

1.5. 틈새 배후niche rear와 포괄 배후comprehensive rear

일반적인 배후의 개념으로는 점포를 출점시키는 곳은 매출이 나오는 곳이다. 그러나 경쟁사점이 있는 지역에 또 다른 경쟁점이 출점하려고 한다면 경쟁점이 생기는 6가지 입지를 기본으로 점포가 생긴다. 그러나 최근에는 이런 곳도 장기적인 전략으로 오픈을 준비한다. 따라서 무분별한 점포 개발보다는 양질의 점포를 선점하기 때문에 점포 개발이 까다롭다. 이런 입지는 배후분석에 민감한 편의점과 같은 소매업에서 흔히 개발하는 사례이지만 커피 전문점이나 치킨 전문점 창업에서 흔히 볼 수 있다. 문제는 입지적으로 명확하지 않아도 조금만 잘되면 동종 경쟁점뿐 아니라 유사 업태도 무분별하게 진입하는 것이다. 이러다 보니 이런 곳에 진입하는 창업가는 철저히 안정성 위주로 진출하며 무리하지 않고 적절한 매출과 적절한 수익에 만족한다.

1.5.1. 틈새 배후niche rear

틈새상권의 배후분석적 진입에 해당하는 배후이므로 독점률, 소화율, 차별성 측면의 상권을 말한다. 해당 페이지를 참고하기를 바란다. 일반적으로 틈새 배후에 진입하는 경우는 높은 매출을 기대하지 않기 때문에 임차료와 인건비가 최소화되지 않는 창업이라면 고전할 확률이 높기 때문에 신중하게 창업해야 한다. 주의할 것은 틈새 배후에 진입하는 경우는 임차료와 인건비가 최소화되지 않는 창업이라면 고전할 확률이 높기 때문에 신중하게 창업해야 한다.

1.5.2. 포괄 배후comprehensive rear

<그림 10-12> 포괄 배후

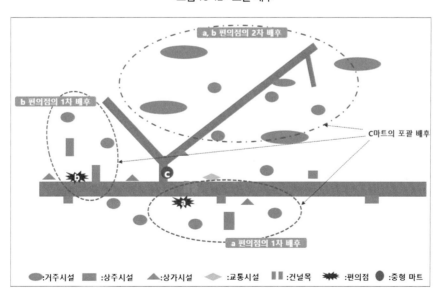

포괄 배후는 직접접인 1차 배후 수요는 부족하지만 주변의 포괄적인 배후를 말한다. 즉 자기만의 밥그릇이 부족한 배후라고 할 수 있다. 이런 곳에서는 비슷한 상품을 취급하는 업종에 대해 주의 깊게 보고 진입해야 한다. 보기에 따라서는 넓은 의미의 틈새 배후 일 수도 있다. 예를 들어 편의점이 있는 상권에 마트가 진입하는 것을 사례로 설명하면 〈그림 10-12〉에서 보듯이 a, b편의점의 2차 배후의 초입은 배후 수요가 적어서 편의점이 진입하기는 어렵다. 그러나 a와 b위치는 직접적인 배후 수요는 부족하지만 통행량의 수요를 기대하고 a, b편의점 2차 배후로 보고 편의점이 진입하기도 한다. 그러나 마트는 넓은 배후를 보고 진입하므로 c위치에 진입할 수 있다. 일반적으로 편의점 수요와 마트 수요는 별개로 구분하지만 주택가 매출이 높은 지역일 경우 c위치에 마트가 진입하게 되면 a, b편의점의 2차 배후 수요를 완전히 흡수를 하게 되고 a와 b위치의 편의점 매출은 상당히 타격을 받게 된다. 이처럼 포괄 배후에서 창업가는 너무 넓은 배후를 나의 상권으로 보고 무리한 창업을 하는 것은 위험하다는 것을 보여준다.

동선(動線)

1. 동선(動線)개요

동선은 점포 선정의 제2요소이다. 동선의 사전적 의미는 '사람뿐 아니라 탈것 등이 어떤 일을 하기 위해 움직이는 거리'를 말한다. 점포 선정에 있어 동선의 의미는 더 구체적으로 접근성과 이동목적에 따라 소비가 발생할 수 있는 동선을 말한다. 접근성에 따른 동선은 1차 동선, 주동선, 2차 동선으로 구분하며, 이동목적에 따라 출근 동선, 퇴근 동선, 거주(상주. 소비) 동선, 식사 동선, 여가 동선으로 구분한다. 현장에서는 배후민이나 불특정통행인이 후보점으로 다니는 현재 눈에 보이는 동선뿐 아니라 현재는 보이지 않는 '가상의 동선'까지 포함하여 말한다.

<그림 10-13> 동선

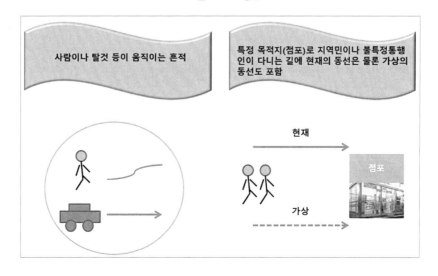

가상의 동선invisible moving line은 현재 자주 다니는 길이 아니고 어떤 점포 창업으로 새로 늘어나는 고객이 다니게 되는 길을 말한다. 즉 어떤 사람이 자주 다니던 길이 새로 점포가 생김으로서 동선이 바뀔 수도 있고 자주 다니는 길은 아니더라도 후보점으로 목적을 갖고 방문하는 길일 수도 있다. 이것은 소비자의 성향과 행태적 측면 등 다양한 요인이 고려되어야 예측할 수 있기 때문에 쉽게 관찰할 수 있는 동선은 아니지만 많은 점포는 가상 동선에서 매출에 기여하고 있다. 보통 두 가지 측면에서 고려해 볼 수 있다. 첫째, 통행의 제약요인이 있어 다니지 않는 길이다. 예를 들면 평소 다니던 길은 집으로 가는 길이 두 갈래가 있다고 가정한다. 한쪽은 가깝지만 조금 어둡다. 다른 한쪽은 조금 더 멀지만 더 밝고 안전하다면 많은 이들이 후자로 다닌다. 특히 여성 입장에서 어두운 길에 야간을 밝혀주는 점포가 생기면 어떨까? 다니는 사람들도 점점 늘어나서 더 안전한 거리가 된다. 이렇게 바뀌는 경우가 있다. 이것은 단시간에 바뀌는 것이 아니라 서서히 바뀐다. 둘째, 미래 예측을 해야 하는 동선이다.

거주형(주택가)에서 눈에 보이는 동선은 어떤 것이 있을까? 우선 아침에 출근할 때 출근 동선과 퇴근할 때 퇴근 동선은 눈에 띈다. 그리고 일반인이 통행을 조사할 때 보게 되는 동선이다. 그러나 하루 종일 몇 날 며칠을 조사해도 못 보는 동선이 있다. 거주형에서 이동목적 동선 중에서 거주 동선이라는 것이 있다. 거주 동선은 말 그대로 집에서 거주하다가 필요에 의해서 이동하는 동선을 말한다. 그러므로 어떤 지역에 어떤 점포가 생겼다고 가정하고 그 수요자가 집에 머물며 나오는 것을 염두에 두고 관찰해야 하므로 쉽게 볼 수 있는 동선이 아니다. 그러므로 출근 동선이나 퇴근 동선만 한 달 동안 분석하고 창업하신 분은 헛고생을 하게 된다. 마찬가지로 상주형(오피스)의 상주 동선에서도 가상의 동선은 예측할 수 있다. 예를 들어 〈사진 10-1〉에서 보듯이 a위치에 주택가와 오피스를 배후로 운영되고 있는 커피 전문점이 있다. 평일 회사 직원들에 의한 대부분의 매출은 점심 식사 후 회사로 이동하는 식사 동선에 일어나며 점심시간 이후 퇴근시간 전 일부 회사에서 잠시 나와서 잠시 볼일을 보고 복귀하는 상주 동선에서 일어난다. 그러나 회사 주변은 교통 환경이 열악하여 통행량도 드문 지역인데 a위치 커피 전문점 오픈 후 b위치에 신규 커피 전문점이 진입하였다. 과연 b커피 전문점은 어떤 수요를 보고 진입하였을까? a커피 전문점과 c오피스 건물과는 횡단보도를 건너 약 100미터 떨어져있다. 따라서 오피스 상주민에게 a커피숍은 가볍게 나와서 잠시 쉬었다고 복귀하기가 조금은 부담스럽기 때문에 주중 상주 동선에서 매출은 높지 않았다. 그러나 b위치는 회사 건물 바로 옆에 있기 때문에 부담 없이 왕래할 수 있기 때문에 진입할 수 있었다. 이렇게 상주 동선은 진입하기 전에 눈에 띄지 않는 가상의 동선이므로 창업가는 눈에 보이는 동선에 집착하게 되면 선택의 폭이 좁아지게 된다. 참고로 상주 동선이 강한 소비자는 하루에도 여러 번 소비를 할 수 있기 때문에 단가가 높은 상품은 적합하지 않기 때문에 스페셜티를 주력하는 커피 전문점보다는 낮은 가성비와 다양성이 높은 프랜차이즈 브랜드가 적합하다고 할 수 있다. 이렇게 가상의 동선은 배후 성격, 수요자 성향, 업종의 성격 등에 따라 다양한 수요를 예측할 수 있다. 창업가는 그 길이 그 길이라는 막연한 관점에서 바라보면 통행량만 많은 곳을 찾기 때문에 다양한 시야로 이동목적 동선을 명확히 구분해야 한다.

<사진 10-1> 상주형 상주 동선의 가상의 동선 사례

지도 자료: 카카오 맵, 사진 자료: 카카오 로드뷰

2. 통행인

통행인이라고 다 같은 통행인이 아니다. 많은 분들은 창업을 준비하기 시작하면 어떤 지역에 통행인을 조사하면서 막연하게 지나다니는 수 즉 유동인구에 집착한다. 조금 더 나가면 연령대나 남녀 구성비에 따라 구분한다. 그렇게 몇 날 며칠 조사하면 대략적인 수는 파악할 수 있다. 그러다 보니 통행량에 많은 곳에 초점을 맞춰서 점포 선정하는 경향이 강하다. 그러나 통행량은 통행량일 뿐 그들이 매출와 연관되지 않는 통행량은 허수이며 임차료만 높아 리스크만 커질 수 있다. 그러나 배후분석법은 통행량 자체가 중요하지 않다. 통행인의 성향, 경쟁점에 따른 구체적인 목적동선이 중요하며 경쟁입지에 따른 매출 또한 점검해야 하므로 단순 통행량은 의미가 없다. 따라서 이를 정확히 구분하기 위해서는 배후 성격부터 파악해야 한다. 그리고 구매율에 따른 통행인을 구분하여 살펴봐야 한다. 이를 파악하는 이유는 구매 성격이 목적구매인지, 충동구매인지 충족구매인지, 단순 통과하다가 구매하는 형태인지에 따라 매출이 다르기 때문이다. 목적 구매, 충족구매, 충동구매, 단순 통과 구매하는 순서로 매출이 높게 나오며, 통행인 성격에 따라 배후민 통행인, 배후 방문통행인, 불특정 통행인 순으로 목적 구매율이 높다.

2.1. 배후민 통행인

지역에 거주하거나 상주하는 직장인의 통행을 말한다. 이들의 통행이 곧 매출은 아니지만 이들의 이동 목적 동선에 따라 구매율이 확실히 차이가 난다. 거주형이라면 퇴근 동선, 거주 동선, 출근 동선에서 매출 비중이 높다. 이 말은 배후민 통행인이 많을 때 매출이 높다. 상주형이라면 출근 동선, 상주 동선에서 매출 비중이 높다. 이들 동선은 배후민의 통행이다. 소비형이라면 상주 동선에서 매출 비중이 높다. 소비형에서 상주 동선은 소비시설에 종사하는 근무자들의 이동 목적 동선을 말한다.

2.2. 배후 방문 통행인

특정 지역에 방문하는 통행인을 말한다. 거주형에서는 배달원, 주택에 방문하는 지인의 통행인을 말하는데 이들에 의한 매출은 낮다. 상주형에서는 배달원, 회사에 방문하는 관계자의 통행인을 말하는데 업무시설이므로 거주형보다는 활발하다. 소비형에서는 쇼핑이나 유흥을 즐기러 방문하는 불특정인을 말하지만 단순히 방문하는 이들이 매출로 연결되는 경우는 입지적인 여건으로 충동구매가 발생하는 경우가 많다. 그러나 소비형 중에서 배후 유형이 우물 유동형인 경우는 소비시설에 있으면서 발생하는 목적 구매율도 높다.

2.3. 불특정 통행인

배후 특정 지역에 방문하여 점포 앞을 목적 없이 지나가는 통행인을 말한다. 거주형에서는 이들의 비중이 매우 낮기 때문에 매출을 구분할 필요가 없다. 상주형에서는 교통이 발달한 곳이나 업무시설이 많은 곳에서 불특정 통행인의 비중이 많다. 이들에 의한 매출은 점포가 전환 포인트에 있는 경우 높게 나타난다. 소비형에서는 다른 성격보다 매출에서 차지하는 비중이 높다. 특히 완전 소비형에 가까운 곳일수록 전환 포인트에 있다면 불특정 통행인에 의한 단순 통과 구매나 충동 구매율이 높다.

이렇게 통행인의 성격에 따라 구매 패턴이 다르기 때문에 배후 성격에 맞는 통행인을 파악한 후 판매 변화율(구매율, 소비율, 내방률, 친화율)을 점검하여 매출 변화를 예측한다.

3. (창업) 동선 구분

동선은 크게 접근성에 따른 동선과 이동 목적에 따른 동선으로 구분할 수 있다. 주의해야 할 것은 구체적 점포의 위치선정은 커피상품과 오피스 소비자와 관계를 면밀히 관찰해야 한다. 왜냐하면 이목목적 동선 통행인은 위치적 목적의 동선이지만 현장에서 창업 상품성과 고객 성격에 따라 소비자 심리를 고려한 행태적 동선으로 해석하여 매출에 어떤 영향을 미치는지 파악하는 것이 중요하다.

3.1. 접근성에 따른 동선

접근성에 따른 동선은 동선의 성격에 따른 구분으로 1차 동선, 2차 동선, 주동선이 있다. 1차 동선first moving line은 '목적성 구매와 비목적성구매가 높은 동선'으로 거주하거나 상주하는 곳에서 나와 처음 접하는 도로상에 점포가 있는 것을 말한다.

근접 1차 배후는 점포와 배후가 매우 근접한 것을 말하지만 1차 동선은 거리와 관계없이 점포와 배후가 조금 떨어져 있어도 한길로 연결된다면 1차 동선으로 본다. 배후분석법에 가장 민감한 편의점을 예로 들어보겠다. 1차 동선의 효과는 편의점이 배후와 거리가 직선으로 100미터 거리에 있는 경우와 도로를 방향을 바꾸어서 90미터 거리에 있는 경우 어느 쪽으로 갈까 보통은 가까운 쪽으로 가는 경향이 강하다. 특히 주택가이며 고정형, 우물형 배후인 경우 소비자는 동네를 잘 아니까 가기에 편리하거나 가까운 쪽으로 간다. 그러나 유동형에 가까울수록 또는 배후 성격이 소비형이 강할수록 조금 더 멀어도 눈에 먼저 보이는 곳으로 가려는 경향이 있다. 이 부분은 28가지 점포 선정 변화율 중하나인 가시율과 인지율에서 다시 설명하겠다. 유동형이며 소비형 상권은 불특정 통행인이나 처음 방문하는 사람들이 많기 때문에 충동구매가 높고 시각적으로 먼저 들어오는 곳으로 가기 때문이다. 이런 동선도 업종 성격, 상권 성격 등에 따라 1차 동선의 효과는 다를 수 있기 때문에 소비자의 입장이 되어 평소에 관찰해보자. 친구들과 주점을 가게 되거나 어디를 가든 한 번쯤 구매자 입장에서 생각해보면 그리 어려울 게 없다.

2차 동선second moving line은 단순히 통과하는 관점에서는 주동선의 하나이지만 구매의사와 관계없는 단순 통과 동선 만을 말한다. 주동선은 접근성에 따른 동선 중에서 가장 중요한 동선을 말한다. 주동선main moving line이라는 말은 참 많이 들어봤다. 실전에서는 배후성격, 배후유형, 입지유형에 따라 다르게 적용해야 하기 때문이다. 주동선은 '이동 목적 동선이 조화를 이루는 동선이며 상시 직접적인 구매가 일어나는 동선으로 목적성구매와 비목적성 구매율이 높은 동선'이다. 즉 가장 많이 다니는 동선이 아니라 구매할 확률이 높은 동선이다.

첫째, 목적 구매에 의한 동선을 말한다. 거주형을 예로 들면 출근 동선, 퇴근 동선, 식사 동선, 거주 동선, 여가 동선이 있다. 이중에서 거주 동선이 목적성 구매가 높다. 이런 것은 이동목적에 따라 구분한 것으로 배후 성격, 배후 유형에 따라 주동선이 다르기 때문에 어떤 동선이 가장 중요한 매출을 일으키는지 반드시 구분할 수 있어야 한다. 어쨌든 목적성 구매를 하므로 현재와 앞으로 가장 높은 매출을 일으키는 동선을 말한다. 마찬가지로 상주형에서 상주 동선에서 목적성 구매 확률이 가장 높지만 사적 공간(개인 주택 등)이 아니므로 대체로 구매 빈도는 낮은 편이다. 둘째, 충족 구매에 의한 동선을 말한다. 지나가는 김에 구매하는 하는 것을 충족 구매라고 하며 거주형에서는 주로 퇴근길에 발생한다. 대체로 충족구매는 비교적 단가가 높은 편이다. 즉 마트에 가기에는 아직 먹을 것들이 많이 남아있기 때문에 지나가는 김에 고기나 과일 등을 구매하여 귀가한다. 야채가게나 정육점이 퇴근 동선에 있는 경우가 이런 사례라고 할 수 있다. 셋째, '비목적 구매 동선으로 충동구매 확률이 높은 동선'이다. 여름철 편의점에 들어 시원한 음료나 주류를 구매하거나 겨울철 김이 모락모락 올라오는 만두나 붕어빵을 구매하는 것은 충동구매라고 할 수 있다. 충동구매는 높은 객단가가 낮은 편이며 계절과 날씨에 민감한 상품에 해당한다. 가장 많이 다니는 것과 관계없이 동선의 전환포인트에 있으면서 접근성과 시계성이 좋은 곳이어야 한다. 그들이 지나가다가 구매 욕구가 생길 때 매출로 연결되려면 접근성이 좋아야 한다. 이렇게 구매 욕구가 생기거나 목적구매가 아니어도 지나가다가 충동구매를 유도하는 동선이므로 주로 입지형에 많다.

반면에 시내 통행량이 많은 단순통과 동선은 위의 이동목적 동선 이외의 동선으로 흔히 시내에서 사람들이 지나가기에 바쁜 동선을 말한다. 점포 노출도에 따라 고객 유입률은 높일 수 있지만 통행량에 따른 매출이 비례하는 것이 아니므로 업종에 맞는 유효 동선을 얼마나 흡수할 수 있는지 파악하는 것이 중요하다.

3.2. 이동 목적 동선movable object line

이동 목적 동선은 배후성격에 따라 동선의 목적에 따른 동선으로 시간적 구분에 의한 동선을 말한다.

즉 어떤 소비자든 출근 동선, 퇴근 동선, 거주 동선, 식사 동선, 여가 동선이 있을 수 있기 때문에 같은 소비자라도 각각 이동목적 동선에 따른 시간대별 소비행태를 파악하는 것이 중요하다. 그렇기 때문에 단순히 지나다니는 숫자로 이런 것을 파악하는 것은 수박 겉핥기이다. 다음의 사항을 관찰한다. 첫 번째는 그들의 이동 목적을 일일이 물을 수는 없기 때문에 통행인 연령 등 인구통계학적 현황을 직접 보고 판단해야 한다. 두 번째로 배후성격, 배후유형, 입지유형에 따라 배후민의 소비 성향(소비 간격, 소비율, 구매율, 내방률 등)에 영향을 미치므로 배후분석적 요인을 파악한다. 세 번째로 이들의 행태적 성향을 관찰해야 한다. 직장인이라고 다 같은 직장인이 아니다. 이들의 소득, 업무 유형 등은 상권 내 점심, 저녁 소비 등에 차별적인 형태를 보여주기 때문이다. 이 부분은 소비자 행태를 참고하기를 바란다. 이 장에서는 소매점과 같이 상품의 동질성이 높은 업종을 중심으로 설명하고 있지만 다양한 업종의 특징과 창업 방향에 맞게 적용해 보기 바란다.

3.2.1. 거주형(주택가 상권)의 이동 목적 동선movable object line for home pattern

거주형의 이동 목적 동선은 출근 동선(b), 퇴근 동선(b), 여가 동선(c), 거주 동선(a), 식사 동선(d)이 있다. 그냥 동선이 아니다. 따라서 업종의 성격과 창업 아이템의 구매자 타깃에 따라 구분해서 파악해야 한다. 편의점을 예로 파악해 보겠다.

출근 동선은 출근하는 길에 있는 동선이다. 학생은 학교로 가는 길 일 테고 직장을 다니는 사람들은 교통시설이나 회사로 가는 길이 출근 동선이 된다. 출근하면서 배가 고프면 간단한 먹을거리나 음료수를 사겠지만 학교 가기 바쁘고 출근하기 바쁘기 때문에 간단한 음료나 담배를 구입하는 경우 말고는 매출이 높게 나오지는 않는다. 반면 퇴근 동선은 어떨까? 퇴근할 때도 하루 일과를 마치고 귀가하므로 술을 좋아하는 사람들은 간단한 술과 안주를 구입한다. 가족형 거주지는 주중 매출보다 주말 매출이 훨씬 높다. 젊은 직장인이나 독신자가 많이 사는 지역은 평일 저녁에도 주류를 포함한 식사 대용 매출도 높은 편이다. 이렇게 같은 소비자일지라도 시간대에 따라 동선의 목적 성향은 달라질 수 있다. 입지유형은 부채꼴형이 퇴근 동선(b)에 의한 매출이 극대화된다. 그러나 퇴근 동선에 의한 매출이 극대화되기 위해서는 교통시설 초입에서 집으로 가는 길에 경쟁점이 있거나 점포에서 거주지까지 너무 멀면 소비가 위축될 수 있다. 거주 동선은 자주 다니는 길은 아니지만 배후 내에 머물다가 수시로 구입하러 나오는 동선이다. 앞서 얘기한 가상의 동선으로 어떤 위치에 내가 창업을 한다면 배후민이 얼마나 자주 소비하러 나올지 파악해야 한다. 이런 동선은 고정 배후형이나 우물 배후형에서 가장 민감하고 중요하므로 이런 지역에서 단순 통행량은 아무리 조사해도 의미가 없는 것이다. 여가 동선(c)은 주로 저녁식사 후 산책을 하러 다니는 동선이다. 여가는 주 산책하기 좋은 공원이 있는 곳이나 밝은 곳으로 다닌다. 그러므로 매연이 많은 도로로 여가 동선을 기대하기는 힘들기 때문에 도로변에서 떨어진 점포에서 더 많은 매출이 발생한다. 그러나 여가 동선(c)은 겨울이나 비가 오는 날엔 없고 배후민이 많지 않은 곳에서는 큰 매출을 기대하기 어렵다. 식사

<그림 10-14> 거주형 이동목적 동선

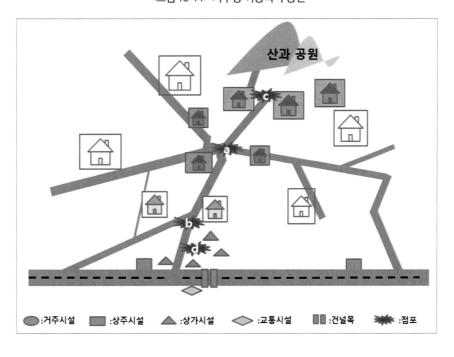

동선(d)은 식사 후에 매출이 일어나는 것인데 거주형에서 기대하기 힘든 동선이다. 평일은 주부만 집에 있을 테고 주말에는 가족이 외식을 하거나 나들이를 가기 때문에 식사를 하기 전후에 매출이 일어날 일이 거의 없다. 따라서 주택가 상권에서는 퇴근 동선(b)과 거주 동선(a)이 발달한 지역을 중심으로 출점하게 된다.

〈사진 4-4〉에서 대박 김밥 전문점은 오후 2시에 문을 닫는다. 대부분의 매출은 아침 출근 동선에 절정을 이루며 꾸준히 매출이 발생한다. 눈에 띄는 김밥 맛집이다 보니 맞은편에 김밥 전문점뿐 아니라 근처에 두 곳이 더 생겼다. 만약 이런 상권에 대박 김밥 전문점이 문을 닫는 경우가 생긴다고 그 수요가 건너편 김밥 전문점으로 이동할까? 그러나 이 상권에서 김밥수요는 주배후로부터 출근 동선에서 발생하고 있기 때문에 주배후로부터 퇴근 동선 방향에 있는 건너편 김밥 전문점은 수요를 흡수하지 못하게 된다. 따라서 이와 같은 주택가를 배후로 하는 상권에서는 상권분석적으로 이 동네에 김밥 전문점을 차리면 잘 될 것이라고 가정하고 진입하게 되면 어려울 수 있기 때문에 배후분석적으로 지역민의 이동목적 동선을 고려한 위치에 진입해야 한다.

3.2.2. 상주형(오피스 상권) 이동 목적 동선movable object line for office pattern

상주형은 출근 동선(b), 퇴근 동선(b), 여가 동선(d), 상주 동선(a), 식사 동선(c)이 있다. 출근 동선은 직장에 출근하면서 매출이 발생한다. 그러므로 직장으로 초입이나 직장과 가장 접근성이 좋은 점포에서 유리하다. 그림에서는 a위치에 창업한 점포는 출근 동선이 많고 b위치에 창업한 점포는 출근 동선(b), 상주 동선(a)에 의한 매출 비중이 높다. 퇴근 동선은 집으로 귀가하는 동선이므로 굳이 불필요한 매출이 발생하지 않는다. 집 근처에서 구매를 하지 처음부터 소비를 할 이유가 없기 때문이다. 상주 동선(a)은 거주 동선과 마찬가지로 직장에 상주하면서 매출이 발생한다. 그러므로 직장과 접근성 특히 근접성이 가장 중요하다. 회사원은 거주민과 다르게 시간의 제약이 있기 때문에 소비를 하기 위해 먼 거리로 이동할 수 없다. 따라서 상주 동선(a)에 의한 매출을 기대하기 위해서는 3~4분 이내의 거리에 있어야 한다. 그러나 이는 최대한 이동할 수 있는 거리이다. 실제 거주민과 상주민의 대표적인 차이는 내방률에 있다. 거주민은 소비를 위해 매일 방문하기보다는 며칠에 한 번 방문하는 사람들이 많지만 상주민은 소비를 하기 위해 하루에도 수차례 방문하는 사람들이 많기 때문에 상주형에서 가장 중요한 매출은 상주 동선ⓐ에서 나온다. 따라서 오피스 빌딩과 접근성이 가장 좋은 b위치에 창업한 점포가 상주 동선ⓐ에 의한 매출이 가장 높은 비중을 차지한다. 상주형의 여가 동선은 점심시간을 이용한 시간 외에 크게 기대할 수 있는 시간이 없으므로 매출을 기대하기 어려운 동선이다. 상주형의 식사 동선ⓒ은 점심시간에 식사를 한 후나 식사를 하기 전에 발생한다. 주로 식당에서 나와 직장으로 향하는 가장 근접한 c위치에 창업한 점포에서 가장 높은 매출을 기대할 수 있다. 거주형의 거주 동선이나 여가 동선은 배후에서 발생하는 일종의 가상의 동선이 많으므로 매출을 예측하는 것이 쉽지 않는다. 그러나 상주형의 상주 동선ⓐ이나 여가 동선ⓓ은 배후에서 발생하더라도 매우 근접한 거리에 있기 때문에 가상의 동선에 의한 매출 예측이 훨씬 수월하다.

<그림 10-15> 상주형 이동목적 동선

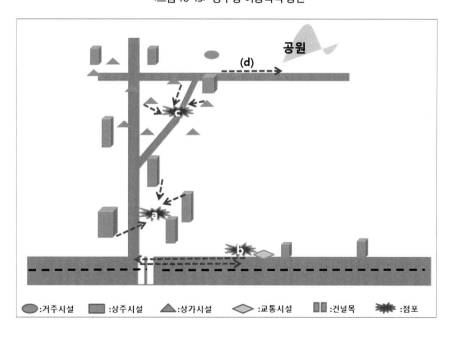

3.2.3. 특수 혼재형(특수 시설이 혼합되어 있는 상권)의
이동 목적 동선movable object line for special mixing pattern

혼재형은 거주형과 상주형의 성격이 혼합된 경우이다. 특수 혼재형은 혼재형인 배후에 관광숙박시설, 대학가, 학원가, 종합의료시설, 특수 시설 등이 있어서 이런 시설에서의 매출 비중이 20% 이상이거나 30만 원 이상(편의점인 경우) 나오는 곳을 말한다. 따라서 출근 동선, 퇴근 동선, 여가 동선, 거주 동선, 상주 동선, 식사 동선이 있다. 관광숙박시설은 상업지역에 있기 때문에 주변이 상업지인 경우가 많아서 교통시설이 발달한 곳에 있다. 그래서 통행량이 많은 편이다. 대학가나 학원가 근처는 상업시설이 발달한 편이기 때문에 통행량이 많다. 특히 대학가는 학기 중에 더 활발하지만 학원가는 방학 기간에 더 활발하다. 특별히 성신여대 먹자골목 같은 곳이나 신촌 등은 상가 시설이 매우 발달한 곳이라 방학과는 무관하게 통행량이 많다. 학원가는 유흥시설이 발달하기보다는 식당이나 커피숍 등이 발달해 있다. 그리고 학원생이 공부하는 하숙촌이나 고시텔이 발달해 있어서 배후가 거주형인 경우가 많다. 그런데 강남역 주변에 영어학원은 주변에 오피스와 유흥시설이 섞여 있다. 어학원은 직장인과 학생들이 주로 이용하므로 교통이 발달한 곳에 있기 때문에 특히 시내 중심가에 발달해 있다. 그러다 보니 배후가 상주형이나 소비형과 혼재된 곳이 많다. 종합병원 주변이 시끄러워도 괜찮을까? 보통은 조용한 곳에 있다. 정문 주변은 상가 시설이 발달해 있지만 배후는 거주형인 곳이 많다. 그러나 대학 병원 중에 학교상권과 연계된 역은 상가 시설이 더 발달한 편이다. 이렇게 특수 혼재형은 혼재형을 기본으로 특수시설에서 발생하는 매출을 구분한 것이다. 관광숙박시설이 있는 곳은 시내가 많으므로 대체로 임차료가 높다. 매출 포트폴리오가 좋아도 편의점 창업에 적절한 임차료인지는 잘 파악해야 한다. 그래서 특수시설에서 발생하는 매출을 정확히 파악해야 한다. 각각의 성격을 보면 관광숙박시설은 여행객이 잠을 자는 곳이므로 거주 동선이 발달해 있다. 단지 그 시설에 종사하는 사람은 회사원이니까 상주시설도 될 수도 있다. 대학교는 자는 곳이 아니다. 주간에 공부하는 곳이므로 상주 시설이라고 할 수 있다. 그러나 교내에 편의점이나 기타 시설이 있다면 학교가 넓기 때문에 공부하다가 잠깐씩 쉬러 교문 밖의 편의점으로 갈 이유는 별로 없다. 특별한 곳을 제외하면 상주 동선에 의한 매출은 기대하기 어렵다. 그러나 상주형의 출퇴근 동선처럼 통학 동선(출근, 퇴근 동선)이 중요하다. 그러나 대학교 앞의 경우 교문과 가까운 곳은 접근성에 의한 위치와 단순 통과 동선 비중이 높은 곳으로 구분할 수 있기 때문에 각각 임차료에 따른 수익성을 잘 파악해야 한다. 학원가는 통원을 하고 휴식시간이나 식사시간에 이동을 하는 일이 잦기 때문에 거의 상주형과 성격이 비슷하여 상주 동선과 통원 동선이 중요히다. 특히 강남이나 종로의 대형 어학원은 웬만한 대기업보다 낫다. 여름방학 기간에는 수강생이 엄청나게 많아서 그 주변은 엄청나게 활발하다. 단지 학생들이다 보니 소비율은 매우 낮은 편이다. 종합병원 근처는 참 애매하다. 병원 내에 편의시설이 잘 갖춰져 있기 때문에 거주 동선이나 상주 동선과 같은 동선은 없다. 단지 환자 방문객이 방문하면서 선물세트 등을 구입하기 때문에 배후 방문 통행인의 동선이 중요할 뿐이다. 병원 직원을 놓고 보면 상주 시설로 볼 수 있으나 이들의 매출은 교통시설에서 접할 때 출근 동선에 따른 매출만 기대할 수 있지 보통은 병원 내에서 해결하므로 상주 동선에 의한 매출은 기대하기 어렵다. 그러므로 상주형에서 가장 중요한 상주 동선에 의한 매출은 크게 기대하기 어렵다. 병원을 배후로 하는 곳은 너무 큰 기대를 갖고 바라봐서는 안 된다. 임차료도 비싸기 때문에 오히려 수익성이 낮은 곳이 더 많다. 잘 되는 곳도 있지만 새로 계약이 진행되는 곳은 거의 전부 입찰 방식이다. 가장 높은 금액을 제시한 사람이 운영하는 방식이므로 초보 창업가에게는 적합하지 않다.

3.2.4. 완전 소비형(소비시설 중심 상권)의
이동 목적 동선movable object line for complete spending pattern

소비형은 상가 시설이 모여 있는 지역으로 완전 소비형과 불완전소비형이 있다. 마찬가지로 출근 동선, 퇴근 동선, 식사 동선, 거주 동선, 상주 동선, 소비 동선이 있다. 대부분 상가 소비시설로 형성되어 있기 때문에 거주민의 거주 동선은 거의 없다. 유흥이나 판매시설도 상주 시설이므로 이곳의 종사자도 출근을 한다. 그래서 상주 동선은 있다. 그러나 일반 회사와 달리 출근시간대가 늦고 업소마다 교대 근무자들이 있기 때문에 출근할 때의 동선은 눈에 띄지 않는다. 그래서 출근 동선과 퇴근 동선은 눈에 띄지 않는다. 이들에 의한 소비는 젊은 층이 모여 있는 곳일수록 내방율이 높다. 결코 무시해서는 안 된다. 단지 소비형에서는 상가 시설이 발달한 곳일수록 경쟁점이 산재해 있기 때문에 소비가 분산되어 상주 동선에 의한 매출이 의외로 낮기도 하다. 점심시간 때의 식사 동선은 유흥시설종사자보다 판매시설 종사자들이 더 많다. 음식점은 내부에서 해결하는 경우가 많지만 판매시설 종사자는 식비를 아끼고자 편의점 식품을 애용하는 경우가 많다. 이들은 식사 후 후식으로 음료수나 군것질하는 경우가 많다. 그러나 이들은 이런 매출이 매우 불규칙하다. 매장이 바쁘거나 봉급날이 한참 지나서 주머니에 돈이 떨어지면 구매율이 현저히 떨어지기 때문이다. 배후가 유흥이나 판매시설로 형성되어 있어 불특정 통행인이나 배후 방문인이 많다. 그래서 이들에 의한 매출이 가장 높다. 이들은 소비를 하기 위해 방문하므로 이런 동선을 소비 동선이라고 한다. 특히 유흥 소비형은 저녁에 사람들이 많이 다니지만 이들의 소비를 유도하기 위해서는 2가지가 필요하다.

첫째, 입지적인 요인으로 이들의 비목적 구매 즉 충동구매를 유도하는 것이다. 이 곳에 다니는 사람들이 해당 점포가 제일 눈에 띄어서 만남의 장소가 된다. 이런 곳은 기다리면서 충동적으로 구매하는 경우가 많다. 또한 남들이 사면서 덩달아 구매하는 동반 구매 현상도 높게 나타난다. 여름에 목이 마를 땐 통방률이 높아 뭐라도 사려고 방문한다. 추울 땐 서둘러 지나가겠지만…. 둘째, 소비시설에 안착하여 소비시설에 오래 머물면서 이루어지는 구매이다. 주로 우물 유동형 배후에 있다. 이런 곳은 소비시설이 밀집되어 있는 곳에 소비자로 꽉 차 있다. 이들은 2시간 이상 먹고 마시고 있으면서 한 번쯤 방문한다. 숙취해소가 필요하든 잠시 바람을 쐬기 위해서 방문하는 경우가 많다. 대부분 사람들은 이런 곳에 가는 날 만큼은 가격에 구애 받지 않는다. 평소에는 사 먹지 않던 페레로로쉐 같은 초콜릿도 이런 날은 구입한다. 의류점이나 악세사리점 같은 패션 판매시설 등이 많은 판매 소비형 배후는 유흥시설처럼 한 곳에 오래 머물러 있지 않다. 따라서 방문 소비 동선보다는 쇼핑하다가 내방하는 단순 구매형 소비 동선이 많다. 대표적인 곳이 명동이나 홍대 쇼핑거리, 삼청동 등이 있다. 쇼핑을 하면서 커피음료나 과자류를 먹으면서 다닌다. 따라서 통행량이 매우 중요하다. 그렇기 때문에 날씨가 안 좋거나 추운 겨울은 상대적으로 매출 하락 폭이 더 크다. 이곳은 전국구 상권으로 상권이 매우 넓다. 따라서 곳곳에 독립적으로 형성된 위성 상권(주상권의 포화로 주변에 분산되어 별도로 형성된 독립상권)도 많다. 같은 소비 동선이라도 어느 동선은 단순 통과가 많고 어느 동선은 목적 구매율이 높기 때문에 단순히 통행량만 보고 판단할 일은 아니다.

3.2.5. 불완전 소비형(소비시설과 거주시설이나 오피스가 혼합된 상권)

이동 목적 동선movable object line for not complete spending pattern

불완전 소비형은 소비형을 중심으로 사이드 배후가 거주형 또는 상주형 또는 혼재형이 복합적으로 형성되어 있다. 그래서 동선도 출근 동선, 퇴근 동선, 거주 동선, 상주 동선, 소비 동선, 식사 동선, 여가 동선이 모두 일어난다. 소비시설에 의한 매출이 30~70% 정도 발생하고 나머지는 사이드 배후에 의한 매출이 발생한다. 그래서 대부분의 소비형은 이런 불완전 소비형으로 형성되어 있다. 완전 소비형보다 매출 포트폴리오가 잘 형성된 편이므로 상대적으로 안정적이다.

4. 고객심리에 따른 동선

전창진 외(2014)는 고객심리에 따라 최단거리실현의 법칙, 보정실현의 법칙, 안정중시의 법칙, 집합의 법칙을 소개하였다. 단지 상권 성격에 따라 적용가능성이 다를 수 있고, 배후성격 등에 따라 고객행태적인 측면에서 다양한 동선이 발견될 수 있기 때문에 현장에서는 충분한 관찰을 필요로 한다.

<표 10-3> 고객심리에 따른 동선 법칙

구분	내용
최단거리실현의 법칙	먼 길보다 최단 거리를 선호함
보정실현의 법칙	고객은 잘 모르는 길을 가지 않고 직진하여 가던 길로 나아가는 방향을 선호
안전중시의 법칙	위험하다고 생각되는 길을 회피함
집합의 법칙	사람들이 모이는 길을 선호함

자료: 전창진, 이귀택, 노경섭, 김천태, 『점포개발론』, 2014, 부연사의 본문을 참고하여 재정리.

5. 차량 동선driving line

차량 동선은 차량에 소비가 일어나는 동선으로 소비자 이동 목적 동선과 같이 점검할 수 있다. 따라서 외식업에서 주차공간은 매장 여건일 뿐 차량 동선과는 별개이다. 단지 업종 특성과 타깃 고객에 따라 주정차 공간이 없다면 잘 안 될 뿐이다. 그러나 창업 관점에서 구체적으로 접근하면 차량 동선은 크게 외곽 차량 동선과 도시 차량 동선으로 구분할 수 있다. 외곽 차량 동선은 뒤에서 설명할 로드 사이드 점포의 12가지 입지유형에 따라 다른 모습을 보여 준다.

도시 차량 동선은 보행 동선과 동일하게 보지만 삶의 질이 높아서 여가 활동이 빈번하기 때문에 주로 주말이나 공휴일에 매우 중요하게 점검해야 할 사항이다. 따라서 업종 성격, 지역, 창업 방향에 따라 포지션이 다르기 때문에 무조건 주차 공간을 확보하거나 막연한 도로변에 점포를 개설하는 것은 지양해야 한다. 또한 반드시 주정차 공간을 확보하여 창업해야 하는 경우도 있다. 설렁탕 전문점의 경우 순수한 차량이동에 의한 매출보다는 업종의 흡입률에 의해 차량 주·정차가 편리한 곳을 찾는 경우가 더 많다. 일반적으로 설렁탕은 매일 먹을 수 있는 음식이 아니고 창업가의 노력이 많이 들어가는 음식이므로 쉽게 창업할 수 없는 업종이므로 상권이 넓은 편이다. 도시에 있는 경우라도 고정 고객이 90% 이상이며 차량으로 이동하여 방문하는 고객을 염두지 않으면 안 된다.

〈그림 10-16〉에서 보듯이 다양한 방향에서 방문하더라도 쉽게 주차할 수 있어야 한다.

〈사진 10-2〉에서 보듯이 역 앞의 동선 시작형인 경우 불특정 통행인을 흡수해야 하므로 주차장이 없더라도 한적한 도로라면 야간 차량 방문객이나 포장 고객을 높일 수 있다.

<그림 10-16> 도시 차량 이동 목적 동선

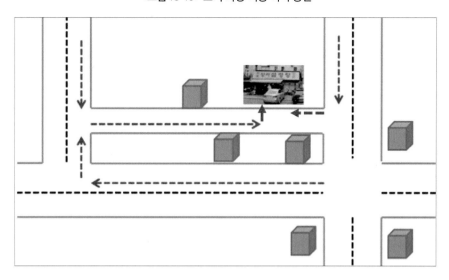

<사진 10-2> 도시 차량이동 목적 동선 사례(사진 자료: 카카오 로드뷰)

테이크아웃이 주력인 업종도 높은 임대료를 피해 이면의 2차선이나 4차선의 도로에 창업하는 경우 단순히 지형적 입지가 우수한 위치보다 주차 단속 카메라, 교통 여건 등을 고려하여 정차 기능이 최적화된 도로가 유리하다.

편의점의 경우 일본과 미국의 예를 비교하여 보면 시장의 지리적 여건에 따라 로컬 편의점과 로드 편의점으로 구분하여 바라봐야 한다. 한국은 90% 이상이 로컬 편의점으로 이루어졌으며 미국은 로컬 개념보다는 로드 개념이 강하며 일본은 로컬과 로드 모두 발달한 편이다. 즉 로컬은 지역 내 밥그릇 개념으로 배후를 말하고 로드는 상권의 개념으로 진출하므로 로드로 인한 매출이 중요하다. 따라서 미국 편의점 상권은 2마일(3,200미터)에서 3마일(4,800미터) 정도이며 일본은 약 800미터 한국은 동일 회사 점포 간 거리 약 250미터를 기준으로 설정하고 있다. 물론 지역과 상권 성격과 배후 여건에 따라 유동적이지만 기본적인 가이드라인은 다음과 같다. 따라서 한국은 배후분석법에서 이동 목적 동선을 도보로 이용하는 동선에 한정하는 이유이다. 이렇게 미국과 일본은 편의점의 규모와 지역적 개념이 넓기 때문에 차량 동선의 개념이 매우 중요하다. 특히 일본의 지방은 미국형으로 도심은 한국형이 혼재된 형태로 발전하고 있는데 도심은 비교적 우리나라와 유사한 개념도 있지만 대부분 일본 편의점의 배후 유형은 입지형 이거나 유동형에 집중되어 있다. 외곽은 행락형 입지가 발달하여 교외의 주택가나 행락형 입지는 차량 동선에 의한 개념이 가장 중요하다. 물론 우리나라도 다양한 로드 사이드 편의점이 있다. 그러나 우리나라는 행락 중심지형 등이 아닌 이상 어디든 로컬 포지션이 포함되지 않은 곳은 점차 쇠퇴하는 경향이 있다. 아래처럼 일본과 한국의 로드 사이드 여건을 보면

- 일본은 땅이 넓어 부지 확보가 용이하며
- 저밀도 저층 중심의 주택이 많으며
- 도로가 발달하였으며
- 산업시설이 발달하였으며
- 육상 물류 발달로 물류 운송 차량 이동이 많으며
- 지방 기관이 고르게 분산되어 있다.

- 한국은 땅이 좁아 부지 확보가 어려우며
- 고밀도 중심의 주택이 많으며

- 도로가 협소하고
- 산업시설은 상대적으로 덜 발달하였고
- 육상 물류가 상대적으로 덜 발달하였으며
- 고속도로 지방도는 휴게소가 발달하였다.

위의 여건으로 볼 때 일본의 주택 입지나 행락형 입지는 차량 이동으로 인한 매출이 매우 높을 수밖에 없다. 한국은 더 세밀하여 배후 성격별로 거주형, 상주형, 소비형, 로드 사이드로 구분할 수 있다. 각각 성격별로 배후 유형(15강 참조)과 입지유형(16강 참조)에 따라 매출 편차가 크고 변수가 많은 편이다. 이는 땅이 좁고 인구 밀도는 높으며 소상공인 업종이 발달하였기 때문이다.

한국도 행락형 입지 즉 로드 사이드 점포는 차량 이동으로 인한 매출이 높고 중요하다. 그러나 도로나 건물들의 여건(매장 면적, 주정차 여건 등이 열악)이 일본과는 다르기 때문에 행락형 즉 로드 사이드 점포를 제외하고 차량 이동으로 인한 매출이 높은 편이 아니다. 시장 진입 측면에서 산업단지 로드사이드 점포의 경우 산업시설 종사자의 출퇴근, 배후민의 이동, 행락객의 이동에 따른 매출로 이루어지지만, 안정된 산업시설이나 배후를 확보하며 행락객의 이동 포인트에 있는 곳이 많지 않기 때문에 차량이동으로 인한 수요를 근거로 매출을 예상하는 것은 매우 어렵다. 따라서 배후분석법상 이동 목적 동선의 하나로 구분하고 있지는 않다. 그러나 최근 점포개발 형태로 볼 때 큰 동선의 흐름을 중요하게 여기며 점포를 개발하고 있어서 차츰 차량 이동동선의 비중은 높아질 것으로 보인다. 특히 도시에 있는 도로변 우물형이나 주요 도로 변형, 도로변 중심지형, 일부 부채꼴형 등은 차량 동선이 상대적으로 중요한 포지션을 차지하고 있다. 도시 외곽의 경우 산업시설이 발전, 지방 경제 활성화, 정부 공공 기관의 지방이전 완료, 삶의 질 향상으로 나들이 객 증가, 거주민의 지방 이전 등으로 인해 지방 국도변은 이곳을 지나는 소비자에 의한 차량동선으로 인한 매출은 증가할 것으로 보인다.

1. 배후분석적 입지(立地) 개요

입지는 점포 선정의 제3요소이다. 많은 분들은 통행량이 많이 모이고 코너의 위치에 교통시설만 근접해 있는 것으로 이해하고 있고 실제 그런 관점에서 점포를 바라본다. 그러나 배후가 있어야 동선이 있고, 동선이 있어야 입지가 의미가 있다. 앞서 언급했지만 창업에서 입지란 그냥 자리가 아니다. 크게 두 가지 관점에서 구분할 수 있다.

첫째, 배후분석법의 입지로 19가지 입지유형을 중심으로 보면 어떤 지역에서 어떤 창업이 '매출이 극대화될 수 있는 자리'로 위치에 최적화된 업종의 입지이다. 창업 측면에서는 특정 창업이 어떤 자리에서 효율적으로 매출이 극대화될 수 있는 자리를 말한다. 둘째, 창업 방향을 잡기 위해 시장진입 15 원칙의 절차에 의한 입지로 입지분석, 상권분석, 배후분석, 점포분석, 상품분석에 의한 공통적으로 적용되는 절차적 입지를 말한다.

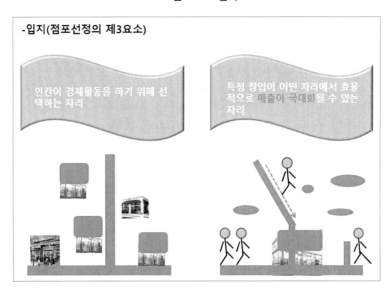

2. 입지의 요소

입지가 어떤 목적의 한 지점이라면 접근성은 무엇일까? 어떤 입지에 가깝고 편리하게 다닐 수 있는 것을 말한다. 창업에서는 두 가지로 구분한다. 근접성과 제약요인을 말한다. 근접성은 가까워야 한다. 제약요인은 아무리 가까워도 통행에 제약이 있는 시설물이나 도로 여건 등으로 인해 통행을 꺼리는 것을 말한다. 따라서 가깝고 통행의 제약요인이 없어야 접근성이 좋다고 할 수 있다. 입지의 4요소(지형적 입지)와 입지의 3요소(행태적 입지)로 구분할 수 있다.

2.1. 입지의 4요소(지형적 입지)

입지의 4요소는 지형적 입지로 접근성에 따라 건널목 접근성, 교통시설 접근성, 주배후 접근성, 경쟁적 입지 접근성으로 구분할 수 있다.

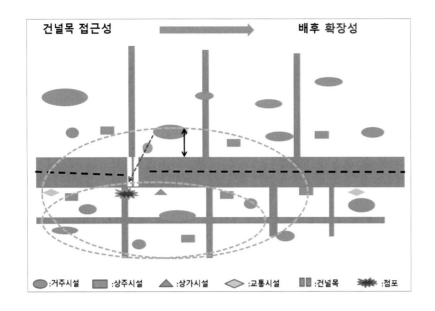

건널목 접근성 ➡ 배후 확장성

●:거주시설 ■:상주시설 ▲:상가시설 ◇:교통시설 ▦:건널목 ✳:점포

첫째, 건널목 접근성으로 건널목은 배후의 확장성을 말한다. 둘째, 교통시설 접근성으로 교통시설은 펌프와 같아 배후민이나 불특정 통행인이 밀려오는 것을 말한다. 점포가 교통시설에 가까이 있어야 배후민이나 통행인 흡인율이 높다.

<그림 10-19> 교통시설 접근성

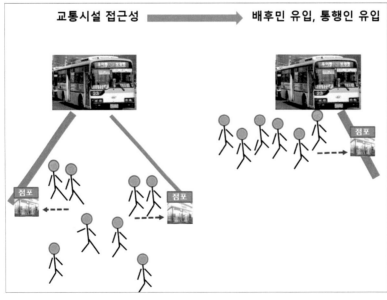

교통시설 접근성 ➡ 배후민 유입, 통행인 유입

셋째, 주배후 접근성으로 배후는 밥그릇이므로 안정적인 배후를 갖추었는지를 말

한다. 가령 주택가 접근성이 좋은 위치(b)는 출근시간을 제외하면 통행량이 눈에 띄지 않는다. 그러나 거주 동선에서 높은 매출이 기대되는 지역이라면 사람들이 다니지 않아도 좋은 입지가 될 수 있다는 것을 말한다. 단지 업종의 성격에 따라 중요도의 차이가 있을 뿐이다.

<그림 10-20> 주배후 접근성

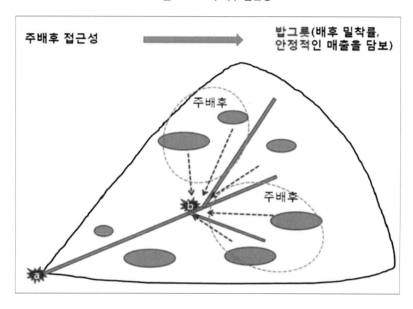

넷째, 경쟁적 입지 접근성으로 현재 경쟁점을 고려하여 우리 점포의 매출에 영향을 미치는 경쟁력을 종합적으로 고려한 것이다.

예를 들어 a경쟁점이 있는 지역에서 b위치에 창업을 고려할 경우 앞의 세 가지 접근성이 얼마나 우위에 있는지 파악하는 것이다. 따라서 창업 시 배후분석적 경쟁점과 충분히 고려해야 하는 사항의 중요성을 강조한 것으로 나만 알기보다 남도 잘아야 한다는 것을 강조한다. 이렇게 입지의 4요소는 각각 특성이 명확하지만 8가지 배후 유형에 따라 다르게 적용해야 하므로 다음과 같이 살펴볼 필요가 있다.

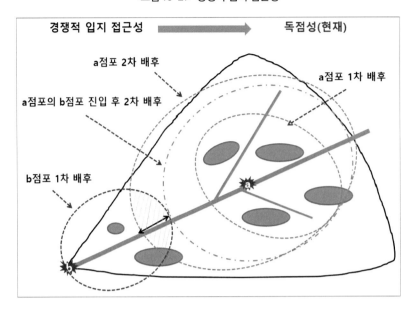

<그림 10-21> 경쟁적 입지 접근성

2.2. 입지의 3요소(행태적 입지)

입지의 3요소는 행태적 입지로 동선에 따른 소비자의 구매 행태에 따라 목적형, 충동형, 충족형 입지로 구분할 수 있다. 목적형은 소비자가 특정 지점으로부터 어떤 행위 도중이나 계획된 상품구매 목적을 가지고 직접 이동하여 구매하는 소비자가 많은 입지를 말한다. 맛집을 검색하고 방문하는 경우가 그렇다. 충동형은 소비자가 즉흥적으로 상품을 구매하는 패턴을 말한다. 정적 충동형과 동적 충동형으로 나눌 수 있다. 정적 충동은 집이나 회사에 머물러 있다가 tv 등 매체를 통해 구매욕구가 생겨서 배달 주문 또는 직접 나가서 구매하려는 욕구가 많이 발생하는 입지를 말하기 때문에 이동목적 동선은 거주 동선이나 상주 동선에 해당한다. 동적 충동형은 소비자가 외부에서 이동 중에 시각, 후각, 청각 등 감각적 이미지를 통해 즉흥적으로 소비하려는 형태가 많이 발생하는 입지를 말한다. 이동목적 동선은 소비 동선, 출근 동선, 퇴근 동선이 여기에 해당한다. 대체로 소비 동선과 출근 동선에서는 객단가가 낮은 상품이고 테이크아웃이 가능한 상품유형에 많은 편이며 퇴근 동선에서는 객단가가 높은 편이다. 충족형은 상품 구매 의식이나 목적하고 있으나 직접 찾아가기는 그렇고 지나가는 김에 구매하는 패턴을 말한다. 즉 목적의식이 있는 상태에서 이 목적 동선에 부합하는 경우로 가령 시장에 있는 야채가게를 방문하는 경우는 목적의식이 높아 처음부터 계획적이지만 시장과 떨어진 주택가 동선에 있는 야채가게는 퇴근 동선 등으로 지나가는 김에 구매하므로 평소 동선의 영향을 받는다.

<표 10-4> 입지의 3요소(행태적 입지)

| 목적성 입지 | 충동성 입지 | | 충족성 입지 |
	정적 충동성	동적 충동성	
특정 지점으로부터 어떤 행동 도중이나 계획된 소비 목적을 가지고 직접 이동하여 구매하는 형태가 많은 입지를 말한다.	특정 지점에서 매체에 의해 소비욕구로 즉적적으로 소비하려는 형태가 많은 입지를 말한다. 주로 거주(상주)동선이 여기에 해당한다.	소비자가 이동 중 특정 지점에서 시각, 청각, 후각 등 감각적 이미지를 통해 즉흥적으로 소비하려는 형태가 많은 입지를 말한다. 주로 소비 동선, 출근 동선, 퇴근 동선 등이 여기에 해당한다.	상품 구매 목적을 하고 있으며 이동 목적 동선에 부합하는 입지를 말한다.

입지의 4요소는 각각의 기본적인 특징이 있지만 그 특징은 어떤 배후 유형인지에 따라 다르게 적용할 수 있다. 따라서 각각 입지의 4요소에 8가지 배후 유형을 살펴볼 필요가 있다.

3.1. 건널목 접근성

건널목은 배후의 확장성을 말하지만 이로 인해 창업에 긍정적인 요인으로 작용할지 부정적인 요인으로 작용할지 파악하는 것이 중요하다.

3.1.1. 고정형 배후

배후가 고정되어 있다. 따라서 매출이 배후의 규모와 배후민의 성향(친화율)에 좌우된다.

건널목이 가까우면 배후 확장성에 도움은 된다. 그러나 대부분의 고정형 배후는 도로변과 떨어진 도로 안쪽 배후에 있기 때문에 건널목 접근성에 크게 민감하지 않다. 또 배후 성격 자체가 건널목과 크게 상관없이 매출이 일어나는 곳이다.

<그림 10-22> 고정형 배후의 건널목 접근성

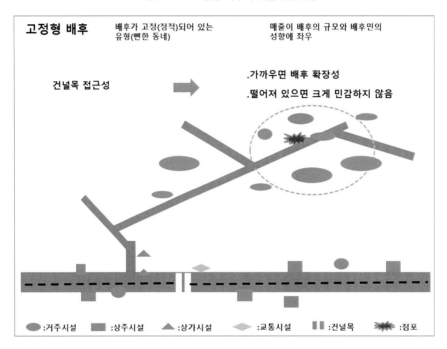

3.1.2. 동선형 배후

어떤 지점을 시작으로 배후민이 이동한다. 따라서 배후가 넓을수록 좋기 때문에 매출이 배후의 규모와 배후민의 성향(친화율)에 좌우된다. 고정형 배후와 다른 점이라면 배후의 초입이므로 배후의 안쪽에 경쟁점이 진입하게 될 경우 매출 하락 폭이 클 수 있다. 따라서 배후 독점성이 어느 정도 될지 잘 파악해야 한다.

<그림 10-23> 동선형 배후의 건널목 접근성

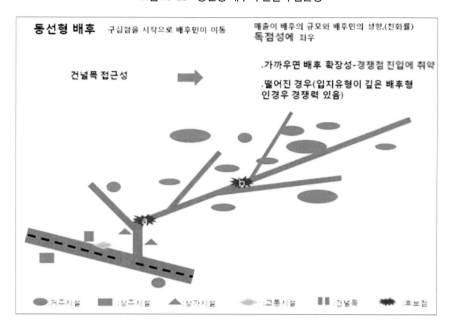

건널목 접근성은 가까우면 배후 확장성에는 도움이 된다. 그러나 너무 도로변과 가까이 있으면 위와 같은 이유로 경쟁점 진입에 취약할 수 있다. 반대로 도로변과 떨어진 경우는 동선형 배후의 장점이 극대화될 수 없는 입지가 될 것이다. 따라서 입지 유형이 깊은 배후형인 경우 경쟁력이 있다.

3.1.3. 우물형 배후

특정 지역을 중심으로 배후민이나 불특정 통행인이 모이는 유형이다. 따라서 고정형 배후보다는 동적이다. 배후민이 여기저기서 흘러나와야 하므로 매출이 배후의 규모, 배후민의 성향(친화율), 독점성에 좌우된다. 추가로 우물형은 고정형 배후와 동선형 배후와 달리 배후가 넓어서 주배후가 여러 곳일 수 있다. 따라서 대표 주배후를 중심으로 접근성이 좋아야 한다.

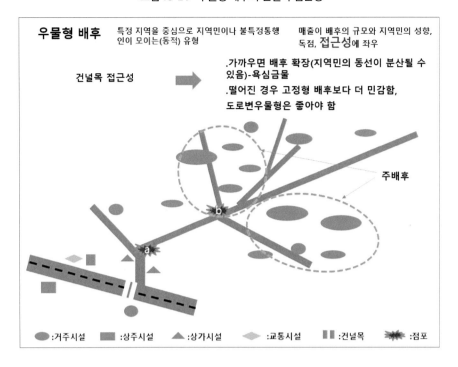

건널목 접근성은 가까우면 배후 확장성에 도움이 된다. 반면 너무 가까워서 배후민의 동선이 분산될 수 있어 주의해야 한다. 떨어진 경우는 고정형 배후보다 동적이므로 더 민감하다.

3.1.4. 고정 우물형 배후

고정 배후형과 마찬가지로 한정된 배후에 갇혀 있는 유형이다. 그러나 고정 배후형보다는 넓은 편이고 더 동적이다. 배후가 좁고 동적이기 때문에 배후민의 성향이 해당 업종에 친화적이고 접근성이 좋아야 내방률이 높다. 따라서 거주형은 내방률이 낮기 때문에 주로 도심의 상주형에 많이 있는 편이다. 추가로 상권이 발달하지 않은 지역일수록 배후가 좁은 편이므로 매장 여건이 우위에 있어야 경쟁력이 있다.

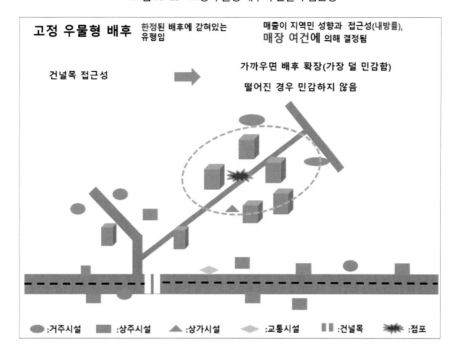

건널목 접근성은 가까우면 배후 확장성에 도움이 되지만 고정 우물 배후형인 경우 떨어진 경우라도 민감하지 않다. 장기적으로 지역 활성화 정도에 따라 경쟁점 진입에 취약할 수도 있고 그렇지 않을 수도 있다.

3.1.5. 순수 유동형 배후

유동형은 1분당 약 30명 이상 다니는 지역을 말한다. 흔한 말로 주요 매출이 통행량에 일어나기 때문에 창업할 때 통행량에 얼마나 민감한 업종인지 파악할 필요는 있다. 특히 이런 유동형은 대부분 도로변에 접해있다. 시내 중심가의 상주형이나 소비형에 있다. 이런 곳이 건널목 접근성까지 좋다면 어떨까?

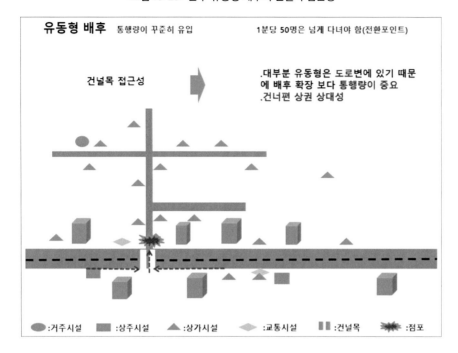

물론 있으면 좋을 것이다. 그러나 모든 배후 유형에서 시너지가 있는 것은 아니기 때문에 업종 성격과 창업 방향에 따라 결정할 일이다. 그래서 상대적인 관찰을 해야 한다. 가령 유동형에서 건널목이 너무 가까우면 건너편에 상권이 잘 형성되어 있는 경우 건너편에도 경쟁점이 진입하기 쉽다. 이 점은 배후분석에 민감한 업종이 더욱 그렇다. 그러므로 무조건 건널목 접근성이 좋아야 하는 것은 아니다. 특히 유동형은 배후 확장성보다는 통행량에 더 치중하기 때문에 그 통행량에 따른 전환(점포방문)이 높지 못하다면 의미가 없다.

3.1.6. 우물 유동형 배후

통행량이 꾸준히 유입되어 매출이 일어난다. 단순 통행량이 많은 곳은 전환 포인트가 좋아야 내방률이 높다. 유흥 소비시설이 발달한 곳은 오래 머무는 소비자의 비중이 높기 때문에 지역에서 오래 머물며 소비가 일어난다.

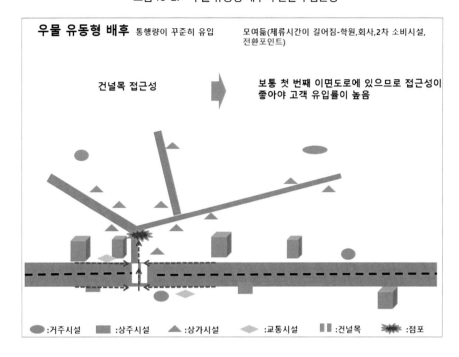

그러므로 건널목 접근성이 좋으면 어떨까? 우물형이므로 배후 확장성에 도움이 된다. 유동형은 주로 도로변에 있지만 우물 유동형 배후는 도로변에서 첫 번째 전환점에 있다. 따라서 유입률이 높아야 하므로 건널목이 너무 떨어져 있으면 경쟁력이 떨어진다.

3.1.7. 배후 입지형 배후

배후가 넓고 입지의 4요소에 충족한 지역이다. 그러므로 배후민이나 불특정 통행인의 흡입률, 배후 소화율, 경쟁점이 진입했을 경우 회복률이 높은 편이지만 비교적 임차료가 높은 곳이기 때문에 매출 포트폴리오가 잘 갖춰져 있어야 한다.

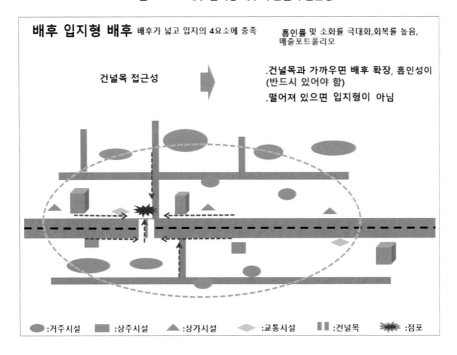

건널목 접근성은 무조건 좋아야 한다. 그냥 좋은 정도가 아니라 접근하기 좋게 마주 보고 있어야 한다. 떨어져 있으면 입지형이 아니기 때문이다.

3.1.8. 유동 입지형 배후

입지형은 기본적으로 배후가 갖춰져 있다. 그러나 배후 입지형보다는 배후가 좁고 통행량은 더 많은 지역이므로 도심이나 부도심에 있다. 배후 입지형과 마찬가지로 불특정 통행인의 흡입률, 배후 소화율, 경쟁점이 진입했을 경우 회복률이 높아야 한다. 통행량이 더 많은 곳이므로 임차료는 배후 입지형보다 높은 편이므로 매출 포트폴리오는 더욱 점검을 잘 해야 한다.

건널목 접근성은 무조건 좋아야 한다. 배후 입지형보다 배후는 좁지만 훨씬 통행량이 많으므로 통방률이 높아야 하므로 반드시 전환 포인트에 있는지 더욱 철저한 점검을 해야 한다.

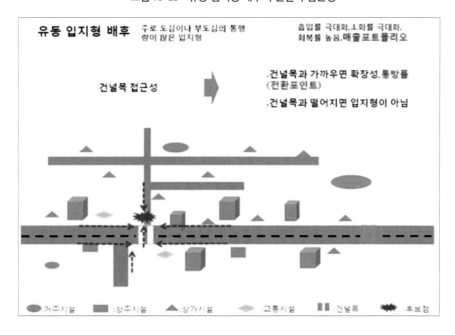

3.2. 교통시설 접근성

교통시설 접근성에서 교통시설은 펌프 효과를 말한다. 펌프는 물을 뿜어주는 기계이다. 물을 세차게 뿜어주는 것이 좋듯이 배후민이나 불특정통행인을 버스나 지하철이 마구 쏟아내는 것이 좋은 교통시설이다. 그러나 교통시설 접근성은 임차료에 민감하고 업종 적합성 측면에서 매우 까다로운 입지 요소이므로 배후 유형에 따른 업종 성격과 창업 방향을 명확히 잡는 것이 중요하다.

3.2.1. 고정형 배후

배후가 고정되어 있다. 매출이 배후의 규모와 배후민의 성향(친화율)에 의해 좌우된다. 교통시설이 가까울수록 유입률이 증가하고 떨어질수록 유입률이 떨어진다. 그러나 고정형 배후가 깊이 있을수록 이러한 영향은 낮아질 것이다. 그렇다고 해도 건널목 접근성보다 더 민감하기 때문에 기본적으로 교통시설이 있는 쪽으로 출퇴근을 하는 경우가 더욱 많다.

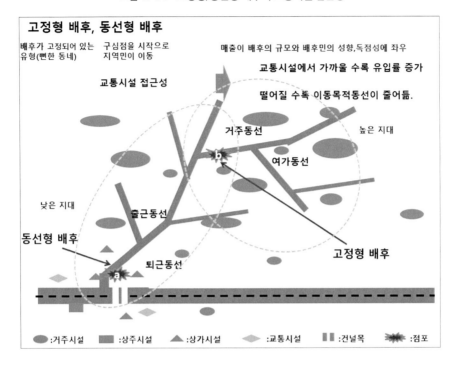

3.2.2. 동선형 배후

구심점을 시작으로 배후민이 이동한다. 따라서 배후가 넓을수록 좋기 때문에 매출이 배후의 규모와 배후민의 성향(친화율)에 좌우된다. 〈그림 10-30〉에서 보면 교통시설 접근성이 고정형 배후와 다른 점이라면 배후의 초입이므로 배후의 안쪽에 경쟁점이 진입하게 될 경우 매출 하락 폭이 클 수 있다. 따라서 배후 독점성이 어느 정도 될지 잘 파악해야 한다. 그러나 건널목은 배후 확장성이므로 건너편 배후를 바라보고 경쟁점이 들어올 수 있다면 건널목은 취약점이 될 수도 있다. 특히 입지유형이 동선 시작형이며 교통시설 접근성이 가까울수록 배후민이나 불특정 통행인의 동선을 흡인율이 높기 때문에 개인 베이커리 전문점과 떡집 등의 창업이 많은 편이다.

3.2.3. 우물형 배후

특정 지역을 중심으로 배후민이나 불특정 통행인이 모이는 유형이다. 따라서 고정형 배후보다는 동적이다. 배후민이 여기저기서 흘러나와야 하므로 매출이 배후의 규모, 배후민의 성향(친화율), 독점성에 좌우된다. 추가로 우물형은 고정형 배후와 동선형 배후와 달리 배후가 넓어서 주배후(a,b,c,d)가 여러 곳일 수 있다. 따라서 대표 주배후를 중심으로 접근성이 좋아야 한다. 배후가 도로변에서 가까울수록 교통시설 접근성에 민감하다. 유입률이 높아지니까 점포 매출과 직결된다. 그러나 도로변에서 비교적 멀리 떨어진 배후일 경우 어떨까? 고정형 배후와 마찬가지로 교통시설이 있는 쪽으로 출퇴근을 하므로 적잖은 영향을 준다. 여기까지는 고정형 배후와 비슷하다. 만약 점포가 도로변과 비교적 가까운데 있지만 교통시설이 도로변을 따라 양쪽으로 떨어져 있을 경우 어떨까? 이 경우는 양쪽 교통시설 이용자를 점포가 있는 쪽으로 유입시킬 수 있다. 이것은 교통시설이 양쪽으로 떨어져 접근성이 좋지 않아도 우물형 배후로 형성되어 있기 때문에 가능한 것이다. 이런 배후는 비교적 배후가 넓지만 유동형이 아니므로 배후민의 이동에 눈에 잘 띄지 않는다. 따라서 통행량에 의존한 창업은 바람직하지 않다.

<그림 10-31> 우물형 배후의 교통시설 접근성

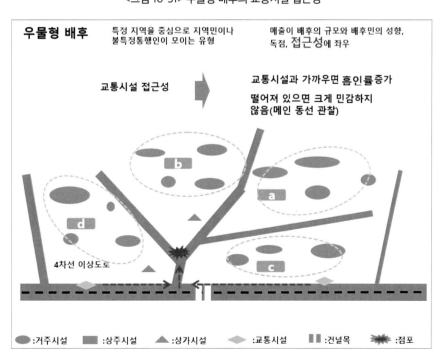

3.2.4. 고정 우물형 배후

고정형 배후와 마찬가지로 한정된 배후에 갇혀있는 유형이다. 그러나 고정형 배후보다는 넓은 편이고 더 동적이다. 배후가 좁고 동적이기 때문에 배후민의 성향이 해당 업종에 친화적이고 접근성이 좋아야 내방률(來訪律)이 높다. 거주형은 내방률이 낮기 때문에 주로 도심의 상주형에 많이 있는 편이다.

추가로 낮은 상권이 매우 활발한 편이지만 배후가 좁은 편이므로 매장 여건이 우위에 있어야 경쟁력이 있다. 가까우면 유입률이 증가하여 매출에 도움이 된다. 그러나 고정 우물형 배후에 있는 점포(b)가 도심의 상주형(오피스 상권)인 경우 소비시설이 발달하여 경쟁점(c)이 진입하면 타격이 크다. 도로변과 멀리 떨어진 점포(a)는 크게 민감하지 않을 수 있다.

<그림 10-32> 고정 우물형 배후의 교통시설 접근성

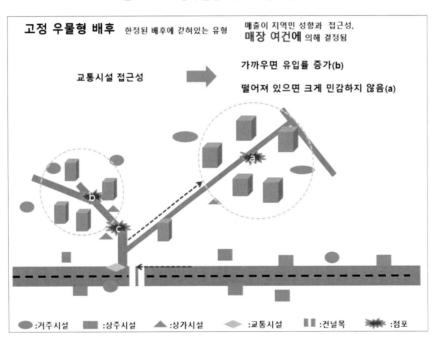

3.2.5. 순수 유동형 배후

유동형은 1분당 15명은 넘게 다니는 지역이다. 대부분 도로변에 접해있으며 주요 매출이 통행량에 의해 일어난다.

<그림 10-33> 순수 유동형 배후의 교통시설 접근성

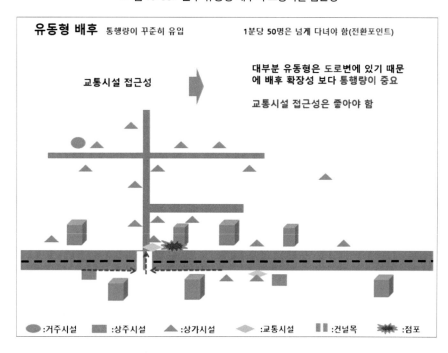

그러나 배후민을 확보하고 있기 때문에 고정 고객을 타깃으로 하는 베이커리, 야채가게, 만두 전문점 등 업종이 유리하지만 가치 상권이 융복합 상권이라면 도로변 일부는 대형 커피 전문점으로 만남의 장소로 발달하기도 한다.

3.2.6. 우물 유동형 배후

통행량이 꾸준히 유입되어 매출이 일어난다. 우물 유동형에서의 소비는 두 가지로 일어난다.

첫째, 단순 통행량의 유입으로 매출이 발생한다. 이런 곳은 전환 포인트connected

point가 좋아 통방률(通房律)이 높아야 하므로 만남의 장소 같은 역할을 할 수 있는 곳이기도 하다. 따라서 테이크아웃 전문점이 발달한다. 둘째, 상권이 고여 있는 곳이므로 2차 소비가 일어나는 곳이기도 하므로 주점 등 스테이 타임이 긴 업종의 진입이 많은 편이다.

<그림 10-34> 우물 유동형 배후의 교통시설 접근성

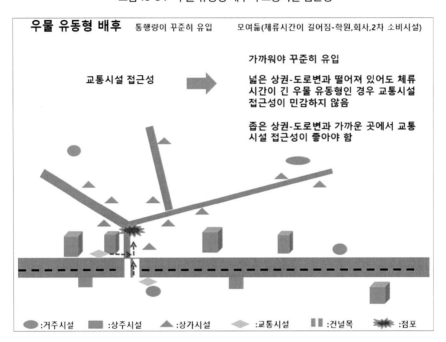

3.2.7. 배후 입지형 배후

배후가 넓고 입지의 4요소에 충족한 곳이다. 그러므로 배후민이나 불특정 통행인의 흡인율, 배후 소화율, 경쟁점이 진입했을 경우 회복률, 비교적 임차료가 높은 곳이기 때문에 매출 포트폴리오가 잘 갖춰져 있어야 한다. 그러나 입지형이지만 배후가 중요하고 넓기 때문에 교통시설 접근성보다는 건널목 접근성이 훨씬 중요하다. 건널목은 배후민을 한 곳으로 흡인할 수 있지만 교통시설은 그저 사람을 태워 나르는 역할만하기 때문이다. 따라서 특별히 빼어난 위치의 점포는 편의점처럼 배후분석에 민감한 업종의 진입도 좋지만 대체로 상권이 넓은 업종의 진입이 유리하다.

<그림 10-35> 배후 입지형 배후의 교통시설 접근성

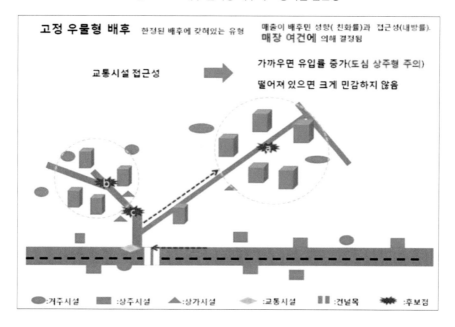

3.2.8. 유동 입지형 배후

입지형은 기본적으로 배후가 갖춰져 있다. 그러나 배후 입지형보다는 배후가 좁고 통행량은 더 많은 지역이므로 도심이나 부도심에 있다. 배후 입지형과 마찬가지로 불특정 통행인의 흡인율, 배후 소화율, 경쟁점이 진입했을 경우 회복률이 높아야한다.

<그림 10-36> 유동 입지형 배후의 교통시설 접근성

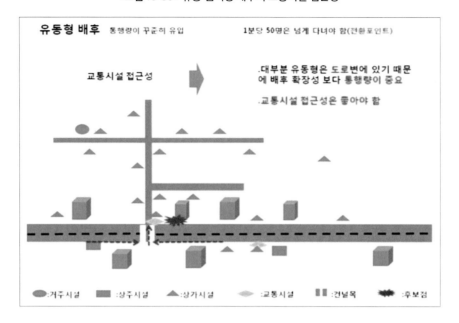

<그림 10-36> 유동 입지형 배후의 교통시설 접근성

배후 입지형보다 통행량이 더 많은 곳이므로 임차료가 높은 편이다. 따라서 단순히 배후를 상대하는 창업보다는 상권 제압력을 높일 수 있는 규모의 창업이나 상권 범위를 넓게 보는 창업이 유리하다. 이런 곳은 경쟁 입지에 취약하므로 편의점이나 커피 전문점 창업은 각각의 점포 위치가 어떤 입지유형이 적합한지는 잘 판단해야 합니다. 가령 1차 소비를 유도할 수 있는 곳ⓐ이 유리한지 전환 포인트가 강한 곳ⓑ이 유리한지는 임차료 등 전반적인 요소와 매출 포트폴리오 측면에서 냉정하게 판단해야 한다. 실전에서는 입지가 좋은 곳과 통행량이 더 많은 곳 중에서 선택을 해야할 일이 생기므로 매우 세심하게 관찰할 필요가 있다.

3.3. 주배후 접근성

주배후 접근성에서 주배후는 1차 배후 안에서 가장 매출이 높게 나오는 배후를 말한다. 그러나 배후 유형에 따라 배후 밀착률이 다르고 동선의 흐름이 다르므로 각각의 성격에 맞게 파악해야 한다.

3.3.1. 고정형 배후

배후가 고정되어 있습니다. 매출이 배후의 규모와 배후민의 성향(친화율)에 의해 좌
우된다. 배후가 좁은 편이므로 가장 안정적인 배후를 확보할 수 있는 곳에 있어야 한
다. 그러므로 경쟁 점보다 배후 밀착률이 높고 매장 여건이 우세해야 경쟁력이 있다.

<그림 10-37> 고정형 배후의 주배후 접근성

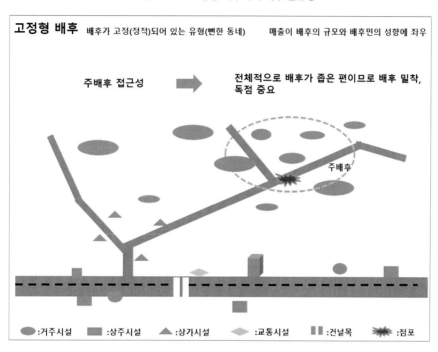

3.3.2. 동선형 배후

구심점을 시작으로 배후민이 이동한다. 따라서 배후가 넓을수록 좋기 때문에 매
출이 배후의 규모와 배후민의 성향(친화율)에 좌우된다.

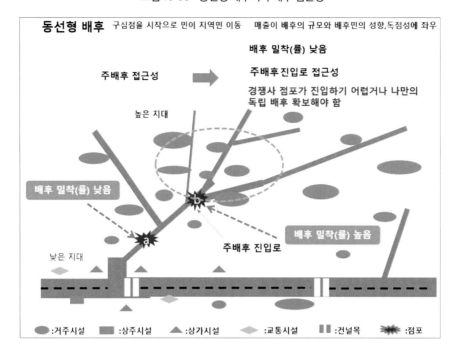

<그림 10-38> 동선형 배후의 주배후 접근성

고정형 배후와 다른 점이라면 배후의 초입(ⓐ)에 점포가 있는 경우이므로 배후의 안쪽에 경쟁점(ⓑ)이 진입하게 될 경우 매출 하락 폭이 클 수 있다. 따라서 배후 독점성이 어느 정도 될지 잘 파악해야 한다. 이렇게 동선형 배후는 점포가 배후의 초입에 있기 때문에 주배후 접근성은 떨어진다. 그러므로 주배후 진입로 접근성이 좋고 배후에 경쟁점이 진입할 수 없어야 경쟁력이 있다.

3.3.3. 우물형 배후

특정 지역을 중심으로 배후민이나 불특정 통행인이 모이는 유형이다. 따라서 고정형 배후보다는 동적인 편이다. 배후민이 여기저기서 흘러나와야 하므로 매출이 배후의 규모, 배후민의 성향(친화율), 독점성에 좌우된다.

<그림 10-39> 우물형 배후의 주배후 접근성

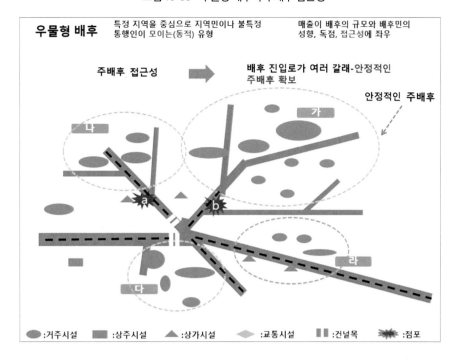

b점포가 있는 우물형 배후는 고정형 배후와 동선형 배후와 달리 배후가 넓어서 주배후(가, 나, 다, 라)가 여러 곳일 수 있다. 지나치게 배후를 넓게 보고 점포를 창업할 경우 경쟁점이 a점포위치에 진입할 경우 매출 하락이 클 수 있기 때문이 대표 주배후인 가를 중심으로 접근성이 좋은 a점포 위치에 진입하는 것이 유리하다.

3.3.4. 고정 우물형 배후

고정형 배후와 마찬가지로 한정된 배후에 갇혀 있는 유형이다. 그러나 고정형 배후보다는 넓은 편이고 더 동적이다. 배후가 좁고 동적이기 때문에 배후민의 성향이 해당 업종에 친화적이고 접근성이 좋아야 내방률(來訪律)이 높다. 거주형은 내방률이 낮기 때문에 주로 도심의 상주형에 많이 있는 편이다. 따라서 배후가 좁은 편이기 때문에 경쟁점 진입에 대비하여 주배후 접근성보다는 안정적인 근접 1차 배후를 확보하는 것이 더 중요하다.

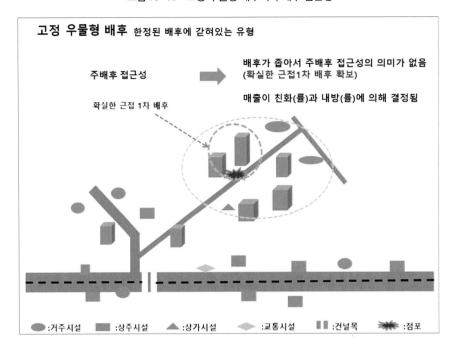

3.3.5. 순수 유동형 배후

유동형은 1분당 약30명 이상은 다니는 지역이다. 대부분 도로변에 접해있으며 주요 매출이 통행량에 의해 일어난다. 따라서 통행량에 의존하므로 주배후 접근성에 덜 민감하다. 그렇지만 경쟁이 치열하고 임차료가 높은 곳은 수익이 나는지 꼼꼼히 살펴봐야 할 것이다.

3.3.6. 우물 유동형 배후

통행량이 꾸준히 유입되어 매출이 일어난다. 우물 유동형에서의 소비는 두 가지로 일어난다.

첫째, 단순 통행량의 유입으로 매출이 발생한다. 이런 곳은 전환 포인트가 좋아 통방률이 높아야 한다. 만남의 장소 같은 역할을 할 수 있는 곳이기도 하다. 둘째, 장기 소비자에 의해 매출이 발생한다. 이런 곳은 2차 소비가 일어나는 곳으로 비교적 체류시간이 길수록 소비할 확률은 높다. 가령 술을 마시다가 잠깐 쉬러 나온다. 일반

음식점보다 클럽 같은 유흥시설에서 가장 높은 매출이 일어난다. 우물형 배후는 대부분 배후 성격이 소비형이다. 완전 소비형은 소비시설에 의한 매출이 90% 이상 일어나는 곳이고 불완전 소비형은 소비시설에 의한 매출이 30~60% 정도이고 나머지 매출이 거주시설이나 상주 시설이 있는 사이드 배후에서 일어난다. 그러므로 완전 소비형에서는 주배후 접근성이 덜 민감하고 배후가 있는 불완전 소비형에서 민감하다. 불완전 소비형에서 창업하려고 한다면 사이드 배후(거주시설이나 상주시설)와 가까운 곳과 떨어진 곳이 있을 것이다. 사이드 배후(거주시설이나 상주시설)와 가까우며 소비시설의 중심지라면 금상첨화일 것이다. 그러나 대부분은 둘 중 하나만 선택해야 하는 모양을 하고 있다. 이럴 땐 사이드 배후에 의한 매출과 소비시설에 의한 매출의 비중을 정확히 파악하여 임차료, 경쟁 입지를 고려하여 점포를 열어야 한다. 그렇지 않고 무조건 사람들이 많은 곳이 오픈하는 것은 지양해야 한다. 임차료도 더 비쌀 텐데 소비성향이 좋지 않다면 매우 고전할 수 있기 때문이다.

3.3.7. 배후 입지형 배후

배후가 넓고 입지의 4요소에 충족한 곳이다. 그러므로 배후민이나 불특정 통행인의 흡입률, 배후 소화율, 경쟁점이 진입했을 경우 회복률(回復律), 비교적 임차료가 높은 곳이기 때문에 매출 포트폴리오가 잘 갖춰져 있어야 한다.

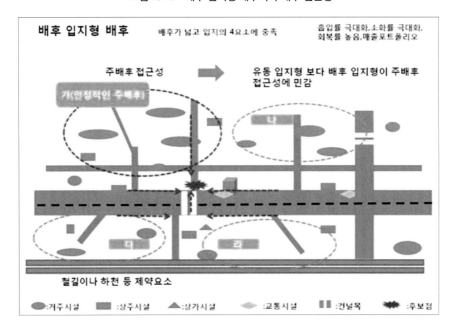

<그림 10-41> 배후 입지형 배후의 주배후 접근성

배후를 기본으로 한 유형이므로 주배후 접근성은 무조건 좋아야 한다. 입지형의 특성상 대부분 도로변에 있기 때문에 주배후가 너무 떨어져 있으면 경쟁점 진입에 취약하므로 안정적인 주배후를 확보해야 한다. 상권 발전이 기대되는 지역일수록 더욱 주배후 접근성은 고려해야 한다.

3.3.8. 유동 입지형 배후

입지형은 기본적으로 배후가 갖춰져 있다. 그러나 배후 입지형보다는 배후가 좁고 통행량은 더 많은 지역이므로 도심이나 부도심에 있다. 배후 입지형과 마찬가지로 불특정 통행인의 흡인율(吸引律), 배후 소화율(消化律), 경쟁점이 진입했을 경우 회복률(回復律)이 높아야 한다.

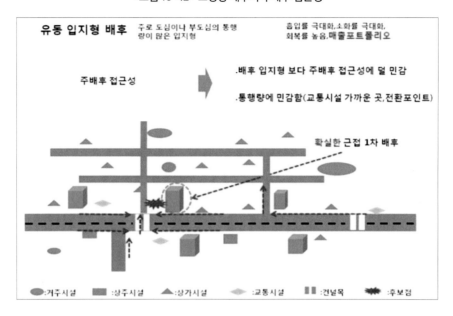

통행량이 중요하므로 주배후 접근성은 덜 민감하다. 그러나 배후 입지형보다는 임차료가 더 높은 편이므로 넓은 개념의 주배후보다는 조금 좁더라도 확실한 근접 1차 배후를 확보하고 있어야 한다. 이런 지역은 배후가 넓고 통행량도 많은 편이므로 경쟁점 진입에 취약하기 때문에 확실한 근접 1차 배후를 확보해야 경쟁력이 있기 때문이다.

3.4. 경쟁적 입지 접근성

경쟁적 입지 접근성은 후보점의 점포 오픈으로 현재 경쟁점의 입지에 따른 배후민이나 불특정 통행인의 흐름을 파악하여 후보점의 예상 매출에 미치는 정도를 파악하는 것이다. 다시 말해서 내가 어떤 지역에 점포를 오픈 한다면 경쟁점을 파악하게 될 것이다. 그러나 그 경쟁점은 동일 업종일 수도 있고 업태만 유사할 수도 있다.

동일 업종인 경우 경쟁점의 매출에 많은 영향을 미칠 것이며 유사 업태인 경우는 일부 영향을 미칠 것이다. 이렇게 내가 점포를 오픈함으로써 경쟁점의 매출에 어느 정도 영향을 미치는지를 파악하는 것으로 흡수율을 파악하는 것이다. 나를 알고 상대를 알아야 점포 여건을 최유효 이용하여 경쟁력을 높일 수 있는 는 방향으로 매장을 꾸미며 전략을 세울 수 있는 것으로 매우 중요한 요소이다. 경쟁입지 접근성은 별개로 있는 것이 아니라 앞서 기술한 건널목 접근성, 교통시설 접근성, 주배후 접근성을 토대로 종합적으로 고려하여 판단해야 하는 것이다. 특히 경쟁적 입지 접근성적 요소는 '입지요인이 성과에 미치는 요인에 관한 연구(2010년 이임동, 2012년 최유나, 2014년 황규성)'에서뿐 아니라 '점포의 입지유형이 5년 생존에 미치는 영향에 관한 연구(2018년 권용석)'에서도 가장 유의한 영향을 미치는 것으로 나왔다.

3.5. 전환 포인트connected point

인터넷 마케팅에서 말하는 전환율은 판매 사이트에 유입되는 것을 말한다. 점포에서 전환이란 점포에 방문하는 것을 말한다. 그리고 포인트란 점포로 전환을 극대화시키는 지점을 말한다. 따라서 '통행인의 점포 방문을 극대화시킬 수 있는 지점'을 말한다.

점포 창업의 경우 통행인의 이동속도가 빨라 점포를 스쳐 지나가게 되면 충동구매나 구매 욕구를 자극할 수 없다. 그러므로 통행인의 이동속도가 빨라도 잠시 시야가 고정되거나 시선이 가장 오래 머물 수 있는 곳에서 잠시 멈출 수 있게 해야 한다. 이런 이유로 전환 포인트는 배후분석에 민감한 업종에서 중요하게 점검할 사항이다. 크게 세 가지로 볼 수 있다.

첫째, 건널목에서 가장 큰 효과가 있다. 이동 중에 잠시 멈출 수 있는 곳이다. 건널목은 신호가 있어서 빨리 이동하고자 하는 사람들도 신호에 걸려 대기하는 동안 주변의 시선이 고정되어 구매욕구가 상승한다. 이들이 목적구매 심리가 있는 고객인 경우 구매 욕구가 더 높다. 그러므로 소비형 입지에서는 1차 구매를 유도할 수 있는 것이 매우 중요하다. 〈사진 1—2〉는 소비형의 초입에서 건널목을 마주 보고 있고 코너형 이어서 완벽한 전환포인트를 갖추고 있다. 통행량이 많은 소비형에서 이런 입지는 만남의 장소로도 되어 있어 다른 사람들이 구매하는 모습을 보며 동반 구매하는 효과가 가장 높게 나타난다. 둘째, 전환포인트가 되기 위해서는 우선 시야가 확 눈에 들어와야 한다. 간판이나 기타 시설물 예를 들면 파라솔을 잘 정리해서 설치하면 지나가다가 충동구매를 유도하기 쉽다. 주의해야 할 것은 회사원이 많은 상주형은 출근할 때는 서둘러 이동하므로 건널목에서 너무 깊숙이 들어간 경우 흡인율이 낮아져서 구매하고자 하는 욕구를 감쇠시키는 경향이 강하다. 또한 소비형은 불특정 방문인이나 통행인이 많다 보니 시야에 들어오는 곳으로 방문하는 경향이 강하므로 가까운 곳에 있어도 눈에 잘 들어오지 않으면 경쟁력이 매우 떨어진다. 다른 말로 하면 "매장이 못생겨도 얼굴은 보여야 한다."라고 표현할 수 있다.

<사진 10-3> 전환 포인트

사진 자료: 카카오 로드뷰

〈사진 10-3〉에서 보듯이 점포가 건널목과 마주 보고 있고 교통시설 접근성도 좋지만 건물 안쪽에 있다. 바깥의 간판만 나와 있다. 상주민이야 알아서 찾아오겠지만 소비시설 방문인이나 불특정 통행인은 스쳐 지나가는 경향이 많다. 전면에서 만남의 장소로도 활용되고 있지만 동반구매 효과도 매우 약해진다. 그러므로 건널목 접

근성과 교통시설 접근성이 아무리 좋아도 얼굴은 보여야 한다. 보통 매장 면적이 좁아도 일단 방문하게 하는 것이 중요하다. 셋째, 전환포인트connected point는 주배후나 메인 동선의 코너형이다. 가장 많이 이동하는 길목의 코너는 항상 사람들이 북적이기 마련이다. 이런 곳은 배후의 성격이 소비형이기 때문에 소비에 적극적이다. 다른 사람들의 활동성에 의해 동반 구매하고자 하는 심리가 강하게 작용한다. 처음부터 소비하려는 목적으로 다니지 않더라도 다른 사람들이 구매하는 모습을 보고 덩달아서 빠져든다. 그러나 이들은 소비율이 낮은 편이므로 건널목이나 교통시설 접근성이 좋아 끊임없이 왕래해야 수익이 난다. 임차료가 매우 높기 때문이다. 주의할 것은 다음 그림에서 보듯이 5미터 이하 일반도로의 배후로 향하는 방향으로 커브 길목 중에 각형 모퉁이형 입지가 아닌 면형 코너형 입지에 형성된 점포는 전환포인트로서 기능을 발휘하지 못한다.

Section **경쟁입지 (competitive location)** **4**

1. 경쟁입지competitive location 개요

경제학에서 전략적 상황의 의사결정Put yourself in other shoes and try to make my decision.이라는 말이 있다. 즉 상대방 입장에 서서 상대방은 이 상황에서 어떻게 할 것인지 고려하고 결정하라는 말이다. 점포 선정 측면도 이 점을 기본적으로 염두에 두어야 한다. 앞서 설명한 '경쟁입지 접근성'은 입지의 4요소 중 하나로 현재 경쟁점의 위치를 토대로 후보점의 입지적 경쟁력을 파악하는 것으로 접근성이 중심이다. 그러나 '경쟁입지'는 점포 선정 5대 요소 중에서 제4 요소로서 배후, 동선, 입지를 토대로 미래의 경쟁점이 생길 수 있는 곳을 예측하여 출점 여부 또는 미래 경쟁력을 준비하는 미래 중심적 접근성을 말한다. 본서의 배후분석법에서 경쟁 입지는 '넬슨nelson의 소매입지 선정 8원칙' 중 제4원칙인 중간저지성과 매우 흡사하지만 엄밀히 보면 중간저지성은 점포 개설자 입장에서 중간 저지성이 높은 자리를 찾는 것을 말한다. 따라서 '애플바움applebaum의 소매입지 결정 10원칙' 중 제10원칙인 미개척 시장에 대한 조사와 더 유사하다고 할 수 있다. 현실적으로 시장 환경 측면에서 보면 점포는 계속 확장되고 상품 중복성은 계속 높아지고 있어 창업 상권측면에서 보면 경영주의 운영력과 매장 여건이 우리 점포의 경쟁력을 높이고 상대 점포의 경쟁력을 낮추는 역할을 하게 된다. 따라서 점포의 개별성을 반영하여 위치를 선정하며 이에 대한 사전적 고민의 필요성은 현장에서 후보점의 매출 현황과 입지도(입지의 우위)에 따라 경쟁사 진입 타깃이 되기 때문이다. 현장에서 이 점을 충분히 고려한 점포와 그렇지 않은 점포의 생존력은 하늘과 땅 차이이다.

2. 경쟁입지의 중요성

창업 시장에서 조금만 매출이 잘 나오거나 현재 출점한 입지 대비 기대 이상의 매출이 나오는 경우 상권 내 경쟁점 진입 또는 주변을 눈여겨본 창업가의 타깃이 되는 것이 현실이다. 따라서 초기 출점 시 매출이 높은 것이 중요한 것이 아니라 그 매출이 유지될 수 있는 입지인지가 중요한 것이다. 이에 대해 권용석(2018)은 편의점 매출에 가장 큰 영향을 입지요인은 경쟁점수가 아니라 경쟁점포의 위치라고하였고 우물형과 부채꼴형의 입지에 위치한 경우 점포 생존율이 가장 높다고 하였다. 이임동(2019)의 연구에서도 여러 입지요인 중에서 편의점 매출에 가장 큰 영향을 미치는 것은 경쟁요인이라고 하였다. 예를 들어 창업가의 상품력과 서비스력은 얼마든지 대응할 수 있는 여지가 있지만 점포 위치 선정은 다시 바꾸기 어렵기 때문에 처음부터 적극적인 가설과 검증 절차를 거쳐서 위험요소를 줄이는 것이 중요하다. 특히 배후분석법(위치에 민감한 업종에 적용)에 민감한 업종인 편의점이나 중소 커피 전문점 등은 위치에 의한 매출 포지션이 매우 높기 때문에 더욱 그렇다. 첫째, 일정 규모 이상의 프랜차이즈는 가맹거래법에 적용을 받는다. 특히 상권 범위를 설정하는 것은 각기 다른 상권을 보호하는 취지나 동일 브랜드에 한정하고 있는 실정이다. 따라서 브랜드 편의점, 치킨 전문점, 커피 전문점, 베이커리 전문점 등은 다른 회사의 브랜드가 근처에 오픈하는 것은 법으로 규제를 하고 있지 않다. 편의점을 예로 들면 같은 씨유 편의점끼리는 일정 상권 내에는 오픈을 할 수 없지만 GS25나 세븐일레븐 등다른 브랜드가 바로 앞에 오픈을 하더라도 규제를 할 수 있는 법적인 근거가 전혀 없다. 둘째, 배후분석법 적용도가 높은 업종일수록 수요성 업종이다. 수요성 업종이란 소비자의 수요가 있는 곳은 수익성보다 경쟁성에 중점을 두고 경쟁적으로 진입하는 업종을 말한다. 대표적인 것이 위에서 언급한 편의점, 치킨 전문점, 커피 전문점, 베이커리 전문점, 드럭스토어, 주점 등이 있다. 편의점은 '수요성 업종(수요가 있는 곳에 무분별하게 몰리는 업종)'으로 어느 한 점포가 조금만 잘 되도 경쟁점은 적극적으로 진입하려 노력을 한다. 조금씩 나눠 먹는 형상이 될 수도 있지만 심한 경우는 신규점 창업으로 경쟁점이 문을 닫게 할 것을 예상하고 오픈하기도 한다. 〈사진 10-1〉에서 보듯이 A위치는 마트였다.

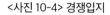

〈사진 10-4〉 경쟁입지

지도 자료: 카카오 맵

그러나 모 프랜차이즈 본사는 출점을 준비하였다. 분명 현 시점에서 비교적 높은 매출이 예상되었다. 문제는 그 다음이다. 본사 말대로 높은 매출이 나온다면 경쟁점이 상권에 진입할 여지는 충분했다. 즉 경쟁입지에 대응할 수 있는 방안을 준비하고 출점하는 것이 중요했다. 예상대로 오픈 후 좋은 매출이 나왔지만 오픈 1년 만에 제1경쟁입지에 경쟁사가 출점하였고 또 1년 이후엔 제2경쟁입지에 또 다른 경쟁사가 출점하였다. 사진에서 보듯이 경쟁사는 A업체의 빗금 친 1차 배후뿐 아니라 2차 배후에서도 높은 매출 흡수율을 보였다. 만약 최초 출점할 때 이 점을 깊이 있게 염두에 두고 매출을 파악하였다면 매장여건의 경쟁력을 높이고 적절한 보조점포를 출점하여 상권을 지킬 수 있었을 것이다. 이것이 중요한 이유는 대부분의 양질의 점포는 늘 경쟁점의 진입에 노출되어 있으며 그런 점포를 운영하시는 분은 추가로 점포를 하는 경우가 많은데 처음부터 보조점포를 염두에 둔다면 훨씬 효율적인 점포 운영이 가능했을 것이다. 치킨 전문점은 '수요성 업종'이지만 배달 중심이므로 business market area 측면의 성격이 강하다. 브랜드별 맛의 차별화를 통해 특별한 가치를 제공하고 그것이 가장 잘 부합하는 상권에 출점하는 것이 중요하다. 커피 전문점은 수요성 업종으로 편의점과 매우 유사하다. 특히 중소 커피 전문점이나 비프랜차이즈 전문점이 틈새 상권에 창업하는 경우가 대부분이다. 이런 '틈새 상권'은 독점성, 독창성, 소화율적 입지 등 동종 틈새를 고려하여 오픈하는 상권이기 때문에 대부분 배후가 한정된 고정 배후형에 많다. 소규모로 창업하여 조금만 잘되면 금세 경쟁점이 더 넓고 더 좋은 자리에 진입하여 오픈하는 경우가 참 많다. 보통 이 경우 두 점포 모두 고전하다가 결국 어느 한 점포가 문을 닫게 되는 상황에 직면하게 된다. 결과적으로 이 작은 점포 상권은 커피 수요율이 있다는 것을 경쟁업체에 홍보해 준 꼴이 된다. 베이커리 전문점은 수요성 업종이지만 위의 점포보다는 투자비가 높고 베이커리 브랜드가 많지 않아 상대적인 경쟁 정도가 약하다. 그 말은 안정적이라고 말할 수는 없고 그만큼 상권이 넓어야 경쟁력이 있다는 말이다. 간간이 A 브랜드 빵집이 잘되는 곳은 B 브랜드가 코앞에 오픈하기도 한다. 드럭스토어는 투자비가 높기 때문에 상권이 넓은 편이다. 드럭스토어의 주상품은 편의점 상품, 화장품, 의약 외품 등 다양한 상품을 공급하므로 이에 해당하는 업종이 몰리는 곳은 드럭스토어와 상권이 겹치므로 피할 수 없는 경쟁을 하게 된다. 주점이나 화장품 전문점은 '수요성 업종' 성격이 있으면서 '집재성 업종'이기도 하다. 수요성 업종이므로 틈새 상권에서 기대 이상의 매출이 나오면 금세 경쟁사가 진출하려고 한다. 집재성 업종이므로 홀로 영업을 하는 것보다 여러 업체와 상권에 어울려 영업하는 것이 서로에게 도움이 된다. 셋째, 프랜차이즈 산업의 가속화이다. 개발 업종은 단순히 맛집 멋집의 시대가 아니다. 완벽한 상품, 선진화된 사업 계획, 체계적인 마케팅이 따라주지 않으면 지속적으로 성장하기 어려워지고 있다. 그러다 보니 개발 업종은 점점 진입하여 설 공간이 부족해지므로 자연스럽게 프랜차이즈는 성장하게 된다. 특히 조금만 잘 되면 금세 분점을 내고 체인 사업화하고 있기 때문에 그에 따른 경쟁은 점점 높아지고 있다.넷째, 메이저 프랜차이즈 시장 선점이다. 이들이 시장을 선점하여 확실한 1위를 차지하기 위해 피할 수 없는 경쟁을 하게 된다. 따라서 상권이 겹치거나 좁아질 수밖에 없다. 실제 편의점 성과에 미치는 입지요인에 대한 다양한 연구 논문도 경쟁요소가 편의점 매출과 이익에 가장 큰 영향을 미치는 것으로 나타났다.

위의 네 가지를 토대로 보면 경쟁 입지는 현재는 수요성 업종에서 가장 민감하다고 할 수 있으나 앞으로는 거의 모든 업종에 민감하게 적용될 것이다. 매출에 영향을 미치는 요인은 아무리 작은 영향이라도 무시해서는 안 되기 때문이다. 특히 점포 선정 즉 '자리'가 제일 중요한 업종은 그 어떤 요소보다도 중요하다.

3. 경쟁점이 생기는 6가지 입지

많은 분들은 좋은 자리와 나쁜 자리를 양분하여 구분한다. 창업에서 자리 즉 입지는 효율적인 매출이 나오는 자리로 준최적입지suboptimal location가 중심이라고 할 수 있다. 좋은 자리는 그런 상황이 오래 유지될 수 있는 경쟁입지에 강한 자리인 것이다. 그렇다고 경쟁점 진입을 무조건 막을 수 있는 방법은 없다. 단지 입지적으로 점검하여 매장 경쟁력을 높이기 위한 것이므로 입지적으로 경쟁점이 어떤 상황에서 생기는지 이해하고 점포 선정하는 것이 중요하다.

매출이 높으면서 경쟁점이 들어올 수 없는 자리일까? 아쉽게도 이런 자리는 극히 일부이므로 아예 제외한다. 괜히 일반 창업자들이 허황된 꿈만 꿀 수 있는 자리는 생각도 하지 말라고 말한다. 그 이유는 그런 자리가 그 상태로 오래 유지되기는 더욱 어렵기 때문이다. 실제 권용석(2018)은 '점포의 입지유형이 5년 이상 생존에 미치는 영향'에 관한 연구에서도 오픈 당시 250미터 내 경쟁점은 평균 1.59개 점포가 있었으나 5년 이후 시점에서 비교해 보면 평균 3.63개 점포로 2배가 넘게 증가한 것을 확인할 수 있다. 그러나 개별적으로 점검해 보면 어떤 지역의 점포는 경쟁점이 한 개도 늘어나지 않은 지역도 있고 어떤 지역은 경쟁점이 최대 8개로 증가한 지역도 있었다. 여기서 눈여겨 봐야할 것은 경쟁점이 한 개가 생겨도 생존율이 낮은 점포도 있지만 경쟁점이 8개가 생기더라도 특정 입지유형에 있는 경우 높은 경쟁력으로 생존이 가능하다는 것을 보여주고 있다. 이것은 편의점 생존과 관계된 연구이지만 경쟁점 진입에 강한 입지의 중요성을 보여주는 연구이다.

창업측면에서 내가 어떤 자리에 창업을 하였다면 마찬가지로 또 다른 창업가는 어떤 자리에 창업할지 고민한다. 따라서 또 다른 창업가의 관점을 이해할 필요가 있다. 배후분석적 측면에서는 경쟁점이 생기는 사례는 크게 6가지로 구분할 수 있다. 특히 경쟁이 치열한 업종은 틈새 상권에 점포를 개설하는 것보다 아예 경쟁 상권에 진입하는 경우가 많다. 다음 6가지는 경쟁점이 진입하는 일반적인 사례를 입지적으로 구분한 것이다. 첫째, 고매출(높은 매출) 점포 주변이다. 이것은 모든 업종의 공통점이다. 어떤 업종이 잘 나오면 경쟁업체가 진입하려 하는 것은 당연하다. 전혀 다른 업종도 그 수요를 나눠먹을 생각으로 진입하기도 한다. 그러나 지금은 고매출 점포 주변은 많이 소진되었으며 수요성 업종의 경우 중매출이 나오는 지역도 매우 적극적으로 진입하는 경우가 있기 때문에 선(먼저 오픈한) 점포는 입지유형적으로 명확한 위치에 출점하는 것이 바람직하다.

<그림 10-43> 고매출 점포 주변

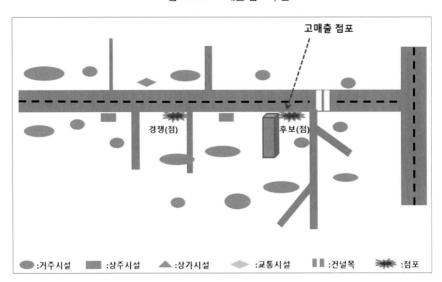

둘째, 소화율(消化律)이 낮은 지역이다. 이것은 배후분석법에 매우 밀접한데 어떤 점포(a)의 매출과 관계없이 a 점포가 충분히 소화(배후 내 매출 흡수)하지 못하는 배후가 넓다면 얼마든지 a점포가 충분히 배후 수요를 흡수하지 못하는 지역에서 b점포가 생길 수 있다. 이 경우 a점포는 매출이 잘 나오는 점포일 수도 있고 그렇지 않을 수도 있다. 매출이 잘 나올 것으로 예상되는 경우 경쟁사는 더욱 적극적으로 오픈하려 할 것이다. 주로 편의점, 커피 전문점, 야채가게 등의 출점에 많이 활용하고 있다.

<그림 10-44> 소화율 낮은 지역

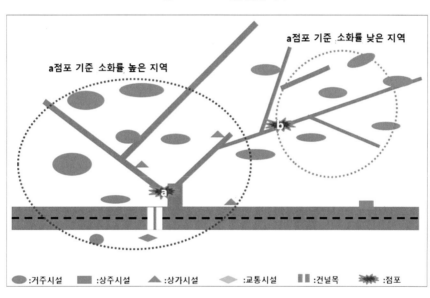

셋째, 후보점이 B급 입지에 있는 경우이다. 배후분석법에 민감한 업종은 특정 지역의 배후가 하나의 점포만 있어야 적당할 경우 2개 점포가 오픈하게 되는 경우도 있다. 이 경우 먼저 오픈 한 점포가 B급 이하 입지인 경우이다. 특히 B급 입지에서 일정 매출이 나올 경우 경쟁사는 더 적극적으로 A급 입지에 오픈하려 할 것이다. 따라서 선 점포는 선제적으로 입지적으로 우위에 있는 위치를 선점하여 이동하는 스크랩 앤 빌드 전략으로 출점하는 것도 적극 고려해야 한다.

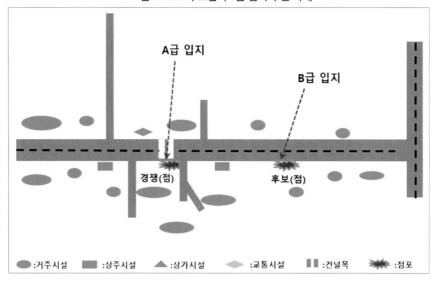

<그림 10-45> 후보점이 B급 입지 주변 사례

A급 입지

B급 입지

경쟁(점)

후보(점)

● :거주시설   ■ :상주시설   ▲ :상가시설   ◆ :교통시설   ▮▮ :건널목   ✳ :점포

　넷째, 방어 점포(b)가 제 역할을 하지 못하는 경우이다. 점포 입지전략 중에 방어 점포라는 개념이 있다. 즉 경쟁회사가 진입하지 못하게 하거나 위축시키는 점포를 말한다. 그런데 이런 방어 점포가 방어를 못하고 경쟁점으로 바뀌거나 경쟁회사가 무시하고 오픈하는 경우가 있다. 즉 경쟁회사가 방어점포 전 주인에게 높은 인수금을 지불한 경우도 있을 수 있고 방어 점포의 여건(운영자가 고령인 경우 등)이 점포를 운영할 상황이 아닌 경우 있을 수 있다. 또는 방어 점포가 너무 열악하여 무시하고 더 넓고 경쟁력을 갖춰서 주변에 오픈하는 경우가 있다. 아래 사진의 방어점포(b)는 작은 슈퍼였으나 방어점포로서 제 역할을 못하고 후보점(a) 오픈 후 약 1개월 만에 경쟁사 점포로 바뀐 사례이다. 이런 사례는 커피 전문점 창업이나 중형 마트 창업에서도 흔히 볼 수 있다. 이렇게 방어점포(b)가 있는 배후는 상대적으로 후보점(a) 기준으로 소화율이 낮기 때문에 경쟁점 진입이 적극적으로 일어날 수 있는 것이다.

<그림 10-46> 방어점포가 제 역할을 못하는 경우

다섯째, 공생 점포가 폐점하는 경우다. 이 말은 방어 점포와 비슷하지만 공생 점포 ⓑ는 방어 점포보다 입지적으로 열악하며 후보점과 경쟁 정도가 약한 점포를 말한다. 따라서 그런 공생 점포의 매출을 뺏어오려고 너무 열심히 운영하다가 공생점포가 문을 닫고 나가게 되면 경쟁점이나 더 강력한 점포가 생길 수 있다. 가령 공생 점포가 있는 지역에 후보점ⓐ을 오픈하여 공생 점포가 문을 닫아 ssm(기업형 슈퍼마켓)이나 경쟁사 점포ⓒ로 바뀌는 경우가 바뀌어 더 고전하는 경우가 있다. 상권은 함께 발전하는 것이므로 너무 경쟁점을 폐점시킬 목적으로 무리하게 운영할 경우 더 큰 화근이 생길 수 있다.

<그림 10-47> 공생 점포가 폐점하는 주변

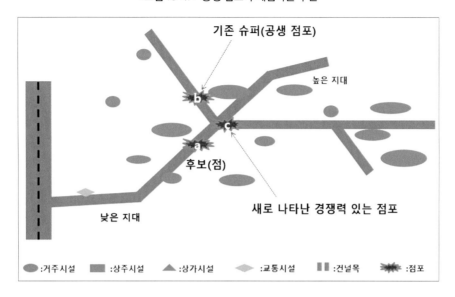

여섯째, 새로운 배후나 상권이 활성화되는 경우이다. 가령 후보점ⓐ만 있던 지역 주변의 막혔던 곳에 도로가 신설되는 경우㈎, 건널목이 생기는 경우㈏, 나대지 개발하는 경우㈐, 재개발/재건축되는 경우㈑는 경쟁점이 생길 수 있다. 또는 상권이 발달하지 않던 곳이 교통여건 개선 등으로 활성화되어 추가로 경쟁점이 생길 수 있다. 이렇게 경쟁사 점포가 진입하기 어려웠던 지역에 경쟁점이 진입하게 될 수 있다.

<그림 10-48> 새로운 상권이 활성화되는 주변

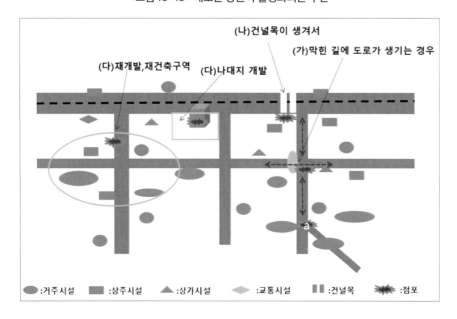

Section **매장여건** 5

매장여건은 점포 선정 5대 요소 중에서 제일 마지막 요소로서 점포의 내외부의 상태를 말한다. 매장여건은 정동규(2017)가 언급한 점포특성 중 물리적 환경에 의한 것으로, 본서에서는 더욱 구체적으로 면적, 매장 구조, 매장 인테리아와 아웃테리어, 코너형, 전면의 길이, 간판 길이와 돌출 여부, 점두 공간 활용성, 주정차 공간, 가시성, 인지성, 소품 등을 말한다. 사와우치 타케시(2004)는 점포는 판매촉진 및 판매경로 믹스의 중요한 요소로서 점포기능 중에서 매출을 증대시킬 수 있는 요인에 관한 것으로 위치적인 측면에서 소비자가 점포를 선택하는 과정에 미치는 요인에 관한 사항이다. 따라서 매장여건에 따라 외식업의 매장 콘셉트나 매장 연출은 고객 만족과 욕구를 충족시키기 위한 창업가의 가치제공 수단이 달라지기 때문에 구별한다. 그러나 최근 매장 여건은 단순히 점포 외적인 측면보다는 점포의 기능적 측면에서 효율적으로 극대화될 수 있는 매장 여건으로 확대되고 있다. 창업 초기 시장은 일부 규모의 경제 효과를 보기도 하였으나 창업 자체가 많지 않고 브랜드가 많지 않아서 매장 여건이 중요하지 않았다. 그러나 창업이 발달하면서 경쟁 관계도 치열하고 다양해져서 매장 여건은 점차 중요해졌으며, 상권과 창업 방향에 맞는 형태 즉, 맞춤형으로 바뀌었다. 지금은 창업 시장의 빠른 성장으로 전문화와 프랜차이즈화로 빠르게 시장이 양분되면서 브랜드 증가, 시스템 선진화, 경쟁, 임차료 상승, 인건비 상승 등으로 단순히 경쟁적 구도보다는 효율화에 치중하게 되었다. 경쟁이 치열해 지면서 고급화와 규모 확대는 매장 여건에 바로 반영되기 시작하였다.

얼마 전까지 편의점은 위치가 최고였다. 따라서 규모가 작더라도 위치가 좋으면 무조건 출점하였다. 편의점 5만개 시대를 넘어 1점포당 인구수는 1,000명대 미만으로 내려가서 위치에 민감한 업종이 최소한의 수요조차 무너지고 있는 실정이다. 이런 이유로 최근에 무리한 출점보다 점포의 경쟁력을 함께 고려하여 매장 여건이 뛰어난 점포를 개발하여 상권 제압력을 높이는 형태로 개발되고 있다. 즉, 고객 가치를 극대화하는 방향으로 발전하여 경쟁력을 높이고 있다. 매장은 단순히 제품 판매장소가 아니라 생활 플랫폼을 지향해 발전하고 있다.

이 전략은 스타벅스는 브랜드력과 상품력을 활용하여 도심에는 도미넌트 dorminent전략으로 신도시나 교외엔 스크랩 앤 빌드 전략을 주로 사용하였다. 그러나 최근엔 〈사진 8-7〉처럼 공장 지대와 주택을 배후로 하는 지역의 대로변에 단독 상권 제압 전략을 구사하여 고객 흡입력을 높이는 one way attraction 전략으로 출점하는 사례가 늘고 있다. 도시와 도시의 경계 도로에 진입하므로 일반적인 상권분석적 개념으로는 측정하기 어렵기 때문에 상권 경계를 뛰어넘는 형태의 매장 여건으로 점포를 개발을 하는 경우로 소비자 가치 제공을 최적으로 고려한 측면이 강하다.

위의 상권 제압 측면의 출점과 다르게 소규모 창업은 상권의 한계 규모에 맞는 매장여건이어야 한다. 일반 커피 전문점 창업은 진입 장벽이 매우 낮다. 그래서 상권 경계가 없어진지 오래다. 〈사진 10-5〉에서 보듯이 어떤 지역에 2평의 작은 규모로 틈새 상권에 커피 전문점ⓐ을 창업하여 수익이 잘 나오면 더 큰 매장 규모로 경쟁점 ⓑ이 생기는 사례가 있다. 커피 판매점은 수요성 업종이기 때문인데 이럴 경우 매장 여건이 현저히 작은 점포는 매우 힘든 상황에 처하게 된다. 그러나 오래 가지 않아 매장 여건이 좋은 매장은 금세 다른 업종으로 전환하게 된다. 이유는 매출 한계 측면에서 작은 커피 전문점 하나가 겨우 적합한 지역에 더 규모가 큰 커피 전문점이 진입하여 경쟁하게 되니 두 점포 모두 어려운 상황에 처하게 되기 때문이다. 이렇게 무조건 매장 여건이 중요한 것이 아니고 창업가는 현실인식과 업종 성격을 이해하고, 상권의 매출 한계를 잘 고려한 후 고려해야 의미가 있다.

<사진 10-5> 매장여건(사진 자료: 카카오 로드뷰)

Chapter 11.

입지유형(立地類型)

도시 입지유형
(立地類型)

· 가 치 창 업 ·

1. 입지유형(立地類型) 개요

모든 점포는 19가지 입지유형 안에 있다. 입지는 점포 선정의 제3요소이다. 창업 상권에서 입지는 단순히 자리가 아니라 어떤 지역에서 어떤 업종의 매출이 효율적으로 나오는 자리가 입지이며 그런 자리가 있는 지역 중에 매출이 극대화 될 수 있는 배후의 모양을 입지유형이라고 한다. 그러나 입지유형을 파악할 때는 먼저 파악해야 할 것이 있다. 그것은 앞서 설명한 배후 성격과 배후 유형이다.

첫째, 배후 성격을 파악한다. 배후민의 성격을 구분하는 것으로 가장 기본적인 정보이다. 둘째, 배후 유형을 파악한다. 배후유형은 어떤 지역에서 배후, 동선, 입지를 기준으로 매출이 일어나는 소비자의 동선 흐름을 파악하는 것이다. 구체적인 위치를 파악하기 전 과정이다. 셋째, 입지유형을 파악한다. 배후 유형을 고려하여 지형적 특성인 입지적인 유형을 토대로 최적의 위치를 파악한다. 위 세 가지는 특정 점포를 관찰할 때 가장 먼저 파악해야 하는 기본 점검사항이다. 입지유형을 아래와 같이 19 가지로 구분하였다.

막다른 배후형, 깊은 배후형, 동선 시작형, 중심지형, 도로변 중심지형, 주요 도로 변형, 장방형, 초입 산재 배후형, 중심지 산재 배후형, 우물형, 도로변 우물형, 고정 우물형, 독립 배후형, 방사형, 부채꼴형, 전면대로변형, 이면대로변형, 독립시설 전면 대로변형, 독립시설 이면대로변형이 있다.

2. 입지유형의 업종별 적용범위

업종마다 3대 중점요소(점포 선정, 사업계획, 영업)의 적용비중이 다르다. 어떤 업종은 사업계획의 비중이 높고 어떤 업종은 점포 선정(자리) 비중이 높고 어떤 업종은 영업(서비스, 마케팅 등)의 비중이 높다. 물론 이 세 가지를 완벽하게 갖출 수 있다면 금상첨화이다. 그러나 창업 관점에서는 그럴 수 없다. 가장 효율적이어야 하고 중점적으로 추진해야 할 부분이 있다. 입지유형은 배후분석법에서 점포 선정 요소에서 가장 중요한 부분이다. 배후분석법의 입지유형에 최적화된 업종은 일반 소매업인 편의점처럼 동일한 상품, 동일한 가격의 상품을 판매하는 업종이다. 조금씩 차이는 있지만 회사 브랜드에 따른 편차는 크지 않다. 그러므로 점포 선정 즉 자리가 중요하다.

편의점은 이 부분이 편의점 창업의 90%를 차지한다. 특히 10단위 수익민감도로 인해 10만 원 단위의 매출 흐름까지 파악해야 하므로 배후분석법을 정확히 하지 않으면 실패할 확률이 높아진다.

커피 전문점 창업은 어떨까? 커피라는 상품은 동질성이 높기도 하고 전혀 다르기도 하다. 그러나 기호식품에 가깝기 때문에 배후분석법에 민감하지만 매장 규모, 브랜드, 콘셉트, 매출이 테이크아웃 형태인지 숍 인 형태인지에 따라 차이가 크다. 테이크아웃take out 형태라면 통행이 중요하므로 거기에 맞는 배후성격, 배후유형, 입지유형에 적합해야 한다. 따라서 배후성격이 상주형이나 소비형에 적합하고 배후유형은 통행인에 의한 매출이 중요하므로 동선형 배후나 유동형 배후가 적합하고 입지유형은 동선 시작형이나 우물 유동형에 적합하다. 단지 미팅이 많은 지역이라면 숍 인shop in 형태가 유리하므로 우물형 입지가 나을 수 있다. 숍 인shop in 형태라면 배후성격이 거주형인지 소비형인지에 따라 타깃이 다르다. 배후 성격이 거주형이라면 배후 유형 중에 고정형 배후, 우물형 배후, 고정 우물형 배후에 적합하며 입지유형은 우물형이나 초입 산재 배후형에 적합하다.

배후성격이 소비형이라면 유동형에 많지만 순수 유동형인 경우 입지유형 중에 우물형에 적합하다. 우물 유동형인 경우 입지유형 중에 우물형에 적합하다. 이렇게 어떤 업종이건 점포 선정의 포지션만큼 적용하는 것이다.

3. 입지유형(立地類型)

3.1. 막다른 배후형

막다른 배후형은 말 그대로 배후 모양이 막다른 형태인 것을 말하며 보통은 차선이 없거나 일반 도로로 되어 있다. 이런 곳은 막다른 형태라도 그림에서 보듯이 배후 안쪽이 좁게 형성된 곳과 넓게 형성된 곳이 있다.

<그림 11-1> 막다른 배후형

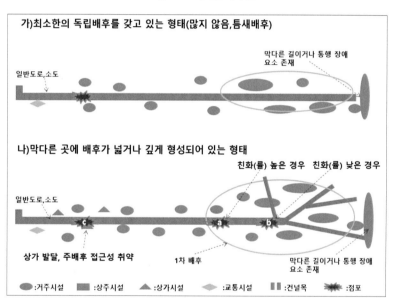

좁게 형성된 곳은 그 자체로는 안정된 매출을 기대하기 어렵다. 따라서 가 그림처럼 배후의 초입이 매출이 극대화될 수 있는 입지이다. 이런 곳은 배후 안쪽에 경쟁점이 진입할 수 없어야 의미가 있다. 그래서 상가 시설이 없거나 들어가지 못해야 하므로 일반적으로 거주형에 많이 있다. 이렇게 배후가 좁게 형성된 곳은 주로 배후분석법에 민감한 업종이나 틈새 업종이 창업하는 경우가 많다. 따라서 이런 입지유형은 대부분 고정형 배후나 고정 우물형 배후에 많기 때문에 한정된 배후에서 매출이 극대화되는 곳이 아니라면 살아남기 어렵다. 특히 매장여건이 경쟁력에 결정적으로

영향을 미치는 커피 전문점 창업은 매우 주의해야 한다. 넓게 형성된 곳은 그 자체로 어느 정도 매출을 기대할 수 있지만 지역 편차가 매우 심하기 때문에 배후 성격을 면밀히 파악해야 한다. 그렇지만 막다른 배후가 넓은 편이므로 배후의 초입보다는 주배후 접근성이 좋은 곳에서 동선에 따른 매출도 기대할 수 있는 곳이 극대화될 수 있다. 〈그림 11-1〉의 '나' 그림에서 보듯이 배후가 넓은 곳의 초입은 어느 정도 상가시설이 형성되어 있는 곳이 많기 때문에 무리하게 c포인트 같은 초입에 오픈 할 경우 정작 중요한 배후에 경쟁점이 진입하게 되는 경우 심각한 타격을 입게 된다. 따라서 안정된 배후를 확보하면서 경쟁 입지가 우위에 있는 곳이 가장 이상적이다. 이 경우 배후민이 친화율이 높으면 a포인트가 적합하고 친화율(구매율, 소비율, 내방률)이 낮으면 b포인트가 적합하다.

3.2. 깊은 배후형

도로 축을 따라 길고 깊게 형성되어 있는 입지유형이다.

<그림 11-2> 깊은 배후형

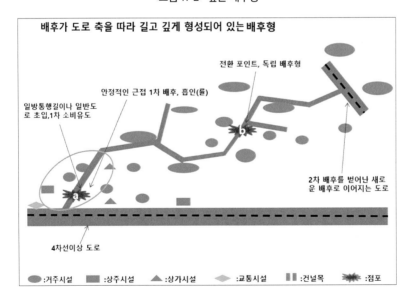

길다는 말은 교통시설이 있는 배후의 초입에서 끝까지 걸어다니기 어려울 정도를

말한다. 따라서 배후의 끝이 막혀 있지 않고 새로운 도로를 만나서 다른 배후와 연결된다. 배후가 워낙 길어서 마을버스로 이동하거나 차량으로 이동하는 사람들이 많다. 일반적으로 막다른 배후형보다 배후의 초입이 더욱 발달하여 이곳에서 배후민의 이동이 가장 많다. 배후 성격도 거주형이 많은 편이므로 생활밀착형 업종이나 프랜차이즈 업종이 발달한 편이다. 그래서 일반적으로 배후 초입이 매출이 가장 극대화될 수 있는 곳이다. 그러나 배후가 깊다 보니 경쟁점이 진입할 수 있는 여지가 많지만 깊은 배후형은 평지보다 경사진 형태의 지형이 많아서 경쟁점이 진입하기가 쉽지 않다. 〈그림 11-2〉에서 보듯이 b 포인트처럼 마을버스 정거장 근처의 전환 포인트라면 가능하다. 이런 곳은 일종의 독립 배후형의 성격이 강한 곳이므로 독점적인 배후가 많지 않다면 오픈하기가 쉽지는 않다.

3.3. 동선 시작형

동선 시작형은 말 그대로 동선이 시작되는 지점이 매출이 극대화되는 입지유형이다. 구체적으로 그 시작의 의미는 근원지를 말한다. 즉 통행의 근원지를 말하는 것이다. 창업 관점에서 보면 교통시설이나 건널목을 통해서 통행인이 몰리는 곳이나 주배후로 진입하는 시작점을 말한다. 이것은 교통시설이나 건널목에서 주배후로 진입하는 길이 단순한 곳과 주배후로 진입하는 길이 여러 곳인 경우로 구분할 수 있다.

<그림 11-3> 동선 시작형 A형

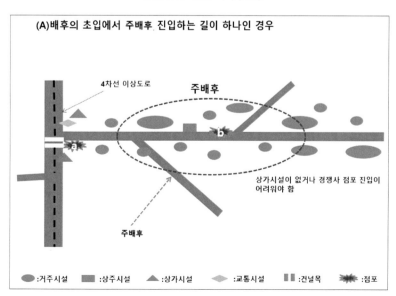

〈그림 11-3〉과 같이 주배후가 한 곳이다 보니 초입은 상가 시설이 더 발달할 수 있다. 그러나 배후 성격이 거주형이거나 거주시설의 비중이 높은 혼재형이면서 b포인트 같은 곳의 배후 안쪽에 경쟁점이 진입할 수 있다면 매우 고전할 수 있다. b포인트에 경쟁점이 생긴다면 타격은 더 클 수 있다. 동선 시작형은 특성상 교통시설 접근성이 좋은 점포가 더 경쟁력이 있다. 따라서 경쟁점이 흔하지 않은 개인 베이커리 전문점, 만두 전문점, 정육점 등 테이크아웃이 가능한 업종의 창업이 유리하다. 그러나 〈그림 10-52〉처럼 주배후 이동 방향이 다양하면서 주배후가 거주형이 경우는 배후 입지형으로 발달한 경우가 많다.

<그림 11-4> 동선 시작형 B형

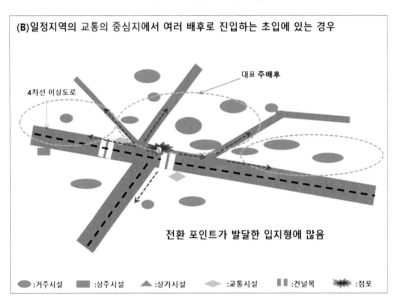

그러나 입지유형적으로 완벽한 장방형의 성격이 아니라면 입지적으로 경쟁점이 진입할 수 있는 곳이 많을 수 있다. 따라서 안정적인 매출을 기대하려면 a포인트처럼 대표 주배후는 확보할 수 있는 곳에 있어야 한다. 이처럼 동선 시작형의 입지는 거주형인 경우는 통행량과 안정적인 주배후를 확보할 수 있는 곳이므로 유행성 업종, 베이커리 전문점, 천냥 하우스, 간식거리 전문점처럼 퇴근 동선에 의한 매출이 높은 업종이 가장 적합하다. 1, 2년 전부터 시장통이 아니더라도 이런 배후 입지형

의 자리에 정육 마트가 출점하는 사례가 부쩍 늘었다. 고기는 마트에서 함께 소비를 하지 않고 바로 소비하는 경향이 높아졌고 이런 입지에 출점하는 점포는 대체로 박리다매형 판매를 하기 때문에 가능했다. 최근엔 경쟁점 진입이 늘어나서 이런 유형의 창업도 부쩍 줄어들었다. 그만큼 창업 흐름은 빠르게 변하고 있다.

3.4. 중심지형

중심지형은 특별한 것이 없이 일반 주거지 배후의 중심에 있는 유형이다. 따라서 입지유형적인 장점이 명확하지 않다. 그래서 이런 곳에서 성행하는 업종은 흔히 말하는 동네장사를 할 수 있는 업종에 한정된다. 슈퍼, 미용실, 부동산 중개업소, 배달형 업종과 배후분석법에 민감한 편의점등의 창업이 주류를 이룬다. 따라서 이런 곳에서 매출이 극대화될 수 있는 자리를 찾기보다는 주의해야 할 점을 짚는 것이 훨씬 중요하다.

<그림 11-5> 중심지형

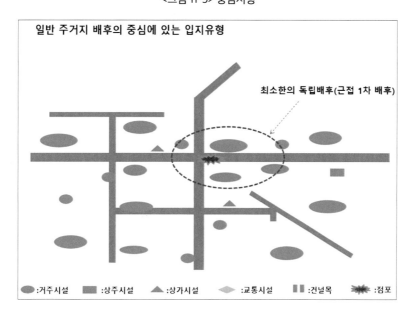

첫째, 대부분 배후형에 있기 때문에 배후에서 배후 밀착률이 높은 곳이어야 한다. 그러기 위해서는 여러 갈림길의 코너형에 있어야 한다. 둘째, 매장 여건이 좋아야 한다. 배후 내에 있기 때문에 지역 색이 심한 곳이 많다. 흔히 통행량이 적은 동네의 한가운데 이므로 다니는 사람들이 그 사람들이 그 사람이다. 따라서 기존에 영업하고 있는 업종과 동일한 업종이 생기면 자리 잡는 기간이 길 수도 있다. 그래서 매장 여건이 훨씬 우위에 있다면 호기심에 배후민이 방문할 수 있게 유도하여 지역색을 이기고 매출이 빨리 안정권에 진입할 수 있다. 셋째, 최소한의 독립 배후(안정적인 근접 1차 배후)는 확보해야 한다. 단순히 배후의 중심에 있는 유형이지만 동선의 전환포인트이거나 우물형은 아니기 때문이다. 상황에 따라서는 경쟁점이 진입할 수 있다. 가령 어떤 점포가 먼저 오픈을 했는데 기대 이상의 매출이 나올 경우나 먼저 오픈한 점포가 B급 입지임에도 불구하고도 불구하고 어느 정도 매출이 나올 때 경쟁사는 A급 입지에 진입하려 할 것이다. 운이 좋아서 경쟁사가 생기지 못할 수도 있지만 만에 하나 오픈을 하게 될 경우

기존에 먼저 오픈한 점포는 버틸 재간이 없다. 따라서 최소한의 독립 배후는 확보할 수 있어야 경쟁점 진입도 위축시킬 수 있고 최악의 경우는 면할 수 있다. 네 번째는 여러 가지 리스크가 있기 때문에 임차료가 적절해야 한다. 어떤 업종이건 고매출이 나오기 어려운 상권이므로 임차료 상승에 매우 민감한 유형이다.

3.5. 도로변 중심지형

도로변 중심지형은 중심지형의 넓은 개념이다. a위치의 점포는 사거리 코너형이며 입지형처럼 보이지만 배후 중심적이지도 입지 중심적이지도 않기 때문에 더 막연하다. 특히 도로변은 도로변 리스크라는 것이 있기 때문에 막연한 창업은 좋지 못한 결과를 초래할 수 있다. 첫째, 리스크는 도로변이므로 조금만 눈에 띄는 곳은 그 자체로 임차료가 높다. 장사가 되던 안 되던 도로변이고 사거리 코너인 경우는 더욱 그렇다. 둘째, 리스크는 배후분석에 민감한 업종은 경쟁에 취약하다. 〈그림 11-6〉에서 보듯이 도로변을 따라 경쟁점이 진입할 수 있는 곳이 많아서 안정적인 배후와 상

권을 확보할 수 없기 때문이다. 즉 편의점처럼 상품 동질성이 높은 업종은 불복(福不福)이므로 브랜드력이 높거나 희소력이 높은 업종이 유리하다. 특히 산재 배후형과 마찬가지로 도로변을 따라 산재된 지역은 더욱 그렇다. 그래서 사거리 코너라고 다 같은 코너가 아니므로 업종의 성격에 맞는 곳을 선택해야 하며 기본적으로 다음 사항을 중점 점검한다.

<그림 11-6> 도로변 중심지형

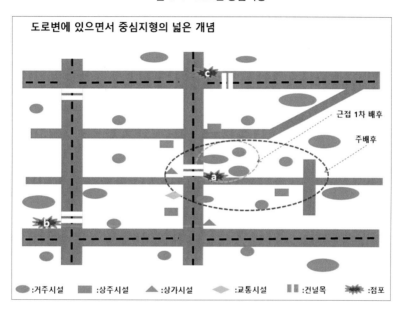

첫째, 입지의 4요소에 충족되어야 한다. 도로변에서 매출이 극대화되는 곳을 찾기 위해서는 입지의 4요소는 기본이다. 둘째, 안정적인 근접 1차 배후를 확보해야 한다. 도로변 입지의 리스크로 인해 애매한 중심지형이므로 b나 c포인트처럼 애매한 자리가 많다. 의도를 하건 그렇지 않건 경쟁점은 그런 자리에 진입할 수 있다. 그래서 배후를 넓게 볼 수 있는 자리도 중요하지만 안정적인 근접 1차 배후를 확보할 수 있는 것이 더욱 중요하다. 셋째, 매장 여건이 좋아야 한다. 도로변이므로 특별히 가시율이 높고 주, 정차할 수 있는 공간이 있어야 한다. 어찌 보면 어떤 업종이건 당연한 말일 수 있지만 실전에서 그리 간단하지 않다. 서울도 강남권과 강북권이 다르다. 강남권은 오밀조밀하게 틈이 있지만 강북권은 그런 틈이 많지 않다. 특히 도로변 중

심지형은 저밀도로 형성된 지방 중소도시에 많다. 위의 세 가지 요소가 충족되지 않는 곳은 늘 경쟁점 진입에 신경 쓰이기 때문에 쉽게 오픈 할 일이 아니다.

3.6. 주요 도로변형

보통 4차선 이하의 주 도로를 가운데로 양쪽으로 배후가 뻗어 나가는 형태이다. 주 도로 블록마다 배후 진입로가 많은 경우와 주 도로 블록마다 배후 진입로가 적은 경우로 구분할 수 있다. 즉 양쪽으로 배후가 뻗어 나갈 수 있는 도로가 곳에 있기 때문에 매출이 극대화될 수 있는 지역이 있기보다는 경쟁입지competitive location와 독점률적 요소를 잘 파악하면서 오픈해야 한다.

<그림 11-7> 주요 도로변형

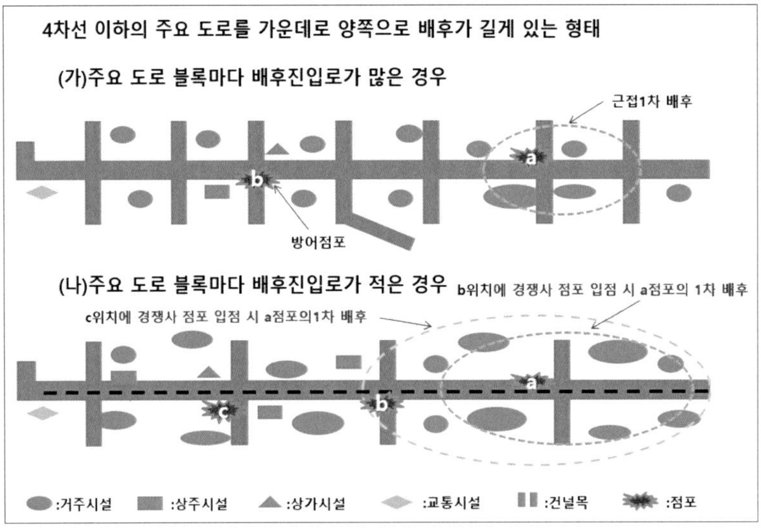

3.6.1. 주 도로 블록마다 배후 진입로가 많은 경우

곳곳에 경쟁점이 진입할 수 있는 자리가 많다는 말이다. 따라서 후보점과 가까운 경쟁입지인 b포인트엔 주배후 접근성이 낮거나 이 주변에 후보점의 방어 점포가 있어야 안정적인 운영이 가능하다. 주요 도로변을 따라 형성된 배후는 매출이 극대화되는 자리보다는 안정된 배후를 확보하는 것이 중요하므로 후보점 주변에 안정적인 근접 1차 배후를 확보해야 한다.

따라서 밀도율과 응집률이 높고 밀착률이 높아야 한다.

3.6.2. 주도로 블록마다 배후 진입로가 적은 경우

경쟁점이 진입할 수 있는 자리가 많지 않지만 일단 진입하게 되면 매출 하락은 전자 경우보다 더 클 수 있다. c위치에 경쟁점이 진입하는 경우보다 b위치에 경쟁점이 진입하게 되는 경우 a점포의 1차 배후는 줄어들게 된다. 따라서 경쟁점도 살고 후보점도 살기 위해서는 입지적이나 매장여건이 근접하여 출점할 수 없어야 두 점포가 공존할 수 있다. 또한 a점포의 경우 입지적으로 명확한 강점이 있는 것이 아니므로 안정적인 근접 1차 배후를 확보해야 한다.

이런 주요 도로 변형은 배후 성격에 따라 입지유형의 성격도 바뀔 수 있다. 가령 거주형인 경우는 대부분 배후형의 성격이 강하므로 후보점이 있는 위치는 막다른 배후형의 성격을 띠는 경우가 많다. 그러나 소비형인 경우 통행량에 의한 매출이 중요하므로 주요 도로의 초입이나 중간에서 최대한 많은 통행량을 확보할 수 있는 곳이 매출이 극대화될 수 있다.

3.7. 장방형

장방형은 말 그대로 배후가 길고 넓게 형성되어 있는 입지유형이다. 막연히 생각하면 배후가 넓은 지역이지만 이런 형태는 대부분 배후 유형이 입지형에 있다. 따라서 도로변의 통행이 가장 많이 몰리는 곳이 매출이 극대화될 수 있는 곳이다.

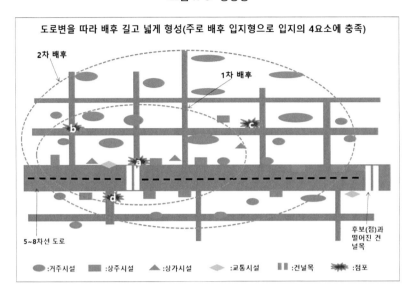

<그림 11-8> 장방형

이런 곳에서는 특별히 아래의 4가지를 점검해야 한다.

첫째, 입지의 4요소에 충족해야 한다. 그래야 배후민의 이동이 후보점이 있는 곳으로 몰리며 통방률을 높일 수 있다. 둘째, 후보점(a) 앞의 건널목과 다음 건널목이 멀리 떨어져 있거나 없어야 한다. 그래야 배후민의 이동이 후보점이 있는 곳으로 자연스럽게 몰리게 된다. 셋째, 안정적인 근접 1차 배후를 확보해야 한다. 이렇게 배후가 넓은 입지형은 배후 여건에 따라 b나 c 포인트처럼 배후의 중심에 경쟁점이 진입할 수 있기 때문이다. 넷째, 건너편 배후가 너무 넓으면 안 된다. 만약 넓으면 d 포인트에 경쟁점이 진입하려 할 것이다. 그럴 경우 건너편 배후는 완전히 빼앗기기 때문에 우리 편 뒤 배후의 매출과 동선에 의한 매출만 기대할 수 있다. 이럴 경우 후보점의 임차료가 높다면 타격이 크다.

이처럼 배후가 넓은 장방형은 대부분 배후 입지형에 있으므로 임차료가 특별히 높은 경우는 많지 않다. 배후에 의한 매출이 매우 중요하므로 배후민을 상대로 하는 업종은 특히 자리싸움에 민감하다.

그래서 이런 자리는 대부분 편의점, 부동산 중개업소, 휴대폰 대리점, 베이커리 전문점이 차지하고 있다. 따라서 통행량이 조금만 많은 지역은 유동 입지형인 경우가 많기 때문에 임차료나 권리금이 높다. 이런 경우 무조건 자리에 연연하기보다는 적절한 투자금과 임차료에 따른 매출을 정확히 예상해서 실속 있는 자리에서 창업해야 한다.

3.8. 초입 산재 배후형

바둑판처럼 정형화된 배후의 초입에서 매출이 극대화되는 유형(b)이다. 초입에 있지만 도로변에 있는 것은 아니고 도로변에서 조금 떨어진 곳(b)에 있으며 배후 뒤로 통행의 제약요인이 있다.

<그림 11-9> 초입 산재 배후형

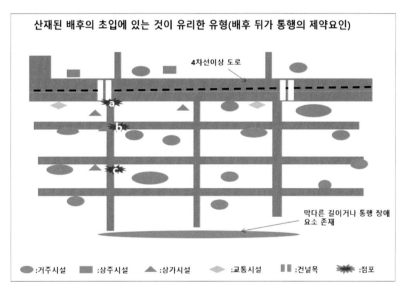

a점포는 동선 시작형이나 입지형, 전면대로변형 등일 경우가 많다. 따라서 초입 산재배후형인 b점포와는 전혀 다른 입지유형인 것이다. b점포의 경우 배후의 초입에 있다고 무조건 매출이 극대화될 수 있는 것이 아니다. 대체로 초입에서 매출은 동선형 배후의 성격이 강하고 뒤쪽 배후는 우물형 배후의 성격이 강하다. 따라서 초입에 있지만 통행량 즉 출근 동선이나 퇴근 동선에 의한 매출도 기대할 수 있어야 하

고 배후 안쪽은 접근성이 좋아서 배후민의 거주 동선, 회사원의 상주 동선, 식사 동선에 의한 매출도 기대할 수 있어야 한다. 만약 배후가 바둑판처럼 정형화되지 않았다면 부채꼴 형처럼 강력한 구심점 역할을 할 수 있어야 매출이 극대화될 수 있다. 일부 초입 산재 배후형 중에 교통시설 접근성이 좋은 곳은 동선 시작형의 성격도 있지만 동선 시작형은 도로변에서 매출이 극대화되는 곳이므로 매출 포트폴리오가 다르다. 초입 산재 배후형은 도로변과 조금 떨어진 곳으로 배후가 거주형으로 이루어진 곳은 고깃집, 호프집, 포장마차 등 1차 소비시설이나 미용실, 정육점 등 생활 밀착시설이 발달한 편이므로 이런 입지에서 편의점은 저녁이나 야간에 소비시설로 인한 매출은 보기보다 높지 않다. 오히려 주거시설의 거주 동선을 더 기대할 수 있기 때문에 너무 소비시설에 치중한 자리보다 주거시설의 접근성에 중점을 둔 곳이 더욱 유리할 수 있다. 반면 배후가 상주형이나 소비형인 경우는 노래방, 클럽, 주점, 커피숍 등 2차 소비시설이 발달한 편이므로 야간에 소비시설로 인한 매출이 기대된다. 그러나 너무 상권이 활성화되면 c위치에 경쟁점의 진입이 적극적일 수 있으므로 너무 발달한 것은 오히려 해롭다. 특히 임차료는 더욱 높을 수 있기 때문에 소비시설에 의한 매출과 거주시설이나 상주시설에서 적절한 매출 포트폴리오가 나올 수 있는 곳이 적합하다. 이런 곳은 배후 성격이 불완전 소비형(유흥형)인 경우가 대부분이므로 불완전 소비형의 이동목적 동선과 특징을 명확히 이해해야 한다.

3.9. 중심지 산재 배후형

초입 산재 배후형은 산재된 배후의 초입에서 매출이 극대화되는 것이고 중심지 산재 배후형은 배후의 중심에서 매출이 극대화되는 유형이다. 초입 산재 배후형은 배후 안쪽이 통행의 제약요인이 있지만 중심지 산재 배후형은 중심에 있는 이유가 양쪽 배후가 각기 다른 도로로 연결되어 있어서 배후민의 분산도가 더 높다.

<그림 11-10> 중심지 산재 배후형(배후 간 블록이 넓은 경우)

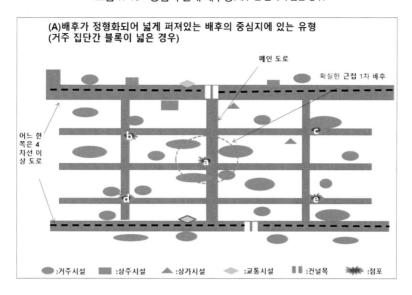

<그림 11-11> 중심지 산재 배후형(배후 간 블록이 좁은 경우)

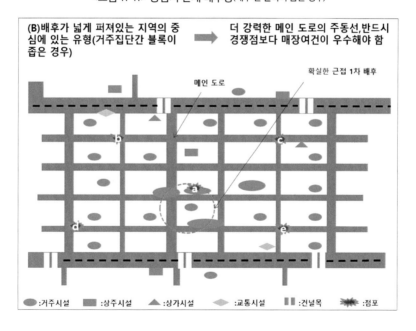

그래서 다음 네 가지는 특별히 점검을 해야 한다.

첫째, 배후민의 이동이 가장 많은 메인 도로에 있어야 한다. 어차피 배후가 겹치기 때문에 조금이라도 우위에 있어야 한다. 둘째, 배후 곳곳에 경쟁점이 생길 수 있기 때문에 확실한 근접 1차 배후는 확보해야 한다. 특히 배후 간 블록이 넓은 경우 더욱 주의 깊게 관찰해야 한다. 셋째, 최소한 주변 매장보다 매장 여건이 좋아야 한다. 이런 산재 배후형은 경쟁입지(b, c, d, e)에 취약하므로 경쟁점의 매출을 흡수하지 않고서는 더 나은 매출을 기대할 수 없다. 특히 배후분석에 민감한 업종인 편의점, 커피 전문점은 더욱 매장 여건을 고려해야 한다. 매장여건은 배후 간 블록이 좁은 경우보다 넓은 경우가 더욱 민감한 편이다.

넷째, 확실한 운영전략이 있어야 한다. 진입로가 다양하고 경쟁입지에 취약하므로 평범한 방식으로는 경쟁에서 우위에 있을 수 없기 때문이다. 운영적인 측면에서 지역민과 친밀도를 높일 수 있는 분이 적합하다.

위의 네 가지는 거주 집단간 블록이 짧은 곳은 더욱 철저히 점검해야 한다. 초입 산재 배후형과 달리 배후 성격이 소비형이 있는 경우는 거의 없고 거주형이나 혼재형에 있다. 따라서 배후의 중심에서 극대화될 수 있는 업종은 매우 제한적이다. 대부분 생활밀착 시설이나 배후분석법에 가장 적합한 편의점 또는 틈새 상권으로 진입 가능한 업종에 한정된다. 그래서 베이커리 전문점은 배후분석법에 민감하지만 편의점보다 상권이 넓은 업종이므로 초입 산재 배후형에 창업하는 것은 가능해도 중심지 산재 배후형에는 좀처럼 찾아보기 어렵다. 예외적으로 베이커리를 사이드 메뉴로 판매하는 업종이라면 모를까…

3.10. 우물형

특정지역을 중심으로 여러 주배후(가, 나, 다, 라)에서 배후민이나 불특정 통행인이 모이면서 매출이 극대화되는 유형이다.

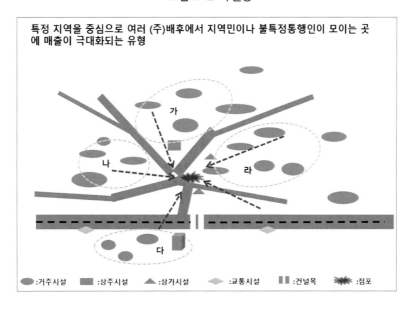

<그림 11-12> 우물형

여기서 모인다는 것은 눈에 보이는 통행만을 말하는 것이 아니다. 유동형은 눈에 보이는 동선에 의한 매출을 기대하지만 배후형은 통행량이 눈에 띄게 많은 편이 아니다. 즉 활동하는 소비자의 가상의 동선(점포가 생길 경우 거주에 머물다가 주로 다니게 되는 동선, 바뀌는 동선)을 염두에 두어야 하므로 단순히 건널목 접근성과 교통시설 접근성의 접근적 개념이 중요한 것이 아니다.

보통 우물형 입지는 계절에 민감하다. 우물형 입지는 부채꼴형이나 동선 시작형처럼 반드시 지나다녀야 하는 동선이 아니고 통행인의 의지로 이동하는 입지유형이므로 통행인의 활동력이 떨어지는 겨울이나 날씨가 나쁠 때는 통행인이 급감하지만 봄, 여름, 초가을엔 통행인의 활동력이 높아지기 때문에 급증한다. 따라서 배후분석에 민감한 업종인 경우 겨울과 여름 매출 편차가 심한 편이다. 특히 배후민은 친화율이 높아야 멀리 떨어져지거나 날씨가 좋지 않아도 소비하려는 욕구가 높아진다. 따라서 안정적인 매출이 나오기 위해서는 주배후의 흐름을 끊는 곳에 경쟁점의 진입이 어려워야 한다. 또한 지리적으로 주배후가 여러 곳인 형태는 안정적인 주배후를 확보해야 하고 이런 곳은 한정된 배후에서 경쟁을 해야 하기 때문에 매장 여건이 좋아야 경쟁력이 있다.

이렇게 통행인이 모이므로 거주형인 경우 마트, 베이커리 전문점, 편의점, 중개업소, 세탁소 같은 생활 편의시설이 집중되어 있는 편이다. 상주형인 경우 식당이나 커피 전문점이 모여 있을 것이고 소비형인 경우 판매 시설이나 유흥시설이 집중적으로 형성되는 편이다.

3.11. 도로변 우물형

도로변을 따라 넓은 주배후에서 배후민이나 불특정 통행인이 모여서 매출이 극대화되는 유형을 말한다.

<그림 11-13> 도로변 우물형

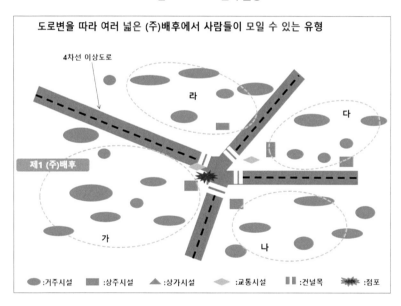

따라서 도로변에 있기 때문에 넓은 배후민의 흡인율을 높일 수 있는 곳에 있어야 하므로

입지의 4요소에 충족된 곳이어야 한다. 한편으로는 배후가 넓기 때문에 경쟁입지에 취약할 수 있다. 그러므로 곳곳에 경쟁점이 진입할 수 있다면 도로변 우물형으로

매출이 극대화될 수 없다. 또한 제1 주배후는 안정적으로 확보를 해야지 그것마저 불완전하면 도로변 우물형이 될 수 없다. 예를 들어 후보점이 있는 곳은 사거리 코너이며 횡단보도가 앞에 있다. 버스 노선이 많지는 않지만 주배후로 진입하는 초입에 있다. 후보점의 임차료가 200만 원이라고 가정하고 이곳에 편의점을 오픈하려 한다면 매출의 범위를 어떻게 볼까? 본인 제외 인건비 400만 원 정도라고 가정을 한다면 사업주의 손익이 나기 위해서는 최소한 170만 원 이상은 나와야 한다. 그런데 후보점을 도로변 우물형이 아닌 다른 유형(부채꼴형, 동선 시작형 등)으로 볼 경우 예상 매출을 150만 원을 넘기기 어렵다. 부채꼴형으로 보면 가지역만 주배후가 될 것이고 동선 시작형으로 본다면 가 와 다 지역을 주배후로 본다. 그러나 동선 시작형의 장점이 극대화되기 위해서는 교통시설 접근성이 좋고 발달해야 하는데 후보점이 있는 곳은 그렇지 못하다. 따라서 도로변 우물형으로 봐야 가, 다 지역뿐 아니라 나, 라 에서 발생할 수 있는 매출도 예상할 수 있는 것이다. 이렇게 후보점이 있는 곳을 어떤 입지 유형으로 보느냐에 따라 예상 매출이 다르게 나올 수 있다. 따라서 이곳에 출점 유무를 고려한다면 도로변 우물형으로 매출이 극대화될 수 있어야 한다. 그러므로 경쟁 입지를 잘 파악하여 위험률은 어떤지 점검하여 오픈 여부를 고민해야 한다. 이런 도로변 우물형은 도심보다는 부도심이나 외곽에 있으므로 거주형이나 혼재형에 있다. 따라서 생활밀착 시설(세탁소, 미용실, 부동산 중개업,슈퍼 등)이나 1차 소비시설(치킨점, 고깃집 등) 위주로 형성되어 있다. 배후분석법을 철저히 활용해야 실수를 줄이고 점포의 위치를 선정할 수 있다.

3.12. 고정 우물형

갇혀 있는 한정된 배후에서 매출이 극대화되는 유형이다.

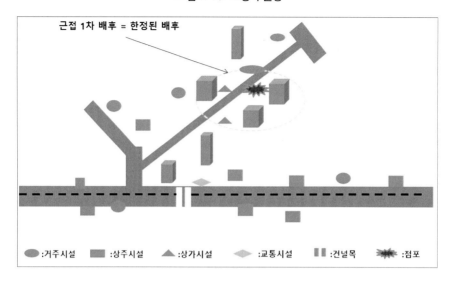

<그림 11-14> 고정 우물형

근접 1차 배후 = 한정된 배후

●:거주시설　■:상주시설　▲:상가시설　◆:교통시설　▌▌:건널목　✳:점포

　일반적으로 배후가 넓게 갇혀 있는 곳은 주택들이 많은 거주형이고 배후가 좁게 갇혀 있는 곳은 밀도율이 높은 상주형이 대부분이다. 그러나 전자처럼 배후가 넓게 형성이 되면 고정 우물형보다 넓은 개념인 우물형이거나 방사형인 경우가 많기 때문에 주택가에서 고정 우물형 개념은 맞지 않다. 단지 독점률이 높은 지역에 밀도율과 응집률이 높다면 가능할 것이다. 주로 상업지역이나 도심이나 부도심에 밀도율이 높은 건물이 많다. 그래서 대부분 고정 우물형에서 매출이 극대화되는 곳은 상주형이거나 혼재형인 경우가 많다. 이런 곳은 지역이 좁기 때문에 최대한 배후민과 접근성이 좋고 매장 여건이 우위에 있어야 경쟁력이 있다. 왜냐면 지역이 좁고 배후민도 한정되어 있기 때문에 창업할 수 있는 점포도 한정되어 있기 때문이다. 생활밀착 시설이나 1차 소비시설은 배후분석법에 민감한 시설이지만 워낙 배후가 좁기 때문에 배후민의 성향이 매우 중요하다. 따라서 편의점이나 일반적인 커피 전문점을 창업하기 위해서는 내방률(來訪律)이 높고 쉽게 접근할 수 있는 곳에 선정해야 한다. 배후가 좁은 편이지만 근래는 처음부터 매장 여건을 충분히 고려하여 경쟁점의 진입 의지를 낮출 수 있는 규모로 진입하는 추세이다. 특히 상주형은 출근 동선과 식사 동선, 상주 동선과 같은 이동 목적 동선에 따라 매출의 비중이 다르므로 단순히 통행량에 의존하지 말고 동선에 따른 매출이 극대화되고 효율적인 점포를 선정해야 한다.

3.13. 독립 배후형

경쟁점이 있는 배후와 단절되어 별도의 독립배후를 형성하여 매출이 극대화되는
유형이다.

<그림 11-15> 독립 배후형 (가)

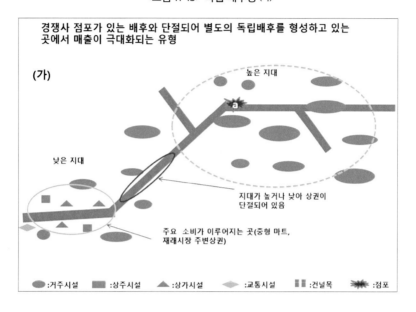

<그림 11-16> 독립 배후형 (나) (다)

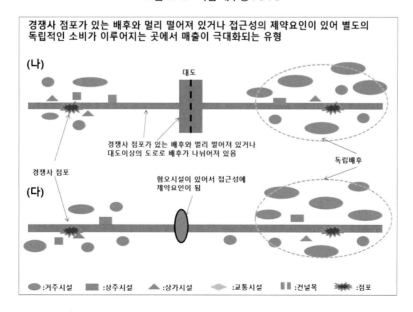

〈그림 11-15〉처럼 독립 배후라는 말은 말 그대로 독립적으로 있다는 말이다. 그래서 근접 1차 배후(초근거리에 있으며 독점성이 높은 배후)가 가장 넓은 유형이다. 더 정확히는 어떤 지역에 독점적으로 있어서 매출이 나오는 것이기 때문에 독점적 틈새 상권의 한 일부이기도 하다. 그러나 독립 배후형에서 독점적이라는 말은 경쟁점이 조금 멀리 있다는 정도가 아니고 배후에 경쟁점이 없고 진입할 수도 없어서 매출이 극대화될 수 있는 것을 말한다. 보통 산 중턱에 형성된 주택가처럼 높은 지대에 있으면서 곳곳에 있는 배후에서 배후민이나 불특정인이 다님으로써 매출이 발생한다. 주택이 오밀조밀하게 형성되어 있지 않고 넓게 퍼져 있다. 평지에서 이런 식으로 되어 있으면 독립 배후형이 되기 어려웠을 텐데 지대가 높은 곳에 갇혀 있다 보니 우물에 물이 고이듯이 매출이 발생한다. 이런 곳에서 창업할 수 있는 업종은 무엇이 있을까? 사실 배후분석법적으로는 편의점이나 생활밀착 시설이 있을 것이다. 그 이외는 틈새 업종이 적합하지만 틈새 기준은 지역 적합성이 우선되어야 하므로 매우 어려운 창업이 될 수 있고 상품에 중점을 둔 기획 창업plan market entry이 있을 수 있다. (가)에서 a 후보점이 있는 배후의 초입은 배후 유형이 동선형 배후이고 입지유형이 동선시작형, 우물형, 부채꼴형이다. 즉 '동선에 의한 매출'이 주요한 곳이다. 배후는 도로변에서 안쪽으로 200미터 가량 올라온 곳에 형성되어 있고, 배후 유형이 고정형 배후이고 입지유형이 부채꼴형, 독립 배후형이다. 즉 배후가 고정되어 있지만 부채꼴형의 꼭짓점에서 매출이 독립적으로 일어난다. 매장이 좁은 경우라도 이런 독립 배후형에서도 일정 매출을 기대할 수 있다. 낮은 지대의 주변은 배후가 넓은 곳의 초입이므로 생활밀착 시설이 몰려 있다. 따라서 배후분석법에 민감한 업종일수록 이동목적 동선의 구성 비중과 배후민의 성향을 면밀히 분석하여 업종과 위치를 선정해야 한다. 이런 곳의 매출은 보이는 듯 보이지 않게 매출이 일어나기 때문에 통행량이 눈에 띄는 곳에 현혹되지 말아야 한다. 일반적으로 〈그림 11-16〉의 (나)와 (다) 사례는 (가) 사례보다 단절효과가 높은 편이다.

3.14. 방사형

방사형은 구심점을 중심으로 배후가 뻗어 나가는 곳에서 매출이 극대화되는 유형이다.

<그림 11-17> 방사형

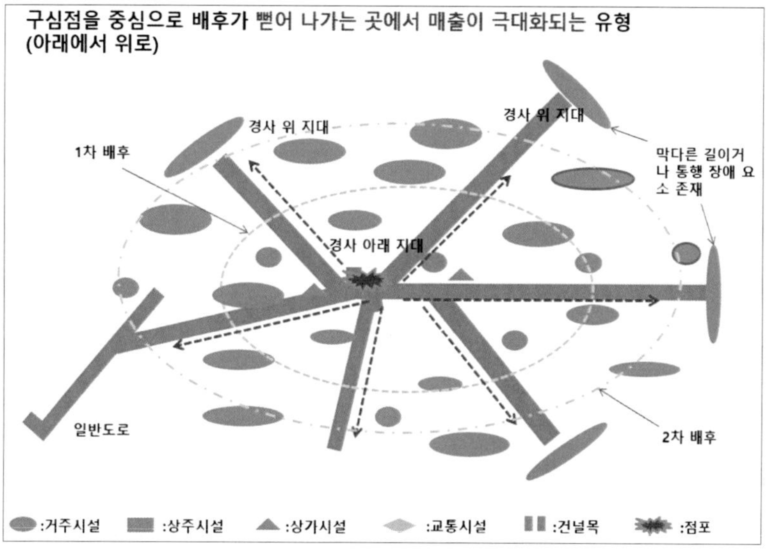

방패연을 연상하면 될 것 같다. 그래서 우물형과 부채꼴형을 섞은 모양이다. 우물형은 평지나 경사진 배후 모두 해당이 되지만 방사형은 후보점을 중심으로 경사진 형태를 하고 있다. 부채꼴형은 커다란 부채꼴 모양의 초입이지만 방사형은 배후 안쪽에서 후보점을 중심으로 부채꼴의 형태를 하고 있다. 따라서 우물형보다는 구심점이 강하지만 부채꼴형보다는 흡인율이 약하다. 방사형에서 매출이 극대화되기 위해서는 배후의 끝이 제약요인이 있어 배후민의 통행이 분산되지 않아야 한다.

따라서 이런 곳은 대부분 배후 성격이 거주형이므로 비교적 정적이다. 그러나 거주형인 우물형보다는 조금은 더 동적이다. 이런 곳에서 영업할 수 있는 업종은 생활 밀착 시설로 한정되어 있으며 배후분석법에 최적화된 편의점이 가능하다. 그러나 배후가 넓거나 배후민 성향이 소비에 친화적인 사람이 많다면 콘텐츠가 강한 커피 전문점이나 아이템 업종 창업도 기대해볼 수 있다. 그러나 너무 지역민의 수요보다 외부 수요에 치중한 창업은 주의해야 한다.

3.15. 부채꼴형

부채꼴형은 주요 교통시설이 있는 4차선 이상의 도로에서 부채꼴 모양의 배후 초입에서 매출이 극대화되는 유형으로 대표적인 동선형 배후의 하나이다.

<그림 11-18> 부채꼴형

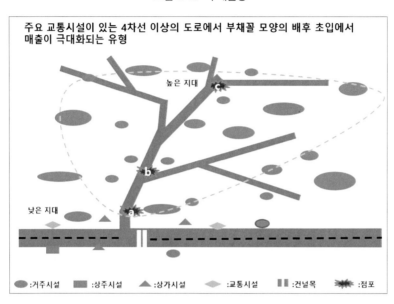

대체로 경사진 배후의 초입이므로 강력한 구심점에 있다. 대부분 상가 시설이 형성된 곳이다. 따라서 이런 형태의 지형은 대체로 주택으로 형성된 거주형이나 혼재형(7:3)에 있다. 퇴근 동선이나 거주 동선에 의한 매출이 가장 높다. 배후민이나 불특정인이 반드시 다니는 길이므로 여름이나 겨울의 매출 편차가 가장 적은 유형이다. 그렇다고 이곳에서 모든 업종이 잘될 수는 없다. 그래서 배후분석법에 민감한 편의점이나 베이커리 전문점이 가장 적합하다. 다만 배후의 흐름을 끊을 수 있는 곳에 경쟁점이 진입할 경우 전할 수 있기 때문에 안정적인 근접 1차 배후를 확보할 수 있어야 한다. 최근에는 장보기가 어려운 소비자나 거주 동선의 소비자를 타깃으로 과일 등 신선식품매장의 진입도 증가하고 있다. 또한 편의점의 경우 경쟁 입지에 민감하므로 a 포인트와 같은 전환 포인트에 경쟁점이 진입할 경우 매우 고전할 수 있으므

로 경쟁점이 진입할 수 없거나 매장 여건이 열악해야 한다. 주의해야 할 것은 a 포인트와 후보점이 너무 길 경우 소비자자가 굳이 후보점에서 구매를 하여 귀가하지 않다. 또한 a 포인트 위의 배후민의 거주 동선에 의한 매출은 전혀 기대할 수 없기 때문에 후보점에서 창업하는 것을 심각하게 고민해야 한다. 배후가 지나치게 깊고 넓은 경우 c포인트에 경쟁점이 진입할 수 있다. 간혹 독립배후형으로 형성되기도 하지만이 경우 전혀 다른 입지유형이므로 장기적인 관점에서 공생점포 성격으로서 방어점포도 될 수 있기 때문에 너무 민감할 필요는 없다. 커피 전문점도 배후분석법에 민감하지만 부채꼴형에서는 반드시 적합하지는 않다. 집으로 들어가는 길에 커피를 사서 들어가는 경우는 흔하지 않다. 단지 상주형(오피스가)를 배후로 할 경우 출근 동선이나 주말에 외출할 때는 활발할 수 있다.

3.16. 전면대로변형

전면대로변형은 특별한 입지유형이 아니라 대로변에 있는 점포에 대한 막연함을 점검하여 실수를 줄이고자 만든 유형이다.

<그림 11-19> 통행량 중심 전면대로변형

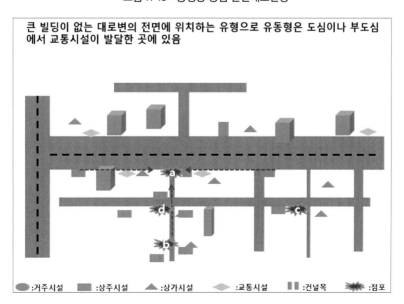

따라서 최소한 네 가지는 점검을 해야 한다.

첫째, 입지의 4요소 중 어느 하나라도 강력한 요인이 있어야 한다. 물론 입지의 4요소에 부합하면 좋지만 그런 자리는 장방형이며 넓은 대로에 있는 경우는 건널목이 없는 경우 많다. 〈그림 12-19〉과 같이 통행량이 중요한 곳은 교통시설 접근성이 중요하다. 상권 성격상 곳곳이 번화한 곳이므로 b나 c포인트에 경쟁점이 진입할 수 있기 때문에 상권 내 우선 소비를 유도할 수 있는 입지가 유리하다. 〈그림 12-20〉과 같이 배후형은 주배후 접근성과 건널목 접근성이 중요하다. 그러나 건널목 접근성이 열악한 경우가 많기 때문에 b점포와 같이 안정적인 확보한 경우여야 경쟁력이 있다.

둘째, 근접 1차 배후는 확보해야 한다. 아무리 통행량이 적어도 대로변은 대로변이므로 임차료가 낮지는 않다. 따라서 최소한의 근접 1차 배후를 확보하여야 최악의 상황은 면할 수 있다.

셋째, 매출 포트폴리오를 점검해야 한다. 대체로 대로변에 있는 경우 점포는 입지 유형이 명확하지 않은 경우가 많다. 따라서 매출이 고르게 나오는지 점검해야 한다. 우선 배후 성격별로 고르게 형성되어 있는지 확인한다. 그리고 지역별로 매출이 고르게 형성되는지 점검해야 한다. 사실 모든 유형에서 점검해야 하는 것이지만 전면대로 변형은 지나치게 대로변이라는 입지에 맹신하는 경우가 있기 때문에 더욱 신경 써야 한다. 주의해야 할 것은 집객유도시설은 집객유도시설이므로 이 시설물에 지나치게 의존하여 진입하는 것은 주의해야 한다.

이렇게 전면대로변형은 매우 막연하므로 업종 선정 또한 막연하다. 무조건 통행량에 의존해서도 안 되고 그렇다고 무시해서도 안 된다. 배후분석법에 최적화되기도 어렵다. 그래서 가시율과 점포의 인지율 그리고 차량으로 인한 고객 접근성이 중요한 업종이 적합하다. 가령 애견샵, 개인 아이템 점포, 외식업(상권이 넓은), 전기 철물점, 희소성 업종 등이 적합하다.

3.17. 이면대로변형

이면대로 변형은 전면대로 변형과 마찬가지로 특별한 입지유형이 아니다. 따라서 대로변의 이면에 있으면서 주의해야 할 점을 찾아 가장 적합한 입지유형을 파악하는 것이다. 특히 초입 산재 배후형과 비슷하지만 대체로 후면 배후가 더 넓은 편이다. 그러나 초입 산재 배후형은 산재된 배후의 초입에 있고 7차선 이하의 도로에 접해있는 배후형이다. 그리고 배후 끝은 통행 제약요인이 있다. 따라서 건널목 접근성이 중요하다. 그러나 이면대로 변형은 대로변의 이면에 접해있으므로 배후 단절감이 높기 때문에 길 건너편 배후는 염두에 두지 말아야 한다. 이면대로변형은 전면대로변형의 이면에 진입할 수 있는 유형이므로 〈그림 10-68〉의 d와 〈그림 10-69〉의 c위치에 진입할 수 있다. 따라서 유동형은 강남역 일대나 홍대 일대 같은 곳이나 역이 발달한 확장배후형 상권에 있다. 상권이 발달한 편이므로 완전 소비형이나 배후가 넓은 불완전 소비형에 있다. 따라서 건널목 접근성이 떨어져도 전환 포인트에서 매장 여건이 좋으면 경쟁력이 있다. 배후형은 주거 배후가 넓게 형성되어 있으면서 교통시설 접근성이 좋은 곳이다. 확장 배후형 상권으로 사당역 일대나 합정동 일대에 형성되어 있다. 결론적으로 전면대로변형과 이면대로변형은 대로변이라는 큰 도로를 중심으로 배후분석법적 접근으로 창업을 해야 하는 것이다. 다른 유형처럼 입지적인 요소로 매출이 극대화되는 곳이 아니기 때문에 다른 입지유형의 요소를 잘 혼합하여 점검해야 한다.

3.18. 독립 시설 전면대로변형

전면대로 변형과 같다. 단지 전면대로 변형은 그냥 대로변의 전면에 상권이 형성된 곳이고 독립시설 전면대로 변형은 독립 시설에 상가 시설이 형성된 곳을 말한다. 따라서 별도의 입지유형이라기보다는 대로변의 독립 시설에 있기 때문에 특별히 주의해서 점검해야 한다. 일반적으로 대로변의 큰 건물의 1층이므로 누구나 선호할 만하다. 그러나 그 건물 자체로 수익이 나올 수 있는 정도의 건물에서 독점성을 확보한 경우가 아니라면 의외로 간단하지 않다.

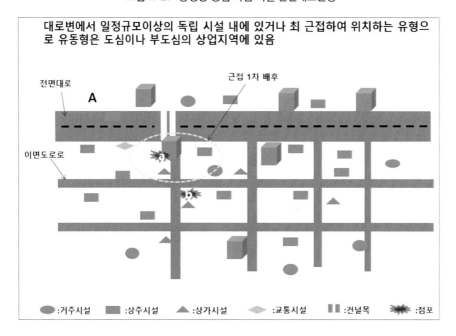

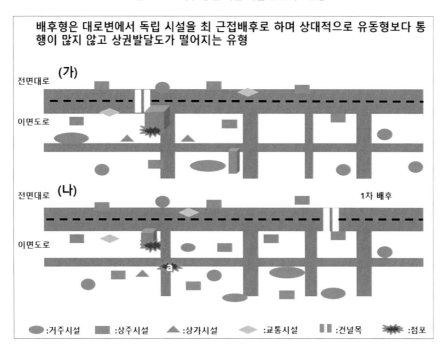

예를 들어 〈그림 11-21〉에서 오피스텔이 200실 안팎의 규모이거나 회사원이 300~500명 정도인 빌딩의 1층에서는 편의점처럼 배후분석법에 민감한 업종은 10평 이상의 면적을 확보하여 독립적으로 안정적인 수익을 내기 어렵다. 따라서 독립시설에 있더라도 입지의 4요소 중 어느 하나는 강력한 요소를 확보할 수 있어야 한다. 특히 교통시설 접근성과 건널목 접근성이 좋은 곳은 임차료도 높기 때문에 거기에 맞는 매출포트폴리오가 적절히 갖춰지지 않으면 안정적인 매출을 기대하기 어렵다. 이것이 갖춰지지 않은 경우 b 포인트에 경쟁점이 진입하는 경우 어려운 창업이 될 수 있다. 특히 순수 유동형이 아니라면 통행량에 의한 매출은 한계가 있으므로 독립시설은 오피스보다는 주거형태의 오피스텔이 매출포트폴리오가 안정적이다. 〈그림 11-22〉의 ⑦ 그림에서 보듯이 건널목 접근성은 좋으나 통행량은 많지 않다. 규모가 큰 오피스텔 건물의 대로변 전면에 있어서 비교적 안정적인 매출을 확보하고 있다. 건널목 접근성이 완벽하게 부합하지는 않지만 2차 배후의 주동선에 있어 배후를 타깃으로 하는 창업은 비교적 안정적이다. 반면에 ⑭ 그림은 교통시설 접근성, 건널목 접근성, 주배후 접근성, 경쟁입지 접근성이 좋지 않다. 따라서 독립 시설에 의존도가 높기 때문에 안정적인 독립시설이 아니라면 경쟁력이 떨어진다. 배달 주력 업종, 규모에 맞는 업종, 아이템 업종, 서치 업종(애견관련, 부속품, 꽃, 영양제 관련 업, 모발 관련업, 피부 미용업 등) 등이 적합하다고 볼 수 있다.

3.19. 독립시설 이면대로변형

이면대로변형과 마찬가지이지만 전면에 전면도로에 규모가 큰 독립시설이 있다는 차이가 있다. 이면대로변형과 마찬가지로 전면대로변형 점포의 장점이 없는 경우 독립시설 이면대로변형에 진입하기에 적합하다. 따라서 〈그림 11-22〉의 ⑭ 그림서 보듯이 독립시설 전면의 점포가 열악한 경우 a포인트에 진입할 수 있다. 지금까지 배후 성격, 배후 유형, 입지유형을 설명하였다. 이제 어디를 가든 어떤 점포를 보든지 이 세 가지부터 구분해 본다. 그러다 보면 더 많은 궁금증이 생기기 시작하고 순차적으로 접근하게 된다. 상권분석은 그 궁금증을 풀어가는 것이다.

1. 로드 사이드load side 점포 유형

사실 로드 사이드 점포라는 말이 사전적으로 정해져 있는 것은 아니다. 단지 점포 개발자 입장에서 구분하기 편리하게 정했을 뿐이다. 로드사이드 점포라는 말의 일반적인 개념은 차량 통행 중심의 도로가에 있는 점포를 의미한다. 그러나 구체적으로는 매출의 상당 부분이 로드에 있어서 발생하는 것을 말하는 것은 아니다. 도로에 있음으로서 업종 적합성, 상권분석적, 배후분석적으로 얼마나 적합한지가 중요한 것이다. 따라서 로드 사이드에 있기 때문에 차량 동선에 의한 매출이 매우 중요하다. 차량이 점포에 진입하는 형태에 따라 세 가지로 나눌 수 있다.

1.1. 드라이브 인drive in

차량이 이동을 하면서 점포 앞 주차 가능 공간으로 진입하여 파킹한 후 소비를 하는 형태를 말한다. 지방 국도변에 가장 흔히 볼 수 있는 형태이다. 스타벅스, 맥도널드, 편의점, 외식업 등이 많다.

1.2. 드라이브 쓰루drive thrue

차량이 이동을 하면서 점포 앞으로 진입하여 소비자가 차량에 탄 채로 주문하고 이동하는 형태를 말한다. 흔히 주유소처럼 차량에서 결재를 하고 상품을 픽업하는 형태로 맥도널드, 스타벅스 같은 체인점이나 일부 편의점 브랜드에서 시행하고 있다.

1.3. 로드 스톱 load stop

가장 일반적인 형태로 점포 앞 파킹 장소에 주차하는 것이 아니고 이동 중인 도로의 한쪽에 정차를 하고 점포에 내점하여 소비하는 경우를 말한다. 지방 국도에서 차량 통행이 많지 않은 곳이나 시내 기사 식당에서 많이 볼 수 있다. 차량이 소통하는 도로이므로 주차하는 것은 불법이므로 차량 통행이 적은 곳이나 주정차가 쉬운 곳에서 꾸준한 매출을 기대할 수 있다.

2. 로드 사이드 입지유형(立地類型)

2.1. 로드 사이드 입지유형 개요

로드 사이드는 상권이 넓지만 기본적으로 배후분석법(차량 동선에 따른 위치)에 기반하여 봐야 하므로 배후분석적으로 입지유형을 구분할 수 있다. 단지 돈까스클럽과 같은 외식업이나 신도시 외곽의 스타벅스, 맥도널드, 규모가 큰 커피 전문점 등은 상권분석을 적극적으로 고려해야 한다. 그러나 로드 사이드 점포는 기본적으로 배후형에 속한다. 따라서 눈에 보이는 배후도 중요하지만 로드의 특성상 눈에 보이지 않는 배후도 중요하다. 다시 말해 특별히 행락철에 매출이 집중되는 행락지형이 아니고서는 로드에 있다고 불특정인만 방문률이 많은 것이 아니고 상당 매출이 자주 방문하는 고정 고객에 의해 발생하기 때문이다. 따라서 로드를 따라 곳곳에 분포된 배후를 잘 분석하여 경쟁입지에 취약한지 명확히 파악해야 한다. 주의해야 할 것은 로드 점포의 특성상 차량이동이 많으므로 생각보다 넓은 상권 넓은 배후를 봐야 한다.

또한 매출이 안정기에 접어들 때까지 일반점포보다 더 많은 시간이 걸릴 수 있으므로 끈기를 갖고 운영해야 한다.

<표 11-1> 로드 사이드 유형

구분	도시형	로드형	행락형	산업형
종류	도시 진입형, 도시 진출형, 도시 행락형, 도시 관통형	로드 입지형, 로드 중심형	순수 행락형, 행락지 진입형, 행락지 진출형	순수 산업형, 산업단지 진입형, 산업단지 진출형

2.2. 로드 사이드 입지유형(立地類型)

2.2.1. 도시형

도시 진입형, 도시 진출형, 도시 행락형, 도시 관통형이 있다. 도시형은 배후형에 기반을 둔 유형이므로 고정 고객 비중이 높다. 따라서 안정된 배후를 확보하며 주정차가 편리한 곳이어야 한다.

가. 도시 진입형

도시 근교에서 도시로 들어오는 방향이 있다. 따라서 소비자가 목적지로 도착하지 전에 휴식차 방문하는 곳이기 때문에 피로감이 쌓이는 시점에 유입률이 높다. 특히 차선이 너무 넓으면 정체 시 점포가 있는 곳으로 진입하기도 어려우며 차량 이동 속도가 높기 때문에 그냥 통과하게 되는 경우가 많으므로 왕복 6차선을 넘는 경우는 좋지 않다. 점포로 진입할 수 있는 진입로도 충분히 확보되어야 운전자가 부담 없이 진입할 수 있다.

나. 도시 진출형

말 그대로 도시에서 빠져나오는 방향으로 로드 사이드에 있는 입지를 말한다. 편의점을 예를 들면 도시에서 빠져 나오기 전에 이미 편의점 소비를 하고 출발하는 경우가 많기 때문에 진출형은 순수하게 도시를 빠져나가면서 발생하는 매출을 기대하여 출점 할 수는 없다. 따라서 산업시설이나 배후가 충분한지 또는 도로를 따라 경쟁점이 없을 경우 이를 인지하고 있는 소비자를 유도할 수 있어야 한다. 따라서 편의점과 같이 업종이나 경쟁력이 높은 콘셉트의 매장의 진입이 적합하다. 예를 들면 강릉에 유명한 테라로사라는 커피 로스팅을 하는 공장과 카페는 남강릉 톨게이트로 향하는 지점에 위치하여 북쪽으로는 서울로 돌아가거나 속초, 양양 방향의 여행객을 유입하고 남쪽으로는 동해, 삼척 방향의 여행객을 유입한다. 이와 같은 대도시권을 벗어난 지역에서 입지선정은 매장 콘셉트를 차별화하여 남다른 가치를 제공할 때는 매우 경쟁력 있는 위치 선정이 될 수 있기 때문에 단순한 상품력의 점포로 출점하는 것은 지양해야 한다.

<사진 11-1> 도시 진출형(지도 자료: 카카오 맵)

다. 도시 행락형

도시 행락형은 행락지로 가는 길목에 있는 도시의 입지를 말한다. 작은 중소 도시일 수도 있고 비교적 큰 도시일 수도 있다. 읍단위 규모의 시내는 통과 도로가 차선이 넓지 않다. 따라서 도로의 주정차가 쉽고 가시율이 좋은 교차로 코너형이 유리하다. 〈사진 10-5〉처럼 포천시의 포천 대로처럼 비교적 차선이 넓은 대로인 경우 차량이동속도가 빠른 경우가 많기 때문에 가시율이 높고 속도를 늦추어 진입하기 편리하며 주정차 공간이 넓어야 방문할 확률이 높다.

<사진 11-2> 도시 행락형(지도 자료: 카카오 로드뷰)

라. 도시 관통형

지방 소도시를 가로질러 지나가는 도로의 입지를 말한다. 지방 읍이나 면 단위는 거의 주요 도로가 있고 이 도로를 중심으로 배후가 발달한다. 작은 지역이다 보니 도로는 4차선 이하인 경우가 많다. 따라서 소규모 지역엔 편의점이 생기더라도 시내를 관통하는 차량 통행인의 소비를 유도하기 위해 로드 사이드 형태의 업소들이 주류를 이루고 있다. 그러나 중소 도시라도 신시가지를 관통하는 경우도 있다. 〈사진 10-6〉은 점촌, 상주, 함창 등으로 진입하기 위해 문경 신도시 시내를 관통하는 사례이다. 약 2.4킬로미터의 4~6차선 주요 도로를 따라 배후가 형성되어 있어 흡인률을 높이기 위해서는 입지형인 경우 경쟁력이 있다. 특히 비교적 규모가 큰 패스트푸드점이 드라이빙 쓰루 점포 형태로 진입할 수 있으며 베이커리 전문점 등과 같이 비교적 소비간격이 짧은 업종은 로드사이드 고려요소에 입각한 위치 선정이 중요하다.

<사진 11-3> 도시 관통형(지도 자료: 카카오 맵)

2.2.2. 로드형
로드 입지형과 로드 중심형이 있다.

가. 로드 입지형

도로변에 있지만 특정 배후를 타깃으로 하기보다는 상권을 포괄적으로 보며 도시 간 꾸준한 출퇴근 차량이나 산업시설 차량의 이동이 꾸준한 길목에 위치한 곳을 말한다. 따라서 로드 입지형은 자리가 좋다는 표현보다는 도로가 좋다는 표현이 더욱 정확하다. 대도시를 중심으로 주변의 위성도시와 연결된 도로가 여기에 해당된다. 시내에서 다른 시내로 이동하는 길목이므로 드라이브 쓰루와 같은 매장이 위치한 경우가 많다. 편의점의 경우 상권 반경을 5킬로미터 이상으로 매우 넓게 보기 때문에 도로가 발달한 지역은 차량 이동이 분산되어 좋지 않다.

나. 로드 중심형

도시와 멀리 떨어지지 않은 로드의 중심이 되는 곳이므로 불특정 통행인보다는 도시를

배후로 점포 선정하므로 도시 근교에 위치한다. 대체로 국도로 길게 형성된 도로이므로 넓은 매장의 점포의 입점이 유리하다. 예를 들어 돈가스는 매우 대중적이지만 비교적 규모가 큰 형태로 운영하기에는 쉽지 않은 상품이지만 돈까스클럽이라는 브랜드는 상품력에 맞는 지역을 선택하여 확장되고 있다. 돈까스클럽은 상품 위치성을 명확히 분석하여 적합한 도시를 선정하여 도시 외곽의 도시민도 쉽게 접근할 수 있고 지나가는 행락객도 유입할 수 있는 최적의 입지에 출점한다. 전형적인 로드사이드 입지유형 점포로서 주차 공간 확보가 용이하고 상대적으로 임차료가 저렴한 입지여야 한다. 대중적 상품이지만 편안한 외식공간을 제공하므로 여기에 적합한 소비자가 풍부한 도시를 배후로 하여야 한다.

<사진 11-4> 로드 중심형

편의점이라면 도시에서 이동하면서 서서히 휴식차 방문하기 때문에 이들에 의한 객단가는 낮은 편이다. 따라서 안정된 배후를 확보하여 배후분석법적 접근을 통해 출점하는 것이 바람직하다.

2.2.3. 행락형

순수 행락형, 행락지 진입형과 행락지 진출형이 있다. 행락형은 불특정 통행인의 유입이 중요하므로 가시율이 높고 충분한 주정차 공간을 확보해야만 한다. 행락형은 계절적 영향이 가장 민감한 유형이므로 차량 이동이 많고 가시율과 주정차가 쉬워야 한다.

가. 순수 행락형

행락지 내에 있는 것으로 일정 배후를 확보한 경우 매출이 안정적이지만 행락민을 상대로 하는 경우 특별히 유입률이 높지 않으면 계절, 날씨로 인한 매출 편차가 심하여 운영이 쉽지 않다.

나. 행락지 진입형

주로 편의점처럼 다양한 상품을 취급하는 업종이나 행락 성격에 맞는 업종 즉 낚시 전문점 등이 있다. 편의점이라면 행락지에 도착하기 직전에 있는 곳이므로 부족한 물품을 구입하기 위해 방문하는 경우가 많기 때문에 비교적 객단가가 높은 편이다.

다. 행락지 진출형

대표 행락지에서 이동하는 길목이므로 편의점, 마트 등 업종이 가장 적합하다. 중간 경유지 성격이 강하다면 음식업도 적합하다. 그러나 도시 진출형과는 다르게 행락지를 출발하며 아쉬움을 가지고 출발하므로 간단한 음료를 구입하는 경우가 많다. 따라서 가시율이 높은 커피 전문점이나 편의점 창업이 활발하며 이들의 방문률을 높일 수 있도록 편히 주 정차가 가능하고 안락함을 줄 수 있는 곳이 유리하다.

2.2.4. 산업형

순수 산업형, 산업지 진입형, 산업지 진출형이 있다. 순수 산업형은 산업시설을 배후로 하므로 접근성이 좋아야 한다. 크게 성격에 따라 군소 산업형과 대로 산업형이 있다.

가. 순수 산업형

군소 산업형은 중소 산업시설을 배후로 하는 도로변 입지를 말하며 작은 산업시설이 모여 있는 산업단지를 말한다. 국가 산업단지가 아니므로 대부분 도로가 좁은 편이므로 산업시설 접근성이 중요하다. 따라서 산업형은 상주형과 마찬가지로 상주하는 인원이 고객이므로 안정적인 산업단지를 배후로 하는 자리에 있어야 경쟁력이 있다.

\<사진 11-5\> 순수 산업형

지도 자료: 카카오 로드뷰

대로 산업형은 주로 국가 산업단지를 말한다. 여수, 평택, 군산, 안산 등처럼 대로변을 따라 대형 산업시설이 형성된 곳으로 주변은 주거 시설이나 소비시설이 발달하지 않는다. 따라서 편의점은 비교적 면적이 크고 가시율과 매장 여건이 좋아야 한다.

대형 차량의 정차가 가능해야 하지만 산업시설의 규모가 크기 때문에 출근시간대의 고객 유입률이 높은 지역에 있어야 경쟁력이 있다. 주로 선 주유소 후 편의점의 형태를 하고 있다.

<사진 11-6> 순수 산업형

지도 자료: 카카오 로드뷰

나. 산업단지 진입형

산업시설이 모인 산업단지 초입에 있는 것을 말한다. 산업시설의 규모가 크고 시설 내에서 다시 나오기 어려운 근무환경이므로 산업지 진입 시 이용할 수 있는 위치에 있어야 한다. 따라서 산업시설로 향하는 교차로 근처에 있다. 주로 진입 시는 음식업의 출점이 더욱 유리한 편이다.

<사진 11-7> 산업단지 진입형

지도 자료: 카카오 로드뷰

다. 산업단지 진출형

산업시설이 모인 산업단지를 나와 고속도로로 진입하는 방향에 있는 것을 말한다.

일반적으로 단순히 산업시설의 수요를 타깃으로 할 수 없으며 배후나 행락지의 동선을 함께 고려해야 한다. 편의점과 같은 단순 소매업의 출점이 더욱 유리한 편이다.

<사진 11-8> 산업단지 진출형

지도 자료: 카카오 로드뷰

2.3. 로드 사이드형 점포 개발시 점검 사항

첫째, 선 건널목 후 점포이다. 지방 국도는 차량 정체시기를 제외하고는 비교적 차량이동 속도가 빠른 편이므로 점포를 인지하고도 지나치게 되는 경우가 많다. 그러나 건널목 이후 점포는 건널목 대기효과로 더욱 안정적인 방문을 유도한다. 둘째, 선 교차로 후 점포이다. 차량 정체가 시작되면서 주요 교차로로 진행하는 방향이 유입률이 극대화되기 때문에 이정표는 충분히 멀리서 인지할 수 있어야 한다.

특히 첫 번째와 두 번째는 편의점처럼 충동구매를 유발하는 업종인 경우 교차로나 건널목 이전 편의점보다 이후 편의점이 더 안정적인 로드 파킹, 로드 스톱이 가능하다. 셋째. 너무 교차로에 근접하여 있게 되면 운전자가 점포에 방문하기가 어렵다. 따라서 교차로에서 적절한 거리가 떨어져 있어야 유입이 극대화된다. 넷째, 아무리 자리가 좋아도 로드사이드는 일반적인 배후 유형보다 경쟁 입지에 훨씬 민감하다. 배후 밀착률이 약하기 때문이다. 그래서 점포에 근접하여 먼저 소비자를 유입시킬 수 있는 곳이 있는지 반드시 점검해야 한다. 다섯째, 로드 사이드도 마찬가지로 배후분석법의 유동형과 마찬가지로 차량이동이 엄청나게 많지 않는 이상 안정된 배후를 확보하는 것이 가장 중요하다. 그렇지 않으면 로드로 이어지는 도로에 경쟁점이 없거나 진입하기 어려워야 한다. 또한 일반 배후와 다르게 로드 사이드 입지유형은 다음 표와 같이 크게 도시형, 로드형, 행락형, 산업형으로 나눌 수 있다.

2.4. 로드 사이드 편의점 입지 점검 요소

로드 사이드 상권에서는 업종이 한정되어 있으므로 음식업이나 편의점의 창업이 대부분이다. 사람이 중심인 형태의 창업이므로 로드 사이드 차량 동선을 고려한 입지는 매우 주의하여 파악해야 한다. 행락형이나 산업형은 기본적인 배후를 확보해야 하지만 직접적인 배후가 없는 경우가 많다. 따라서 눈에 보이는 배후나 차량 동선만으로 점포의 경쟁력과 매출을 파악할 수 없기 때문에 로드 사이드 점포는 지도로 넓은 지역을 관찰하는 것이 매우 중요하며 구체적인 현장 실사를 통해 소비자 입장에서 자주 방문해 보지 않으면 창업하기 어렵다. 결국 로드 점포도 보이지 않는 배후와 가상의 동선이 중요하기 때문이다.

⑴ 선 주유소 후 점포의 형태를 취하고 있다

근래는 많은 편의점, 음식업소는 주유소와 혼합된 형태로 운영하고 있다. 휴게소형인 경우 주유, 식사, 휴식을 취할 수 있는 공간을 제공하는 곳에 입점한다. 그러나 임차료가 높아 일반적인 편의점은 수익성이 불분명하여 휴게소에서 직영으로 운영하는 형태가 많은 편이다. 주유소형인 경우는 주유를 하며 편의점이나 음식점에서 소비를 한다. 그러나 휴게소 내 주유소가 아니라면 편의점이나 음식점과 주유소와 소비를 구분하는 경향이 강하다. 도심이나 근교는 주유와 소비를 동시에 하기도 하지만 행락형인 경우 주유를 하고 편의점이나 음식점에서 소비는 구분하는 경향이 강하다. 〈사진 12-8〉에서 보듯이 조금 이동을 하고 소비와 함께 휴식을 취한다.

<사진 11-9> 선 주유소 후 점포(지도 자료: 카카오 로드뷰)

따라서 주유소의 시계성이 좋아야 한다. 일반적으로 운전자는 주유소 주변에는 무엇인가 있다고 여기는 경우가 많기 때문에 이런 소비자를 조금이라도 더 유도하기 위해서는 주유소의 가시율이 매우 중요하다. 이것은 주유소의 규모가 클수록 이런 효과는 더욱 크게 나타납니다. 아무래도 작은 주유소보다 큰 주유소에 대한 신뢰가 가격뿐 아니라 전반적인 면에서 더 높기 때문에 유입률이 높게 나타난다.

⑵ 선 점포 후 대형마트

로드 사이드 입지유형 중에 도시 관통형에 해당한다. 지방 중소 도시의 시내를 관통하는 경우 마트가 가장 눈에 띈다. 따라서 〈사진 10-13〉에서 보듯이 점포 개발 담당자는 이곳을 지나는 차량 통행인이 마트를 보며 다양한 업종을 인지하게 하여 소비를 유도하는 위치에 점포를 개발한다. 순수 로드 매출은 행락철과 주말에 발생하지만 도시에 있으므로 기본적으로 자기 배후는 안고 있어야 한다.

⑶ 차량 이동속도가 높고 산업단지를 배후로 하는 4차선 이상의 도로변에 있다

고객 흡인율을 높일 수 있기 위해서는 차량 이동량이 많아야 한다. 따라서 산업단지를 이동하는 로드여야 하고 차량 소통이 원활해야 하므로 최소한 4차선 이상의 도로여야 한다. 따라서 상권 제압력을 높일 수 있는 대형 매장이어야 한다.

<사진 11-10> 선 점포 후 대형마트

지도 자료: 카카오 맵, 사진 자료: 카카오 로드뷰

⑷ 교통 신호기 주변에 있다

차량 속도가 높은 곳은 가시율이 좋더라도 전환 포인트의 역할을 할 수 있는 교통 신호기가 앞에 있으면 주유와 휴게를 유인할 수 있다. 〈사진 10-14〉에서 보듯이 교통 신호기가 있는 것은 도시 관통형이면서 입지유형이 주요 도로변형에서 더욱 중요하게 관찰해야 한다.

<사진 11-11> 교통신호

사진 자료: 카카오 로드뷰

(5) 갈림길에서 진입해야 한다

갈림길에서 차량 속도가 낮은 편이므로 운전가가 운전 이외에 다른 곳에 시선을 둘 수 있기 때문에 가장 높은 통방률 유도할 수 있다.

<사진 11-12> 갈림길

사진 자료: 카카오 로드뷰

⑹ 진출입이 원활해야 한다

어떤 업종이건 로드사이드에서는 진출입의 편리성은 기본이다. 진입하더라도 차량 이동속도나 차선 변경할 시간이 충분해야 하므로 사진에서 보듯이 진입로가 길게 형성되어 안전하게 진입할 수 있어야 한다.

<사진 11-13> 진출입

사진 자료: 카카오 로드뷰

⑺ 강력한 시인율을 확보해야 한다

행락형인 경우는 더욱 그렇다. 대로변일 경우 차량 속도가 빠르기 때문에 멀리서도 인지할 수 있어야 한다. 직선 도로에 있고 매장이 인지하기 쉽도록 간판이 크고 길어야 한다. 또한 직진 언덕 아래 길이나 커브 길의 안쪽에 있으면 점포를 인지하기 어려울 수 있다.

<사진 11-14> 가시율

⑻ 외관 교차로 코너형

인적이 드문 로드사이드 교차로 코너형 근처에 있는 경우 집객유도시설과 함께 있어야 한다. 교차로 코너에서 시야를 확보한 곳이라면 괜찮으나 가시성이 떨어진 곳에 있다면 주유소와 함께 있거나 다른 집객유도시설과 함께 있어야 인지하기 쉽다. 〈사진 12-14〉에서 보듯이 주유소를 좌측으로 보고 우측 방향으로 이동하면 냉면집을 인지하지 못하고 지나가게 되므로 다시 돌아오기 어렵기 때문이다.

<사진 11-15> 외곽 교차로 코너형

사진 자료: 카카오 로드뷰

Chapter 12.

점포 선정 변화율

1. 점포 선정 변화율 개요

배후분석적으로 모든 점포는 배후 성격, 배후 유형, 입지유형이 있고 그것에 최대한 부합할 때 좋은 자리가 될 수 있다. 그러나 여기에 해당하지 않으면 점포로서 가치가 없는가? 그렇지 않다.

점포 선정 변화율은 상권분석에서 유의미한 조절변수와 같다. 특별히 배후분석적 점포를 선정하면서 점포 선정 5요소를 기준으로 상권 변화, 업종 변화, 경쟁 환경 변화 등에 따라 변할 수 있는 변수를 28가지로 구분한 것이다. 그러나 막상 점포를 선정하다 보면 수치로 설명할 수 없는 것이 많은데 이때 유기적으로 점검하여 최대한 객관성을 유지하면서 점포 선정하는 데 도움이 되고자 한다. 따라서 점포 선정 변화율 각각의 항목은 그리 중요한 포지션을 차지하지 않을 수 있으나 전체를 비교해보면 점포의 명운을 가르는 중요한 사항이므로 최대한 다양하게 점검할수록 점포 선정 실수를 줄일 수 있기 때문에 그 어떤 사항보다 머릿속에 인식을 해야 한다. 따라서 평소에 상권 관찰과 점포 관찰을 할 때 고려하기를 바란다.

2. 점포 선정 변화율

2.1. 시인율(視認律)

시인율은 배후민이나 불특정인에게 일정 거리가 떨어진 곳에서 점포의 모양이나 색이 얼마나 잘 보이는지를 나타내는 척도이다.

<그림 12-1> 시인율

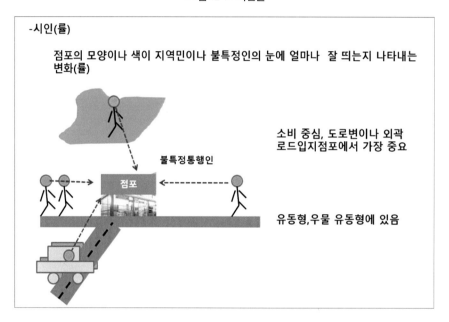

배후분석법에 민감한 업종에서는 매우 중요한 요소이다. 즉 같은 업종이라면 먼저 보이는 쪽으로 가기 때문이다. 가장 대표적인 업종이 편의점이다. 동선의 각도에 따라 다르지만 멀리서도 점포(편의점 등)가 먼저 보여서 방문하기도 하지만 외부의 간판이나 홍보(파라솔 등)시설물에 의해 편의점이 있음을 알려 고객을 유인하기도 한다. 일반적으로 시인율이 가장 민감하고 중요한 점포(편의점 등)는 로드사이드 창업이지만 배후 성격에 따라 중요성에서 차이가 있다. 이 점은 도시에서도 마찬가지이다. 대체로 같은 고객이라도 소비형에서는 눈에 보이는 것에 민감하여 먼저 보이는 곳으

로 방문하게 된다.

<그림 12-2> 소비형에서 가시율

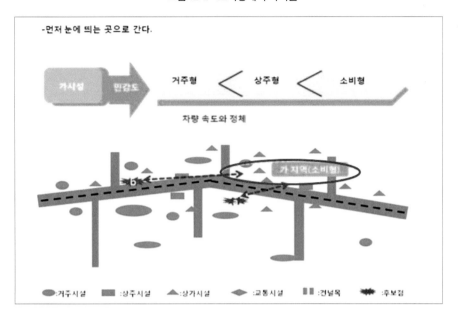

도로와 편의점의 관계(도로의 배후 단절효과 등)를 무시하고 그림에서 보듯이 상주형(오피스가)에서도 민감하여 길 따라 b점포(경쟁점)가 있지만 바로 보이는 a점포(후보점)로 더 잦은 방문을 하기도 한다.

이것은 차량의 정체나 속도와도 민감하며 점포(편의점 등)이 편의성을 얼마나 잘 준비 했는지에 따라 정도의 차이는 있다. 반대로 거주형에서는 보이는 것에 덜 민감하여 조금이라도 가까운 곳으로 가기 때문에 가시율에 가장 둔하다. 단지 조금 멀더라도 직선으로 떨어져 있다면 시인율의 효과를 보기도 한다. 이것은 동선에서 1차 동선first moving line의 효과이기도 하다. '가' 지역의 소비형에 있는 고객이 편의점을 찾을 때 길 따라 있는 B편의점이 인지하지 못하고 도로 건너편의 A점포(편의점 등)로 간다. 이런 것은 처음 방문하는 고객인 경우 확률적으로 더욱 높으며 야간 유흥 소비형이 발달한 곳일수록 1차 동선 효과는 더욱 잘 나타난다.

2.2. 인지율(認知律)

배후민이 특정 위치에 점포가 있음을 인지하여 그들이 구매 욕구가 생길 때 해당 점포에서 소비하려는 욕구가 얼마나 머릿속에 있는지를 나타나는 척도이다.

<그림 12-3> 인지율

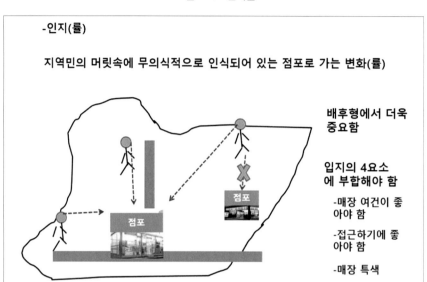

인지라는 것이 개인에 따라 다를 수 있지만 일반적으로 거의 모든 점포에 적용되는 매우 중요한 요소이다. 인지율이 높기 위해서는 입지의 4요소에 부합하면서 주동선에 있어야 하며 배후형에서 더욱 민감하게 관찰해야 한다. 아래의 세 가지를 점검해야 한다.

첫째, 시각적으로 보기 쉬운 곳에 있어야 한다. 매장이 못생겨도 얼굴은 보여야 한다고 말했다. 매장 여건이 좋아야 하며 점포가 있는 건물이 도로 안쪽으로 들어가서 건물 사이에 묻혀있기보다는 한발 바깥쪽으로 있어야 인지하기에 좋으며 일면보다는 이면으로 있어야 하고 매장이 협소하더라도 전면이 길어야 한다. 둘째, 점포가 고객이 접근하기에 좋아야 한다. 가령 매장 출입문의 계단이 높거나 경사져 있거나 출입문을 돌아서 들어가거나 이중문이 있어서 출구의 출구를 지나 매장에 진입해야 한다면 가망고객은 무의식적으로 해당 점포의 불편함을 인지하여 다른 경쟁점으로 발길을 돌리는 횟수가 늘어 날 것이다. 이런 인위적 접근성(고객 편리성에 의한 동선 접근성)은 선행 연구 논문에서 성과에 반영되고 있음을 충분히 증명하고 있다. 셋째, 매장이 특색이 있어야 한다. 가령 경쟁점에 없는 특화시설이 있다 던지 면적이 넓어서 쇼핑 공간이 넓어 다양한 쇼핑을 즐길 수 있거나 외부 휴게공간이 잘 갖춰져서 만남의 공간이 있어야 한다. 또는 경쟁점보다 월등히 다양한 상품과 서비스, 운영적인 노력도 인지율을 높이는 데 효과가 있다. 편의점과 같이 상품의 동질성이 높은 업종은 눈에 잘 띄지 않아도 가까운 곳의 점포에 대한 인지로 인해 찾아 가는 경향이 강하다. 아래 그림에서 a점포는 시인율과 인지율이 높지만 거주시설 중심의 배후형인 경우 가 지역 배후민은 b점포처럼 조금이라도 더 가까운 곳으로 방문하려는 경향이 강하다.

<그림 12-4> 거주형 인지율 사례

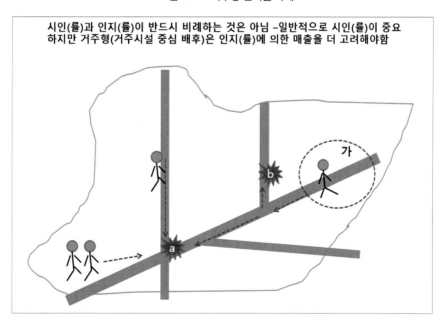

그러나 눈앞의 매출로 다가 오지 않으면 대부분 창업자는 등한시하기 쉽다. 하지만 창업은 장기적으로 꾸준히 운영하는 것이 중요하다. 인지율에 의한 매출은 당장

의 매출뿐 아니라 장기적인 경쟁력에서 드러나지 않는 매출이기 때문에 시인율에 가려 중요하게 인식하지 못하고 있다. 그러나 커피 전문점 창업이나 편의점 창업처럼 배후분석법에 민감한 업종이나 배후분석법적인 위치에 점포 선정 한 업종이라면 일정 매출이 오른 이후는 매출이 눈에 띄게 오르지 않는 것을 경험할 것이다.

이것은 업종의 매출 생성주기에 따라 매출이 오르지만 일정 시점 이후부터는 가랑비에 옷 젖듯이 매출이 변하기 때문이다. 인지율에 의한 매출 힘은 이 시기부터 서서히 작용을 한다.

2.3. 밀도율(密度律)

배후민(거주민. 종사자)이 있는 건물의 용적률이 법이 허용하는 한도 내에서 얼마나 높은지를 나타내는 척도이다.

<그림 12-5> 밀도율

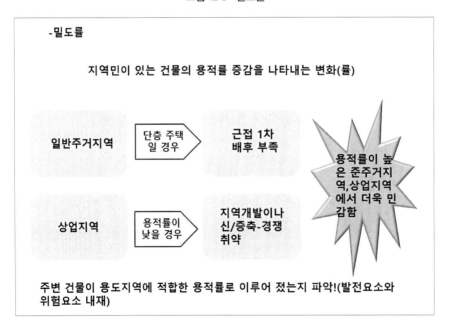

각의 용도지역(건축법상 주거지역,준주거지역,상업지역,공업지역 등)에 따라 법적 허용 용적률을 최대한 활용해서 건물의 밀도율이 높아야 구매할 수 있는 배후민이 많아진다. 가령 거주형은 일반 주거지역이므로 아무리 높아도 5층보다 높지는 않다. 따라서 거주형에서는 배후가 넓어야 하지만 배후가 아무리 넓어도 매출이 기대에 못 미치는 경우가 있다. 여러 가지 이유가 있지만 그 중 하나가 밀도율이 낮은 경우이다.

<그림 12-6> 용적률에 따른 밀도율

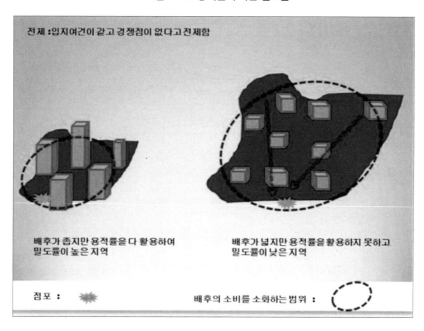

즉 〈그림 12-6〉에서 보듯이 어떤 지역은 땅이 좁아도 밀도율이 높아 배후민이 충분히 많아 매출이 나오지만 어떤 지역은 저층으로 이루어져 배후민이 적고 멀리 떨어진 곳은 접근성이 떨어져 매출이 발생하지 않는다. 특히 용적률이 높은 상업지역에서 저층으로 형성된 지역은 더욱 중요하게 파악해야 한다. 그 이유는 상업지역의 오피스가는 배후 성격이 상주형이므로 곳곳에 상가 시설이 발달해 있거나 시내에 있는 경우가 많으므로 경쟁입지에 취약하다. 따라서 상주형(오피스가)은 내방률이 매우 중요하므로 거주형(주택가)보다 1차 배후의 범위가 좁기 때문에 최대한 용적률을

활용하여 밀도율이 높아야 안정적인 매출을 기대할 수 있다. 주의해야할 것은 밀도율이 낮은 구도심은 개발이나 신축, 증축 등으로 지역이 활성화될 경우 경쟁점 진입에 취약할 수 있으므로 매우 주의해서 관찰해야 한다. 이렇게 밀도율은 그 자체가 중요하기보다는 지역 개발에 따른 상권 성장 측면에서 발전률과 연관이 많기 때문에 실전에서 한번쯤 짚어봐야 할 점포 선정 변화율이다.

2.4. 응집률(凝集律)

점포 선정에 있어 응집률은 배후의 거리적인 개념과 관계없이 배후시설이 얼마나 빼곡히 밀집되어 있는지를 나타나는 척도를 말한다.

<그림 12-7> 응집률

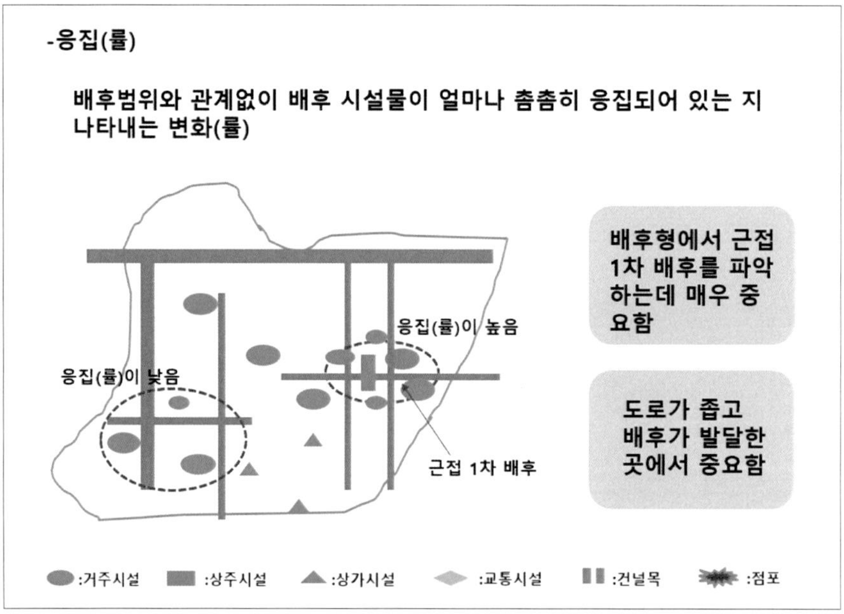

이것은 바다 게의 속이 꽉 찬 것이 좋듯이 응집률도 한정된 배후에서 배후민이 얼마나 많이 알차게 있느냐를 말하는 것이다. 배후민은 곧 매출이기 때문이다. 지역은

넓은데 건물들이 낮고 사이사이 도로는 넓고 도로 블록이 많으면 인구밀도가 떨어지고 배후민들이 새어나가는 곳이 많아진다. 이것은 응집률이 낮아 흡인율도 떨어지게 하는 원인이 된다. 그러므로 거주형은 작은 면적의 거주시설 즉 원룸이나 다가구주택 등이 많으며 주배후 진입로를 제외한 도로는 비정형적인 좁은 도로로 연결되어 있는 것이 좋다. 이렇게 주택이 빼곡히 있고 도로가 좁으면 배후민이 새어 나가기 쉽지 않으며 도로가 차지하는 면적이 적고 배후 시설이 차지하는 면적이 크다면 응집률이 높다.

상주형은 도로는 비교적 좁고 건물은 높아 수직 상권이 발달하면 응집률이 높다.

소비형도 도로는 비교적 좁고 건물은 높아 수직 상권이 발달하면 응집률이 높다.

이렇게 응집률은 앞서 언급한 밀도율과 함께 늘 함께 따라다니는 것으로 배후를 관찰할

때 매우 중요한 요소이지만 어떤 지역을 관찰하면서 반듯한 도로를 찾는 고정관념은 버려야 한다. 배후에서 근접 1차 배후는 가장 중요한 개념으로 밀도율과 응집률이 그 기준이 되므로 독립적인 매출이 기대되는 배후가 많기 위해서는 밀집률이 높아야 한다.

이상에서 보듯이 매우 당연한 내용이지만 막상 실전에서 배후를 관찰하다 보면 정작 가

까이 있는 배후는 보질 않고 먼 그림으로 관찰하다 보니 이런 중요한 포인트를 놓치게

되므로 점포 선정 변화율로 반드시 점검하는 사항으로 구분하였다. 〈그림 13-7〉은 응집률을 관찰하는 데 있어 배후가 넓은 지역과 좁은 지역의 차이점을 구분한 것이다. 배후가 넓은 경우 접근성이 좋아야 하므로 흡인율, 독점률이 높아야 하고, 배후민의 소비율, 구매율, 내방률이 높아야 한다. 반대로 경쟁률은 낮아야 한다. 배후가 좁은 경우 건물이 최대한 높게 자리잡아야 하므로 밀도율이 높고 건물들이 최대한 붙어있어야 하므로 응집률이 높아야 한다. 배후가 좁기 때문에 친화요소 중에서 내방률이 높아야 한다.

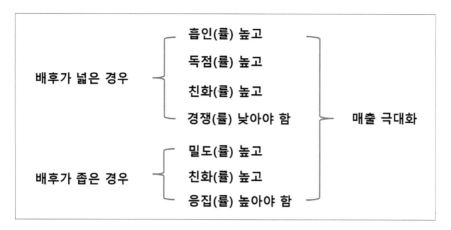

2.5. 밀착률(密着律)

밀착률은 어떤 배후에서 후보점을 중심으로 배후 시설물과 얼마나 가까이 접해 있는지를 나타내는 척도이다.

<그림 12-9> 밀착률

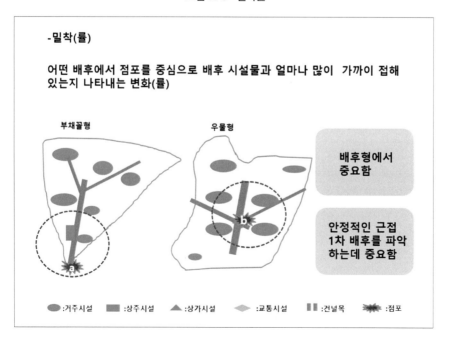

응집률과 밀도율은 양적(量的)관찰이지만 밀착률은 특정 점포와 배후가 얼마나 밀착하여 접해있는지 구분하는 것이기 때문에 입지유형에 따라 배후 밀착 정도가 달라진다.

이 세 가지 변화율은 배후형에서 근접 1차 배후를 파악하는 데 가장 중요한 요소이다. 좋은 근접 1차 배후는 배후가 빽빽이 형성되어 있어야 하고 건물이 높아야 하고 그런 배후와 직접 닿는 면이 3면이나 4면으로 형성되어 있어야 한다. 가령 그림의 입지유형 중에 부채꼴형은 전형적인 동선 배후형의 성격이 강하므로 각각의 배후와 닿는 면이 1면이나 2면인 경우가 많다. 따라서 a포인트에서 배후와 직접 닿는면이 좁다. 그런데 이런 입지유형은 일반인이 일반적으로 가장 좋아하는 자리 중에 하나다.

흔히 말하면 배후의 초입에서 통행량이 눈에 띄기 때문이다. 그러나 이런 입지는 무턱대고 창업하다가 배후 안쪽에서 경쟁점이 진입할 경우를 고전할 수 있으므로 경쟁 입지를 충분히 고려하던지 경쟁업체의 진입이 어려워야 한다. 입지유형 중에서 우물형은 주배후가 다양하기 때문에 직접 배후와 닿은 면이 많은 편이다. 따라서 b포인트에서 배후와 직접 닿는 면이 넓을 수밖에 없다. 이런 곳 중에서 상주형(오피스가)에서는 평일 주간에는 통행량이 눈에 띄지만 거주형(주거지역)은 낮엔 활동하는 인구가 적어 일반인의 눈에 띄지 않는다. 통행량이 중요한 지역이 아니고 직접 배후가 많아야 경쟁력이 있으므로 곳곳의 배후 밀착률이 높아야 안정적인 수익을 기대할 수 있다. 우물형과 마찬가지로 배후의 중심에 있는 중심지형, 독립 배후형 등처럼 대부분 배후형에 속하는 입지유형은 근접 1차 배후가 중요하기 때문에 점포 선정시 가급적 정확히 밀착률을 조사하는 것이 중요하다.

이상에서 보듯이 밀도율, 응집률, 밀착률의 의미는 매우 단순하고 당연하다. 그러나 이렇게 당연한 것을 현장에서는 매우 막연하게 보고 넘어가는 것이 문제이다. 막상 현장에서 조사해보면 눈앞에 보이는 아파트나 큰 빌딩은 눈에 띄지만 나머지 건물은 그렇게 세심하게 접근하지 못한다. 정작 아파트는 가장 낮은 친화율을 보이고 큰 건물 내 배후민이 나와서 이용하지 않는다면 의미가 없다. 다시 말하지만 위 세 가지는 그 의미에 맞게 관찰해보고 배후 성격, 배후 유형, 입지유형에 맞게 파악해 보기 바란다.

2.6. 흡인율(吸引律)

포괄 배후나 불특정 다수가 많이 다니는 배후에서 구매력이 있는 배후민이 구매 욕구가 생길 때 입지적 여건으로 인해 그들의 점포 방문을 얼마나 흡수할 수 있는지를 나타내는 척도이다.

<그림 12-10> 흡인율

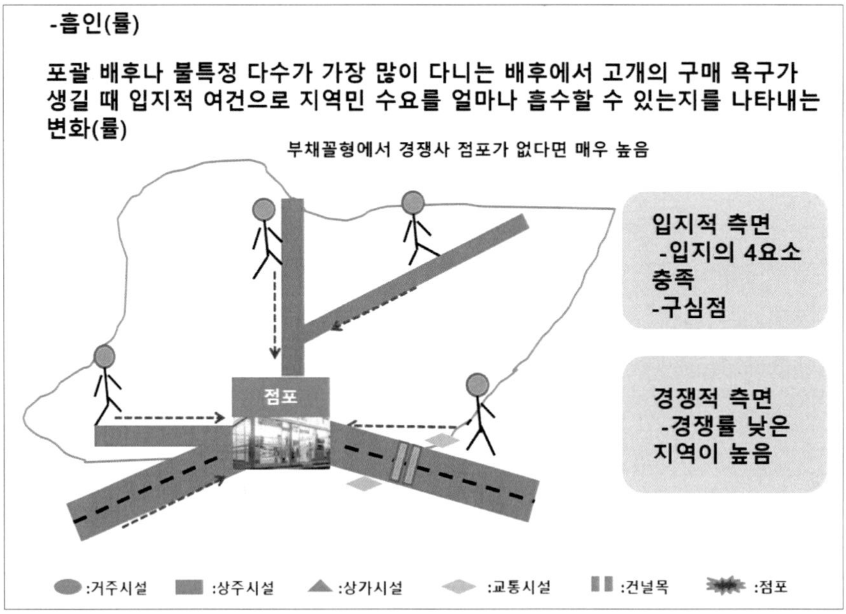

흡인율은 통방률과 다르게 구매 욕구가 있는 배후민을 타깃으로 하기 때문에 단순히 상품 차별화로 고객을 끌어들이는 것은 한계가 있다. 그래서 입지적 여건으로 극대화될 수 있는 자리를 찾아야 한다. 이것은 배후 성격, 배후 유형, 입지유형에 따라 극대화될 수 있는 자리가 다르며 주로 도로변 점포에서 적용한다.

가. 입지적 측면

배후형이라면 다음 건널목과 멀리 떨어져 있으며 주배후를 등지고 있어야 한다.

이들의 통행으로 점포방문을 유도할 수 있기 때문이다. 유동형이라면 건널목 접근성이 좋더라도 가장 먼저 눈에 띄는 것이 중요하다. 즉 '매장 얼굴이 못생겨도 보여야 한다.'

입지형은 주로 혼재형이면서 입지유형이 장방형인 곳에 있으며 건널목 접근성이 좋아야 한다. 다양한 배후민을 흡입해야 하므로 주배후와 다양한 집객유도시설을 배후로 하고 있어야 한다. 즉 주택뿐 아니라 회사원들이 이용하는 소비시설들이 잘 형성된 곳이거나 특수시설로 이동하는 길목이어야 한다.

<그림 12-11> 흡인율의 입지적 측면

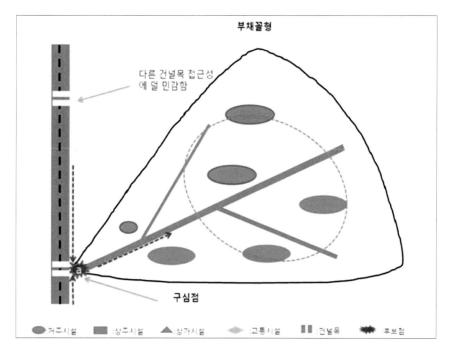

나. 경쟁적 측면

경쟁적 측면에서는 경쟁 점포가 없거나 최대한 멀리 있어야 독점률이 높아져 최대한 많은 가망고객이 내방할 수 있다. 이것은 도로변 입지의 배후형에서 가장 민감하며 부채꼴형 입지유형처럼 배후 구심점에 있는 경우 경쟁적 측면에 민감하지 않기 때문에 최상의 흡인율을 보일 것이다. 특히 부채꼴형에서는 건널목이 없어도 구심점으로 통과해야 하므로 건널목 접근성에 가장 민감하지 않다. 이런 자리는 고정적 고객의 통행량이 꾸준하기 때문에 상품 고객 타깃을 명확히 하지 않으면 적합하지 않을 수도 있다. 따라서 편의점, 베이커리 전문점, 떡집, 과일 가게 창업처럼 배후분석법에 민감한 업종처럼 대중적인 아이템이 유리하다. 단지 창업 상품성을 정확히 파악하여 상권 창업(4M)이나 기획 창업(1P)으로 접근하시는 분도 계시지만 충분한 준비를 한다면 성공할 확률이 높을 수 있다.

2.7. 유입률(流入律)

어떤 지역에서 통행인의 구매 욕구와 관계없이 입지적인 여건으로 후보점이 있는 주변 지역으로 통행인이 얼마나 유입되는지를 나타내는 척도이다.

<그림 12-12> 유입률

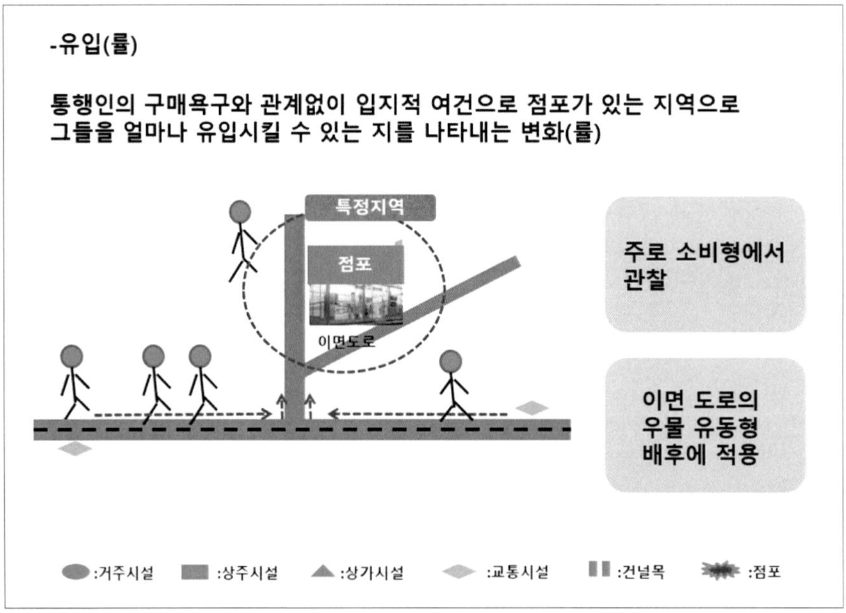

〈그림 12-13〉에서 보듯이 앞서 설명한 흡인율은 가시율과 인지율이 좋고 이동 목적 동선이 잘 갖춰진 곳으로 직접 점포를 보고 방문하는 것이기 때문에 전환 포인

트에 있어야 한다. 즉 흡인율은 '개별 점포'로 끌어들일 수 있는 힘을 말하지만 유입률은 '점포가 있는 주변'으로 자연스럽게 유입되는 것을 말한다. 쉽게 말해서 유입률은 매장 앞을 지나거나 직접적으로 매장에 방문하는 것을 말하는 것이 아니고 점포가 있는 지역으로 유입되는 통행량을 말한다. 즉 직접적인 매출이 일어나는 것이 아니기 때문에 불특정 통행량이 중요하다. 따라서 주로 배후 성격이 소비형(유흥, 판매시설 밀집지역)이거나 배후 유형이 유동형인 곳에서 적용된다. 이런 곳은 대체로 투자비가 높기 때문에 점포 선정 단계에서 수익적 계산을 철저히 점검하여 실수를 줄여야 한다.

<그림 12-13> 흡인율과 유입률

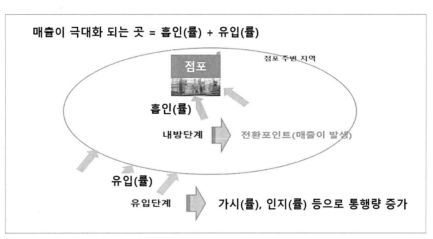

2.8. 통방률(通房律)

통행인이 많고 적음에 관계없이 통행인이 점포를 지나가면서 얼마나 방문하는지를 나타나는 척도이다.

사와우치 타카시(2004)는 이를 입점고객비율이라고 하여 점포의 정면을 지나가는 사람 수에 대한 점포에 방문한 고객수 비율로 입점고객 비율=입점고객수/통행고객수*100(%)로 구분하였다.

지나가는 통행량에 비해 방문률이 높은 경우가 실속 있는 점포가 될 수 있다. 예를 들어 어떤 지역은 100명이 지나갈 때 2명이 방문한다면 어떤 지역은 50명이 지나 갈 때 2명이 방문하기도 하다. 대체로 전자는 배후 성격이 소비형이며 배후 유형이 유동형(순수 유동형 배후, 우물 유동형 배후)인 경우이다. 따라서 불특정 통행인에 의한 충동구매가 높아야 하므로 소비형은 정말 많은 통행량이 있어야 한다. 이렇게 통행량이 많아야 장사가 되는 곳이므로 지나가는 사람은 많지만 상대적으로 그냥 흐르는 통행량도 많다. 위 표를 통해 편의점 창업의 사례를 보겠다.

임차료는 더 높을 수도 있고 낮을 수도 있지만 보통 통행량이 많은 곳은 임차료가 비싸다. 통행량이 눈에 띄는 곳은 이보다 높지 낮지는 않다. 통행량이 많은 곳은 객단가와 상품 마진이 낮기 때문에 배 가까이 소비자가 많이 들어오더라도 매출이 기대이상 높지는 않다. 어떤 분은 통행량이 얼마나 많은데 저것 밖에 안 들어오냐고 묻기도 한다. 통행량이 많은 곳은 통방률이 낮다. 즉 주택가보다 지나다니는 사람은 훨씬 많아도 그냥 단순 통과하는 비중이 높다. 그래서 통행량만 많아 봐야 눈에 보기에만 좋다. 더구나 투자비는 통행량이 많은 곳이 훨씬 높지 않다. 이렇게 통행량은 단순히 눈으로 보이는 것을 기준으로 판단할 수 있는 것이 아니라 수익이 얼마나 나고 얼마나 효율적인지 판단해야 한다. 이것은 이임동(2010), 최유나(2011), 황규성(2014) 연구 논문에서도 유동인구가 매출에 영향을 미치나 단위면적당 수익 증가엔 큰 영향을 미치지 않는다고 연구된바 있다. 맛집도 마찬가지이다. 맛집이 더 좋은 자리에 있다고 더 수익이 높지 않은 건은 통방률에 민감하지 않기 때문이다. 그래서 맛집은 가장 좋은 자리에 있지 않다. 가장 효율적인 자리에 있다. 이런 것을 감안하더라도 유동형에서 통방률이 극대화되기 위해서 다음 두 가지 요소를 갖춰야 한다.

첫째, 전환 포인트에 있어야 한다. 전환 포인트는 건널목 접근성, 가시율, 쉬어가는 전환점, 인지율 등이 조화를 이루는 곳이어야 한다. 이것은 도로변 점포인 경우 더욱 그렇다. 둘째, 유입률이 좋아야 한다. 유입률은 점포가 있는 지역으로 통행량이 모이는 것을 말하므로 주로 도로변 이면의 우물유동형에서 더욱 주의 깊게 관찰해야 한다. 배후 성격이 거주형이나 혼재형이며 배후 유형이 배후형(고정형 배후, 우물형 배후, 고정 우물형 배후, 동선형 배후)이거나 입지형(배후 입지형 배후, 유동 입지형 배후)인 경우이다. 이런 곳은 통행량은 많지 않아도 장사가 되기 위해서는 상대적으로 통방률이 높거나 내방률이 높아야 한다. 단지 자연적인 유입률은 입지의 성격이지만 인위적 유입률은 마케팅이다. 따라서 고객이 찾아올 수 있도록 상품이나 매장의 스토리를 입히는 것이다. 이것은 지역적인 요소, 가업(家業), 창업가 경험 등을 통해 고려될 수 있다.

<그림 12-15> 통방률 민감도

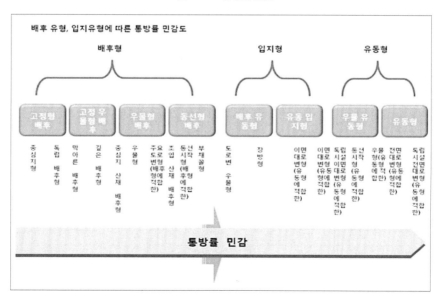

〈그림 12-15〉에서 보듯이 배후형에서 통방률이 높기 위해서는 입지유형에 따라 차이가 크기 때문에 일괄적으로 구분하는 것은 큰 의미가 없다. 단지 배후형에서도 동선형 배후인 경우는 건널목 접근성, 교통시설 접근성, 주배후 접근성이 좋아야 한다. 동선형 배후는 배후민이 반드시 지나가야 하는 구심점을 거쳐야 하는 유형이기 때문이다. 여기에 해당하는 입지유형은 부채꼴형, 동선 시작형 등이 해당합니다. 배후형에서도 고정형 배후이며 거주형인 경우는 통행량이 가장 적다. 배후의 안쪽에 있는 유형이므로 통방률에 민감하지 않기 때문에 건널목 접근성이나 교통시설 접근성에 가장 민감하지 않다. 목적구매율이 높기 때문에 주배후 접근성이 좋은 길목에서 배후 밀착률이 좋아야 경쟁력이 있기 때문에 입지유형은 중심지형, 막다른 배후형, 중심지 산재 배후형 등이 여기에 해당한다.

입지형에서 통방률이 높기 위해서는 입지의 4요소에 충족해야 한다. 특히 대부분의 입지형은 도로변에 있으며 그 자체의 중요성이 통방률이기 때문에 배후민이나 불특정 통행인의 흡인율이 극대화되어야만 하기 때문이다. 쉽게 표현하면 그물로 물고기를 잡을 때 물고기가 가장 많이 이동하는 곳에서 있는 것이기 때문에 입지의 4요소 중 어느 하나라도 부족하면 완벽한 입지형이 되기 어렵다. 이런 곳은 목적 구매율과 충동 구매율이 모두 높기 때문에 입지적인 요소가 가장 중요하다. 대표적인 입지유형이 장방형과 도로변 우물형 등이 있으며 경쟁적 입지 접근성은 경쟁 입지의 점포보다 우위에 있는 곳이어야 하므로 주의 깊게 관찰해야 한다. 이렇게 통방률을 위치적인 측면에서 비교하여 보았지만 이것은 상품의 동질성이 높은 업종인 경우에 한정하여 관찰한 것이므로 입지의 3요소로 행태적 측면에서 보면 업종과 업태에 따라 또 다른 차이가 있음을 함께 고려해야 한다.

2.9. 독점률(獨占律)

1차 배후의 범위 내에 경쟁점의 유무와 주배후와의 접근성에 따라 얼마나 독점적인지를 나타나는 척도를 말한다.

<그림 12-16> 독점률(시간적)

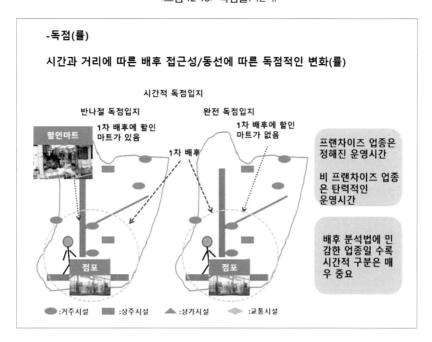

<그림 12-17> 독점률(거리적)

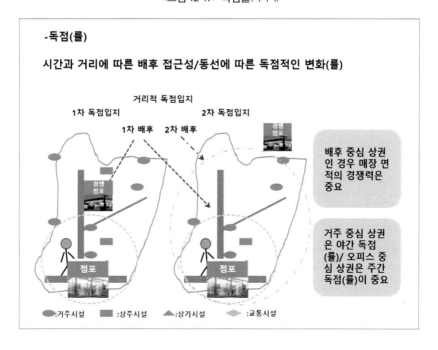

업종에 따라 시간적 독점 입지와 거리적 독점 입지로 구분할 수 있다. 일반적으로 독점 시간에 따른 구분이 무의미하다. 가령 부동산 중개업인 경우 상권이 넓고 온라인 영역이 활성화되어서 멀리 떨어있어도 어느 정도는 겹친다. 따라서 독점 시간이 무의미하다. 그러나 시간적 독점 입지는 후보점과 경쟁점이 운영하여 겹치는 시간 정도에 따른 구분이다. 상품의 동질성이 높은 편의점과 같은 업종이 민감하다. 가령 편의점은 경쟁점이 편의점 만 있는 것이 아니다. 넓게는 슈퍼나 마트도 상품이 상당 부분 중복이 되기 때문에 독점 시간을 구분하는 것이 의미가 있다. 따라서 24시간 독점 입지와 12시간 독점 입지로 구분할 수 있다. 시간적 독점 입지는 후보점과 경쟁점이 운영하여 겹치는 시간 정도에 따른 구분이다. 〈그림 12-16〉에서 보듯이 24시간 편의점의 1차 배후에 반나절 운영하는 마트가 있는 경우로 설명할 수 있다. 이때 편의점과 경쟁업체(마트) 운영하는 시간이 10시간 이상 겹치지 않는 경우를 반나절 독점 입지라고 말하고 20시간 이상 경쟁 업체와 겹치지 않는 경우는 완전 독점 입지로 구분한다.

이것은 거주형과 상주형에 따라 차이가 크다. 거주형은 주매출이 오후, 야간에 일어나므로 마트가 일찍 열고 일찍 문을 닫는 경우 독점률이 높다. 상주형은 주매출이 오전, 오후에 일어나므로 마트 영업시간이 늦게 열고 늦게 문을 닫는 경우 독점률이 높다. 그러나 경쟁점이 2차 배후에 있는 경우라도 1차 배후에 있는 것과 같은 타격을 입힐 수 있다. 이것은 경쟁점의 입지, 영업력, 매장 여건, 배후민의 친화율에 따라 달라질 수 있다. 이렇게 단순히 거리나 숫자로 판단하기보다는 배후 유형과 입지유형에 따라 관찰 범위가 달라질 수 있다. 완전 독점입지는 24시간 편의점이 있는 지역에서 1차 배후에 편의점이나 경쟁 마트(슈퍼)가 없는 경우를 말한다. 1차 배후에 한정하는 이유는 현실적으로 2차 배후까지 독점하는 곳은 거의 없기 때문이다. 이외에도 프랜차이즈 커피 전문점이나 문구점 등의 경우 운영시간이 정해져 있는 편이며 비 프랜차이즈는 비교적 지역이나 점주여건에 따라 불규칙적이기 때문에 시간적 독점입지는 매우 탄력적으로 판단해야 한다.

거리적(공간적) 독점입지는 일반적으로는 1차 독점 입지와 2차 독점 입지로 구분한다. 〈그림 12-17〉에서 보듯이 거리에 의한 1차 독점 입지는 1차 배후 바깥에 경쟁점이 있는 것을 말하며, 2차 독점 입지는 2차 배후 바깥에 경쟁점이 있는 것을 말한다. 일반적으로 1차 독점 입지는 많으나 2차 독점 입지까지 확보한 사례는 특별한 경우를 제외하고는 많지 않으며 또 그런 상황이 오래가지도 않는 편이다. 따라서 실전에서는 1차 독점 입지를 정확히 관찰해야 한다. 그러나 이것도 배후 성격, 배후 유형, 입지유형에 따라 동선의 영향을 받는 정도가 다르기 때문에 경쟁점포가 멀리 있어도 독점률이 떨어지기도 하고 가까이 있어도 독점률이 높을 수도 있다. 이것은 배후분석법에 최적화된 업종일수록 더욱 그렇다. 가령 배후 성격 면에서 거주형이 상주형보다 배후의 범위가 더 넓고 상주형이 소비형보다 배후의 범위가 더 넓은 것은 이런 측면이라고 할 수 있다. 편의점보다는 배후분석법에 민감하지 않지만 프랜차이즈 커피 전문점도 거주형에서 배후가 가장 넓고 상주형(오피스가), 소비형(유흥가 등)이 가장 좁다. 배후 유형 측면에서 배후형이 입지형보다 배후의 범위가 더 넓고 입지형이 유동형보다 배후의 범위가 더 넓다. 이렇게 거주형은 배후형이 많으며 상주형은 입지형과 소비형에 많으며 소비형은 유동 입지형이나 유동형에 많은 편이므로 배후 성격과 배후 유형을 따로 구분하는 것은 의미가 없기 때문에 배후 여건에 따라 유기적으로 판단해야 한다. 특히 미래 경쟁 입지를 파악하는 중요한 변화율이므로 현재 눈에 보이는 상황만으로 판단하는 것은 큰 의미가 없다. 입지유형 측면은보다 탄력적이므로 유형에 따라 순번을 메기기 더욱 어렵다. 단지 독립 배후형은 배후에 경쟁점이 들어설 수 없는 유형이므로 가장 독점률이 높다. 독립 배후형 이외의 18가지 입지유형은 각자 유형에서 최적화된 입지에 있기 때문에 배후 성격과 배후 유형을 종합적으로 고려하여 판단할 일이다. 이상에서 보면 독점률은 경쟁점적 측면의 관점이다. 그러나 현장에서는 독점의 가치보다 협업의 가치가 더 높은 경우도 있다. 집재성 상권의 경우 함께 모여야 더 높은 유입률로 상생하기도 하며 넬슨의 소매누적인력 및 양립성의 원칙에 따른 논리로 보면 그렇다. 특히 입지적 측면 외에 경영적 측면에서 외식업의 경우처럼 당장의 이익을 쫓는 무리한 상품 가격 경쟁은 장기적으로 바람직하지 않다. 따라서 현장에서 입지적 측면과 경영적 측면을 함께 고려하여 창업을 바라봐야 한다.

2.10. 흡수율(吸收律)

흡수율은 특정 점포와 동일한 성격의 점포가 있는 곳에 출점을 준비할 경우 경쟁점의 매출을 어느 정도 흡수할 수 있을지 파악하는 척도이다.

따라서 경쟁점의 유무와 관계없이 배후 매출 소화 정도를 말하는 소화율과는 구별된다. 즉 배후분석적 범위로 구분하는 것으로 출점하는 측면에서는 기존 점의 매출을 빼앗는 것이고 기존 점은 매출을 빼앗기는 것을 말한다. 이것은 경쟁적 입지 접근성과 매우 밀접한 사항으로 실전에서 매출 분석시 매우 중요하게 점검해야 할 변화율이다. 가령 〈그림 12-18〉과 같이 a편의점이 있고 추후 b 경쟁 편의점으로 진입하려고 한다. a편의점의 배후 성격은 거주시설과 상주시설이 5:5인 혼재형이고 배후 유형은 동선 배후형이고 입지유형은 장방형이다. 약 5,00미터 떨어진 b 위치에 경쟁점이 오픈한다면 얼마나 매출이 떨어질 수 있을까? 우선 a 점포의 매출 분포를 보면 평일엔 낮 시간대에 도로변의 상주시설에서 출근 동선,식사 동선,상주 동선에 의한 매출 이 50% 차지하고 있다. 야간은 거주시설에 의한 매출이 30% 차지하고 있다. 건너편 배후의 매출이 10%이고 통행량에 의한 매출이 10% 차지하고 있다. 주말 낮엔 주변 배후민에 의한 매출이 15% 야간에 거주시설에 의한 매출이 60% 건너편 배후와 통행량에 의한 매출이 35%를 차지하고 있다. 즉 b 점포가 흡수하는 매출은 가장 기본적으로 a편의점과 b편의점의 2차 배후가 겹치는 빗금 부분의 매출이 갈라지게 된다. 구체적으로 평일엔 상주시설의 출근 동선, 상주 동선에 의한 매출이 1/3 하락한다. 야간에는 2차 배후에 있는 거주시설의 매출이 1/2 하락한다. 건너편 배후와 통행인에 의한 매출은 차이가 거의 없다. 주말엔 낮에 상주시설에 의한 매출 하락은 거의 없다.

야간에 거주시설에 의한 매출이 1/2하락한다. 건너편 배후와 통행인에 의한 매출은 차이가 거의 없다. 결론적으로 a 점포가 매출이 높을수록 매출 하락은 의외로 높게 나올 수 있다. 물론 물가 상승, 상권 활성화로 인한 매출은 별개로 판단하더라도 2년 후 임차료가 상승하는 부분이 있어 이 점과 상계한다면 매출 하락으로 인한 타격은 상당하다. 이렇게 배후분석법에 민감한 업종은 아무리 경쟁점과 거리가 멀리 떨어져도 배후 성격과 배후 유형에 따라 매출 하락은 클 수 있기 때문에 점포가 도로변

<그림 12-18> 흡수율

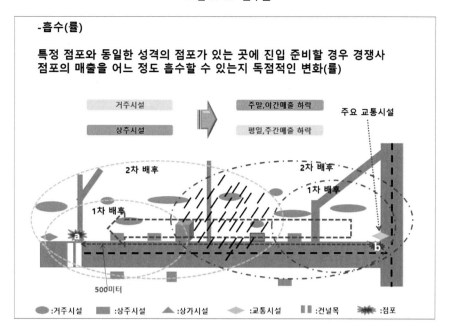

을 따라 멀리 떨어져 있다고 방심해서는 안 된다. 이외에도 편의점이 있는 위치의 근접 1차 배후에 커피 전문점이 출점 할 경우도 편의점의 커피 음료 매출과 이종 매출 비교법 등을 활용하여 어느 정도 추정할 수 있다.

2.11. 경쟁률(競爭律)

1차 배후 내에서 경쟁점과 경합의 정도를 나타내는 척도로 경쟁점과의 거리와 큰 관계없이 매출에 영향을 미치는 정도를 말한다.

경쟁은 끝도 없고 예측할 수도 없는 것이기 때문에 굳이 구분할 필요가 없을 수도 있다. 그러나 실전에서는 단순히 경쟁점이 있고 없고가 아니라 경쟁점이 있는 지역의 상황을 이해하는 데 있다. 특히 눈에 보이는 정도가 아니라 철저히 매출 관점에서 봐라 봐야 하기 때문에 가볍게 흘려 볼 일은 아니다. 경쟁정도에 따라 강경합과 약경합으로 구분한다. 실전에서는 상품 위치성이 낮은 동네 상권 창업에서 중요하게 점검해야 한다.

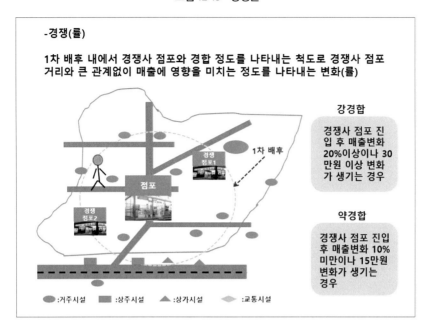

가. 강경합

눈에 보이는 경쟁은 절대적 개념으로 특정 배후에 경쟁점이 하나만 있는 경우와 여러 개가 있는 경우가 있다. 하나인 경우는 근접하여 하나만 있는 경우를 말하고 여러 개인 경우는 근접하지는 않아도 1차 배후 안에 여러 개가 있는 경우를 말한다. 그렇다면 하나만 있는 것보다 여러 개인 경우가 더 나쁘다고 말할 수 있을까? 꼭 그렇지만은 않다. 이미 다른 경쟁점이 또 다른 경쟁점의 매출을 흡수하거나 중복되기도 하기 때문에 후보점은 별다른 영향이 없는 경우도 많다. 따라서 경쟁점의 숫자에 연연하기보다는 다음의 상대적 개념처럼 매출과 연관하여 봐라 봐야 한다. 편의점을 예로 들면 눈에 보이지 않는 경쟁은 상대적 개념으로 특정 배후에 경쟁점의 오픈으로 기존 점포의 매출이 20% 이상 하락하거나 30만 원 이상 하락하는 경우를 말한다. 매출의 20%라는 의미는 매출 생성주기(오픈 후 매출이 정상에 도달하는 기간)적으로 2년 내 회복이 가능한 숫자를 말한다. 즉 20%가 넘게 하락하면 매출 회복률이 급격히 떨어져서 본래의 매출에 도달하지 못하거나 더 오래 걸릴 수 있는 기준을 말한다.

30만 원은 '10단위 수익 민감도'를 기준으로 수익이 현저히 떨어지는 수치를 말한다. 편의점의 경우 일 평균 약 30만 원이 떨어지면 수익적으로 150만 원 내외의 수익이 줄어들게 된다. 일반적인 점포를 기준으로 본다면 매우 큰 금액이다. 이렇게 각기 다른 업종에도 그 특징에 맞게 적용하여 봐야 한다.

나. 약경합

강경합과 마찬가지로 눈에 보이는 경쟁은 절대적 개념으로 특정 배후에 경쟁점이 하나만 있는 경우와 여러 개가 있는 경우가 있다. 하나인 경우는 2차 배후 내에 경쟁점이 하나만 있는 경우를 말하고 여러 개인 경우는 2차 배후 내에 여러 개가 있는 경우이다. 이 점도 강경합과 마찬가지로 하나만 있다고 매출 하락이 낮고 여러 개가 있다고 높은 것은 아니다. 그러나 전체적으로 강경합보다는 상대적으로 매출에 영향을 주는 정도가 약하므로 실전에서는 민감하게 볼 필요는 없다. 눈에 보이지 않는 경쟁은 상대적 개념으로 특정 배후에 경쟁점의 오픈으로 기존 점포의 매출이 10% 미만 하락하거나 15만 원 미만 하락하는 경우를 말한다. 매출 10%나 15만 원 미만인 경우는 편의점 매출 상승 요인과 매출 생성주기적으로 보통 1~1년 반 정도면 회복이 된다. 10단위 수익 민감도는 업종에 따라 차이가 있기 때문에 업종 현황에 맞게 파악하면 된다. 이상으로 경쟁률은 단순히 경쟁 정도를 구분하는 것이 아니라 미래 경쟁입지 측면에서 매출 하락에 따른 대응책을 모색하는 것이므로 멀리 보고 좀 더 장기적인 관점에서 접근해야 한다.

2.12. 확장률(擴張律)

현재 상태의 특정 배후에서 수요증가에 따른 상권 연장을 위한 연속 점포 개설 등이 가능한 지리적 여건이 갖춰져 있는지 확인하는 척도를 말한다.

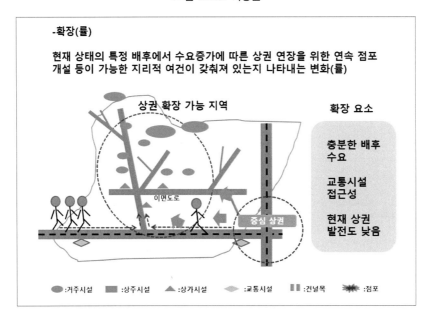

따라서 확장률은 작은 소비형 상권이나 주택가 상권에서 다양한 상권 영향에 미치는 요인에 의해 현재 완성된 상권에서 추가적인 성장성을 점검하는 성장률과는 구분해야 한다. 보통 상권 확장이 가능한 상권은 확장배후형 상권이나 재생상권으로 잠재력이 있는 지역이다. 특히 상권의 핵이 있는 상권 주변 지역이 이렇게 확장될 확률이 높지만 그에 따른 경쟁입지competitive location도 취약할 수 있다. 예를 들어 그림 <18-27>에서 보듯이 가지처럼 뻗어 나갈 수 있는 곳을 중심으로 사이드 배후가 경사가 심하고 고급 주택으로 되어 있다면 상권 확장에 제약요인이 된다. 그러나 지나치게 확장성이 높다면 오히려 상권 확장에 따른 상권 발전은 경쟁점이 진입할 수 있는 환경만 만들어 주는 것이 되므로 준비된 창업으로 자신만의 기술과 콘셉트로 승부하는 스몰 창업(자기 기술 중심이며 인건비 최소화 창업)이 유리하며 지나친 생계형보다는 적절한 포트폴리오를 구축하며 창업하는 것이 바람직하다.

2.13. 소화율(消化律)

어떤 배후에서 점포 배후의 가망 매출을 어느 정도 소화할 수 있는지를 나타내는 척도이다.

<그림 12-21> 소화율

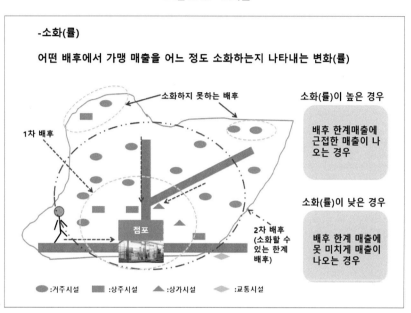

소매포화지수Index of Retail Saturation; IRS와 밀접한 관련이 있지만 이는 지역시장의 수요 잠재력을 총체적으로 측정할 수 있는 지표로 많이 이용되는 것이다. 그러나 소화율은 개별 점포의 틈새를 공략하기 위한 기준으로 활용한다. 어떤 배후가 100이라고 가정할 때 어떤 점포의 배후의 한계 매출에 근접하여 매출이 나올수록 소화율이 높다고 하고 반대로 배후의 한계 매출에 훨씬 못 미쳐 매출이 나올 때

소화율이 낮다고 하고 말할 수 있다. 이런 소화율은 매출이 발생하는 공간적 여건에 따른 구분과 해당 배후에서 지역민의 매출 흡수율 정도에 따른 구분으로 나눌 수 있다.

공간적 여건에 따른 것은 입지적 여건, 거리 등에 의해 측정해 볼 수 있으며 편의점과 같이 배후분석법에 최적화된 업종의 경우 적용할 수 있다.

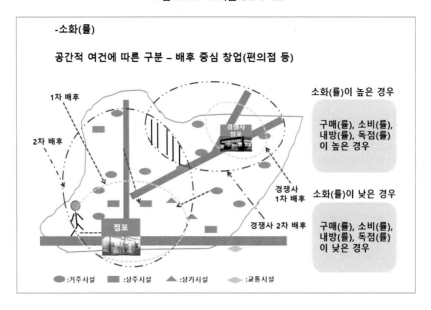

<그림 12-22> 소화율(공간적 여건)

따라서 점포와 멀리 떨어져 있는 지역민이 업종 친화율 즉 구매율, 소비율, 내방률이 높다면 해당 점포는 높은 소화율을 보여줄 것이다. 그러나 이런 지역은 경쟁점의 타깃이 되므로 그림과 같이 소화율이 낮은 지역에 경쟁사 점포가 진입한다면 빗금이 있는 부분은 경쟁점으로 흡수될 수 있다. 따라서 공간적 여건에 따른 소화율은 아래의 세 가지는 부합해야 한다.

첫째, 접근성이 좋아야 한다. 접근성은 통행의 제약요인과 근접성을 말하지만 구체적으로는 입지의 4요소를 말한다. 둘째, 독점률이 높아야 한다. 어차피 1차 배후의 독점률은 높겠지만 배후가 넓은 곳의 2차 배후에서 독점률이 높기 위해서는 경쟁점이 없거나 멀리 떨어져 있어야 한다. 셋째, 친화율이 높아야 한다. 친화율은 판매 변화율 중 하나로 구매율, 소비율, 내방률을 말한다. 즉 배후민이 해당 업종의 점포로 얼마나 적극적인 소비를 하느냐를 말하는 기준이 된다. 배후 접근성이 좋고 독점률이 높아도 배후민에 해당 업종을 적극적으로 이용하는 소비자가 적다면 의미가 없기 때문이다. 가령 어떤 지역의 배후가 넓은 곳에 편의점이 있다고 가정한다. 점포와 배후 접근성도 좋고 독점률도 높다. 그러나 매출이 안 나오는 경우가 있다. 그 이유는 배후민의 친화율이 현저히 낮아서 편의점 소비에 반감을 갖는 배후민이 많기 때문이다. 반대로 어떤 지역이 배후가 좁은 곳에 편의점이 있다고 가정한다. 점포와 배후 접근성도 좋고 독점률이 높다. 일반적으로는 배후가 너무 좁으면 매출이 높게 나오지 않는다. 그러나 배후민의 친화율이 현저히 높은 경우는 적극적인 소비를 하고 객단가가 높으며 자주 방문하기 때문에 일반적인 기준보다 매출이 훨씬 높게 나오는 경우도 있다. 배후가 좁은 곳에서 소화율이 높고 매출이 극대화되기 위해서는 위의 세 가지 외에 두 가지가 부합해야 한다. 밀도율과 응집률이 높아야 한다. 배후 좁은데 일반적인 지역과 같다면 매출이 나올 수 없다. 빼곡히 모여 있으며 배후민이 있는 건물이 최대한 높이 형성되어 있어야 배후민이 많이 있을 수 있기 때문이다. 반대로 어떤 지역이 배후가 좁은 곳에 편의점이 있다고 가정한다. 점포와 배후 접근성도 좋고 독점률이 높다. 일반적으로는 배후가 너무 좁으면 매출이 높게 나오지 않는다. 그러나 배후민의 친화율이 현저히 높은 경우는 적극적인 소비를 하고 객단가가 높으며 자주 방문하기 때문에 일반적인 기준보다 매출이 훨씬 높게 나오는 경우도 있다.

매출 흡수율에 따른 것은 경쟁사 점포의 경영능력, 마케팅, 상품력, 매장여건 등에 의해 배후 소화율이 낮아질 수 있다. 특히 이런 현상은 배달 전문업종의 발달로 더욱 증가하고 있다. 따라서 창업가는 지나치게 독점 상권을 강조하기보다는 상품의 가치를 높이는 데 중점을 두어야 할 것이다.

<그림 12-23> 소화율(매출 흡수율)

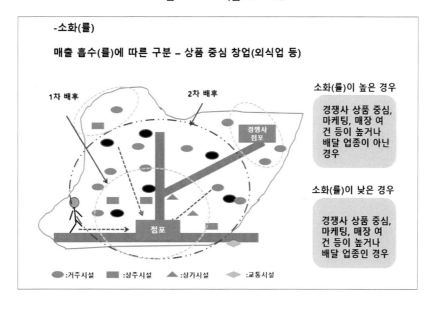

이상의 내용으로 볼 때 배후가 넓다고 매출이 높다고 말할 수 없고 배후가 넓다고 소화율이 높다고 말할 수는 없다. 따라서 점포 선정하는 데 있어 무조건 배후가 넓은 것에 초점을 맞추기보다는 소화율적 관점은 매출 안정성을 중심으로 바라봐야 정확히 맥을 짚을 수 있다.

2.14. 수요율(需要律)

특정 지역에 어떤 업종이 생기기를 기대하고 있는 가망 수요자들이 얼마나 많은 지를 나타나는 척도이다.

<그림 12-24> 수요율

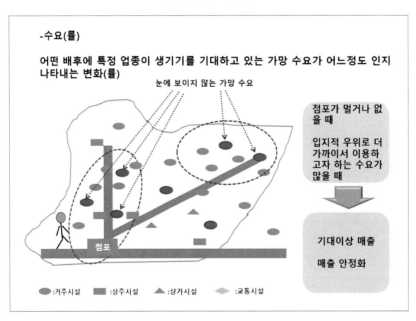

즉 어떤 지역에 a업종을 창업하여 매출이 기대 이상으로 잘 나올 때는 수요율이 높다고 말할 수 있다. 그러나 친화율과는 다르다. 친화율은 배후민의 성향에 따른 구매 유형에 한정하지만 수요율은 배후민 성향(친화율), 입지적 특성, 업종 특성, 지역 특성 등을 고려한 배후민의 잠재 수요이기 때문에 훨씬 복잡하다. 수요율이 높은 지역

을 파악하는 것은 음식업 같은 개별성이 높은 업종과 편의점처럼 개별성이 낮은 업종을 구분해야 한다. 음식업의 경우는 두 가지 측면에서 수요율이 발생한다.

첫째, 특정 업종이 없는 지역을 말한다. 가령 분식점은 중. 고등학교가 있는 곳에는 필수적인 업종이다. 어떤 지역에 분식점이 없다면 기본적인 수요율은 있다. 따라서 맛이 조금 떨어져도 학생들이 요기를 해결하기 위해서 기본적인 장사는 된다. 그러나 음식업은 개별성이 강하고 입맛도 다양하여 지역에 없는 업종이라도 오픈 한다고 무조건 수요율에 의한 매출을 기대할 수는 없다. 예를 들어 배스킨라빈스31 같은 특정 아이스크림 전문점은 업종 경쟁력, 소비자 니드, 소비자 층, 협의의 상권, 광의의 상권 등 업종 정체성에 부합하는 지역을 선정하여 입점하므로 상권분석이 매우 까다롭다. 그렇기 때문에 배스킨라빈스 같은 체인점이 많지 않은 아이스크림 전문점은 심도 깊은 상권분석을 요구하기 때문에 지역에 없다는 것만으로 수요율이 높다고 판단할 수 없다. 둘째, 이미 유사 업종이 있는 곳을 말한다. 이 경우 두 가지로 구분하여 볼 수 있다. 하나는 이미 오픈 한 업종의 맛이 현저히 낮아 지역민들은 없으니까 소비하게 된다.

그러나 양과 질적으로 뛰어난 경쟁점이 진입하면 기존 점포는 어렵게 된다. 따라서 이 경우 엄밀히 수요율에 의한 매출로 보더라도 매우 불안전한 매출이 될 수밖에 없다. 다른 하나는 특정 업종은 한 점포보다 여러 점포가 모여서 더 잘 되는 경우가 있다. 이를 집재성 업종이라고 하는데 신림동 순대 볶음, 응암동 감자탕, 신당동 떡볶이 전문점 등을 말한다. 이것은 엄밀히 보면 배후에 수요율이 있는 것이 아니라 수요를 끌어들이는 지역이다.

이런 업종은 사회적 분위기에 매우 민감하다. 가령 가축 전염병이 유행하거나 야채 값이 폭등하여 양이 줄어들면 소비자에게 바로 반응이 나온다. 따라서 이들 업종이 모여 있는 지역은 배후분석적 접근과 무관하게 상권이 형성되었기 때문에 대체로 고정 배후가 약하다면 매우 어려운 창업이 될 수 있다. 반면 편의점처럼 개별성이 낮은 업종 즉 배후분석에 민감한 업종은 두 가지 측면에서 수요율이 발생하는 지역을 찾는다.

첫째, 경쟁점이 없는 지역을 말한다. 사실 경쟁점이 없는 지역을 찾는 것은 그리

쉬운 일이 아니다. 그러나 편의점은 없지만 마트만 있는 지역이 있다. 특히 마트가 더욱 눈에 띄고 신선식품의 비중이 낮은 지역이라면 편의점 수요율이 높을 수 있다. 즉 직접적인 경쟁자는 없지만 간접적인 경쟁자의 현황을 통해 진입할 수 있다. 둘째, 경쟁점이 있는 지역을 말한다. 흔히 경쟁점이 생기는 6가지 입지를 말한다. 경쟁점이 있는 지역 중에 소화율이 낮은 지역을 말한다. 근래는 편의점에 대한 인식과 수요층이 넓어졌다. 그러다 보니 간단한 식품은 편의점에서 구매를 한다. 그런데 너무 멀리 있으면 두 번갈 일도 한 번만 가게 되므로 이런 지역 중에 주배후 접근성이 좋은 곳이 있다면 충분히 그런 수요를 흡수하기 위해 오픈한다. 이 경우 배후분석적인 요건에 충족해야 하므로 쉽게 오픈 할 일은 아니므로 주의를 해야 한다. 이렇게 수요율은 매우 당연한 변화율 이지만 실전에서는 이를 정확히 파악하는 것은 쉽지 않다. 눈에 보이는 것으로 수치화할 수 없기 때문에 어쩌면 보이지 않는 것이 맞을 수도 있다. 그래서 이것은 경험과 다양한 점포의 사례를 봐야만 조금씩 찾을 수 있다. 눈에 보이면 변화율이 아니다.

2.15. 구매율(購買律)

구매의 의미는 물건을 사고파는 행위를 말한다. 판매 변화율 중 하나로 배후분석법에서는 단순히 구매하는 행위가 아니라 가망고객이 특정 점포에서 방문하여 소비하고자 하는 욕구를 나타내는 척도이다.

이것은 평상 구매와 충동구매로 나눌 수 있다. 평상 구매는 말 그대로 평상시에 구매 욕구가 생기면 방문하여 구매를 한다. 즉 입지적 여건을 따지지 않는다. 충동구매는 지나가다가 충동적으로 구매하는 행위로 입지적 여건이나 매장 여건이 매우 중요하다. 따라서 여기서 말하는 구매율은 충동구매를 제외한 구매를 말한다. 즉 소비자의 성향과 해당 업종에 대한 인식에 따라 결정된다. 편의점과 같이 배후분석에 민감한 업종은 소비자 성향에 따라 더 거리가 멀더라도 기꺼이 구매하기 위해 방문한다. 이런 구매율이 중요한 이유는 시설물이 다양하고 그에 따른 소비자는 세분화되어 있기 때문이다.

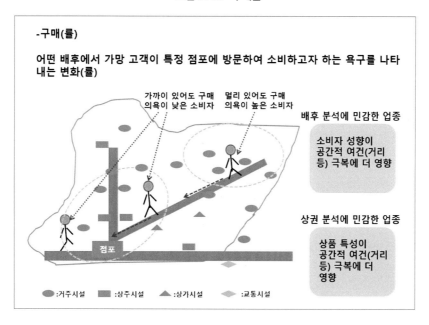

<그림 12-25> 구매율

일반적으로 대가족은 마트형 소비에 민감하므로 평소에 편의점을 이용하러 방문하지 않는다. 그러나 일반 빌라로 형성된 지역은 대형 마트보다는 동네 중형 마트에서 더욱 적극적으로 소비를 하는 편이다. 따라서 중형 마트의 경쟁력이 낮거나 멀리 떨어진 지역은 편의점 구매율이 높게 나온다. 특히 원룸에 거주하는 독신자는 서 조리하는 식사보다 인스턴트식품에 익숙하기 때문에 구매율이 매우 높다. 이런 시장은 1인 가구 증가로 더욱 증가할 것으로 보인다. 단지 어느 업계가 더 경쟁력있는 상품으로 선도하느냐의 차이가 있을 것이다. 상주형(오피스가)에서는 거주형보다는 소득수준에 민감하다. 그러나 상주형에서 중요한 것은 업무 성격에 따라 직원의 소비 성향이 차이가 크다. 즉 벤처 회사나 비교적 활동이 자유로운 대기업 직원이 구매율이 높다. 일반 기업도 젊은 직원이 많은 곳은 구매율이 높다. 그러나 공기업이나 관공서 직원은 구매율이 현저히 낮다. 가령 구청이나 세무서 앞에 있는 편의점은 이들 시설 근무자와 무관하게 운영이 된다. 따라서 점포 선정시 관공서는 집객유도시설로 보지 않기 때문에 이외의 배후 여건을 철저히 관찰하는 것이 중요하다. 소비형에서는 엄밀히 말하면 소비시설 종사자도 직장의 일원으로서 상주형과 성격이 같다.

단순 유흥 소비시설 종사자는 비교적 출근은 늦은 편이고 담배 등 구매가 많은 편이다. 판매시설 종사자는 일찍 출근하므로 점심 식사 시간이나 업무 중에 잠시 휴식차 간식거리도 구입하므로 구매율이 더 높은 편이다. 상권분석에 민감한 외식업은 상품의 특성이 더욱 중요하다.

이상에서 볼 때 구매율은 점포 선정할 때 단순히 통행량을 관찰하여 소비자를 파악할 수 있는 곳은 구매율에 민감하지 않다. 눈에 보이지 않는 동선에서 발생하므로 겉으로 눈에 띄게 드러나지 않기 때문에 시설물의 현황을 통해 1차적인 구매율의 변화를 예측한다. 그리고 업종의 적합성 등 상권분석을 철저히 하여야 올바른 구매율을 읽을 수 있다.

2.16. 소비율(消費律)

어떤 배후에서 가망 고객이 점포에 1회 방문하여 소비할 수 있는 금액을 나타내는 척도이다. 쉽게 말해 객단가 얼마나 높은지 말하는 것이다.

<그림 12-26> 소비율

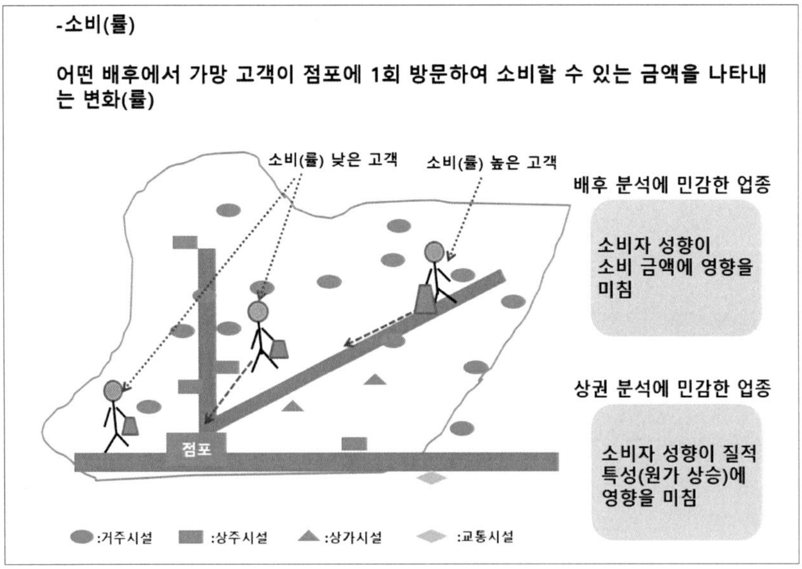

-소비(률)

어떤 배후에서 가망 고객이 점포에 1회 방문하여 소비할 수 있는 금액을 나타내는 변화(률)

소비(률) 낮은 고객   소비(률) 높은 고객

배후 분석에 민감한 업종

소비자 성향이 소비 금액에 영향을 미침

상권 분석에 민감한 업종

소비자 성향이 질적 특성(원가 상승)에 영향을 미침

점포

● :거주시설   ■ :상주시설   ▲ :상가시설   ◆ :교통시설

점포 입장에서는 마진율 높은 상품 구매 비중이 높고 많이 소비하는 고객이 왕이다. 그러나 특별한 고객과 특별한 제품을 파는 곳을 제외하고 일반적인 매장에서 이런 고객이 주류를 이루기는 쉽지 않다. 그럼에도 불구하고 배후분석법에서 소비율의 중요성은 경쟁과 한정된 배후이기 때문이다. 즉 어떤 지역이건 경쟁점이 있거나 경쟁점이 생길 수 있다. 또한 충분히 매출이 담보되는 배후를 확보한 점포를 찾는 것도 쉽지 않다. 따라서 소비율은 구매율, 내방률은 3대 판매 변화율이라고 하여 소비자의 구매 패턴에 따른 매출을 파악하는 데 중요한 요소이다.

앞서 언급했듯이 구매율에서 외식업은 소득수준에 민감한 편이고 단순 판매업은 민감하지 않은 편이다. 소비율에서는 외식업은 소득수준에 매우 민감한 편이고 단순 판매업은 상대적으로 민감하지 않은 편이다. 가령 소고기와 돼지고기를 판매하는 곳일 경우 소비율이 높은 곳은 소고기의 판매 비율이 높고 덩달아 고단가의 사이드 메뉴의 판매도 높다. 그렇지 않은 곳은 돼지고기의 판매 비율이 높고 저 단가의 사이드 메뉴의 판매도 낮다. 따라서 소비율 자체가 중요하기보다는 일반 음식업 창업에서 단순히 창업상품성에 따른 상권평가가 중요하다.

단순 판매업(편의점 등)인 경우 소비율은 매우 중요하다. 그림 〈18-36〉에서 보듯이 거주시설의 노란 동그라미의 거주시설 구매자는 구매율과 다르게 나타난다. 즉 원룸이나 고시텔의 소비자는 구매하는 욕구는 높아 구매하고자 할 경우 즉각 구매하는 경향이 강하지만 많은 소비를 하지는 않는다. 따라서 소비율이라는 측면에서 보면 대체로 소득수준이 높은 거주민이 소비율이 높은 편이다. 그러나 도시 직장형 거주민이 많은 오피스텔 거주민은 마트형 소비보다는 편리한 소비를 선호한다. 즉 멀리 가지 않고 편의점(일반적인 거주형 평균 객단가(4,000~5,000원)에서도 대량 구매를 하기 때문에 일부 오피스텔의 평균 객단가는 2만 원에 육박하는 곳도 있다. 이렇게 오피스텔 거주민은 구매율도 높고 소비율도 높은 편이다. 상주형이나 소비형은 구매율과 비슷한 양상을 보이지만 차이가 있다면 소득이 높거나 상권의 질이 높은 곳은 단체로 다과나 간식거리를 구매하는 빈도가 높기 때문에 객단가가 상승하는 경우가 있다. 이렇게 소득수준이 높은 곳은 한번 방문할 때의 소비율이 매우 높은 편이다. 따라서 이런 지역에서는 일반적으로 내방률이나 구매율이 낮은 편이므로 소비율까지 낮다면 매우 어려운 점포가 될 수 있다. 소득수준이 높은 지역에 출점하는 경우 소비율은 필수 점검사항이다. 이처럼 소비율은 소득수준에 민감하지만 배후분석법에서 소비율을 제외하는 지역은 최고급 단독주택과 같은 지역은 예외로 한다. 소득수준이 높은 곳에서 소비율은 통상적인 소비행위가 발생하는 전제하에 하는 말이지 전혀 소비를 하지 않는 곳에서는 의미가 없기 때문이다. 가령 대형 단독주택으로 형성된 곳의 구성원은 실제 소유 가족과 일하는 사람들이 있다. 실제 소유 가족은 그들이 소비하기보다는 일하는 사람들이 모든 것을 준비하므로 소비를 하지 않는다. 따라서 일하는 사람들의 소비가 없다면 거의 경제행위는 발생하지 않는다. 간혹 마트는 없고 소비율에 의존하는 고급주택단지에 편의점이 진출하여 나중에 마트가 진입하여 낭패보는 경우도 있으므로 소비율은 점포 선정의 한 요소일 뿐 너무 치중하는 것은 좋지 않다.

결과적으로 소비율은 얼마나 많이 또는 비싼 물건을 소비하는지 객단가를 말하는 것이다. 따라서 소비자 구성원의 성향을 파악하는 데 매우 중요한 요소이다.

2.17. 내방률(來訪律)

특정 점포에 배후민이 하루 평균 또는 일정 기간 동안에 얼마나 자주 방문하는지를 나타나는 척도를 말한다.

상권에 맞는 상권분석하면서 통행량을 많이 따지지만 여기에는 통행인의 목적을 연령별로 구분한다. 이것은 상권의 유입률적인 분석이라고 한다. 또한 통방률도 유동형 입지에서 불특정 통행인의 방문률을 말한다. 따라서 유입률과 통방률은 불특정 통행인의 동선을 말하지만 내방률은 특정 점포로 특정인이 얼마나 자주 방문하는지 나타내는 것을 구분하는 것이므로 배후민 성격이 정해져야 하고 업종이 특정되어야 하고 배후 접근성이 중요하다. 가령 주택가 분식점이라면 가장 자주 가는 사람은 학생이나 독신자일 것이다. 이들이 아무리 많이 방문하더라도 하루에 두 번 이상 방문하는 경우는 거의 없다. 즉 통행량과 관계있는 것이 아니다. 가정의 가장이라면 한 달에 한두 번 방문할까? 가령 가족단위 밀집 지역인 거주형에서 돼지 갈비집이라면 가장 자주 가는 사람은 어떤 사람일까? 학생이 혼자 가서 식사하지 않는다. 가족이 함께 가기 때문에 최소 2인 이상이 움직인다.

<그림 12-27> 내방률

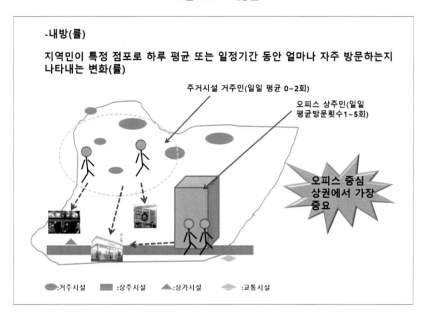

이들은 얼마나 자주 이용할까? 우리나라 가족의 한 달 평균 외식 횟수는 3~5회라고 하는데 그 많은 업종 중에서 돼지갈비집을 선택하여 가는 것이므로 이 역시 한 달에 한두 번 방문한다면 아주 자주 가는 것이다. 목적방문이 많지만 소비간격이 긴 편이다. 가령 회사원이 많은 상주형에서 약국이라면 가장 자주 가는 사람은 어떤 사람일까? 아무래도 기호 식품을 파는 곳이 아니다 보니 아픈 사람들이 방문할 것이다. 그러나 가정상비약은 남성보다 여성들이 더 많이 구매하는 경향이 있으니 젊은 여성 방문이 더 높다. 그러나 이들도 약국을 하루에 몇 번씩 방문하지 않는다. 어쩌다가 약이 필요할 때 방문한다. 따라서 일주일에 한두 번 방문하는 것도 흔한 일은 아니다. 가령 주점이나 클럽이 있는 소비형 중에서 불완전 소비형은 어떨까? 특정 술집은 어떤 사람들이 가장 자주 방문할까?

술 좋아하고 모임 성격에 따라 다르겠지만 처음 가는 지역이라면 즉흥적으로 방문하기도 하지만 대부분은 어느 정도 목적지를 정한다. 이상에서 보면 내방률은 큰 의미가 없다. 오히려 음식업은 상품력과 서비스가 더욱 중요하다. 그나마 약국도 특정인 방문 횟수는 낮기 때문에 상품력과는 상관이 없이 가장 가까운 곳에 간다. 따라서 내방률이 가장 중요한 업종은 상품 동질성이 높은 편의점, 슈퍼마켓 같은 소매업이다. 여기서도 배후 성격에 따라 중요성의 차이가 있다. 거주형에서 주부가 편의점에 방문하는 횟수는 아이들이 있는 경우는 그나마 많게는 1주일에 3회 이상 방문한다. 다른 가족은 주 1회 내지 2회 성격에 따라서는 전혀 방문하지 않는다. 즉 거주형은 자주 방문하지는 않기 때문에 소비율이 높은 편이고 배후가 넓어야 한다. 결론적으로 거주형이 소비율이 낮고 배후가 좁다면 매우 어려운 지역이 되는 것이다. 따라서 내방률로 인해 점포 매출에 중요한 영향을 미치는 곳은 회사원이 모여 있는 상주형이다. 이곳에서 편의점은 하루에 최소 세 번 직접 노출된다. 출근 시간, 점심시간, 퇴근 시간대로.

사람에 따라 다르지만 쉬는 시간마다 내려오는 경우까지 합치면 노출 횟수는 많게는 5~6회나 된다. 즉 담배, 식사 대용식품, 커피 등을 고르게 구매하기 때문에 이들은 하루에 한 번 이상은 방문하게 된다. 따라서 1인이 2~3번 내방하는 것이 흔한 경우가 된다. 즉 거주형은 자주 방문하지는 않지만 소비율이 높은 편이고 배후가 넓다. 반면 상주형은 소비율은 낮고 배후가 좁은 편이다. 그렇기 때문에 동일인이 자주 방문하는 내방률이 중요한 이유이다. 그러나 상주형에서 점포 선정은 그렇게 간단하지 않다. 대체로 임차료가 높은 편이며 내방률이 극대화될 수 있는 소비자인지 확신이 없기 때문이다. 이 부분은 상주민 성향과 경쟁여건, 회사 여건 등 다양한 사항을 고려해야 하지만 그전에 이런 이동 목적 동선에 따른 매출의 비중을 이해해야 한다. 가령 〈그림 12-28〉처럼 도로변으로 오피스가 형성되어 있는 지역이 있다고 가정하자.

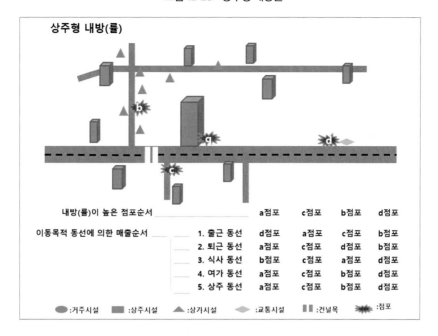

<그림 12-28> 상주형 내방률

a편의점은 가장 큰 오피스 건물의 교통시설의 방향에 있다.

b편의점은 도로의 이면 도로에 오피스 내 회사원들이 이용하는 먹자골목이 있는 곳에 있다.

c편의점은 길 건너편의 군소 오피스가 몰려있는 곳에 있다.

d편의점은 오피스가 밀집된 지역으로 가는 교통시설의 초입에 있다.

내방률 자체로만 보면 a, c, b, d점포 순서로 높다.

출근 동선에 따른 매출은 모든 회사원이 이용하는 교통시설에서 나와 첫 번째 있는 d점포의 매출이 가장 높다.

퇴근 동선에 따른 매출은 기호식품이나 담배 구입이 많으므로 회사에서 퇴근하자마자 처음으로 마주치는 a, b점포에서 매출이 가장 높다.

식사 동선에 따른 매출은 회사원들이 이용하는 먹자골목에 있는 b편의점에서 매출이 가장 높다.

여가 동선에 따른 매출은 회사와 가장 가까운 a, c편의점이나 휴게공원이 있는 방향이 가장 높다.

상주 동선에 따른 매출은 회사원이 쉬는 시간에 쉽게 접근할 수 있는 곳이어야 하므로 a, c점포가 가장 높다.

일반적으로 회사원이 있는 오피스가에서 가장 높게 형성되는 매출은 상주 동선(30% 전후), 출근 동선(25% 전후), 식사 동선(15% 전후), 여가 동선(3% 전후), 퇴근 동선(2% 전후), 나머지 25% 전후는 불특정 통행인의 매출로 형성된다. 이렇게 동선에 따른 매출 변화가 다르므로 단순히 통행량과 통행인의 성향을 보고 매출을 파악하는 것은 적합하지 않다. 더구나 매출을 파악할 때 내방률은 상주 동선에서 가장 높기 때문에 오피스가, 원가에서는 각별히 신경 쓰고 접근해야 한다.

2.18. 이전율(移轉律)

어떤 점포를 같은 상권 내로 이전하더라도 기존 수요(매출)를 얼마나 유지할 수 있는지를 나타내는 척도를 말한다. 즉 기존 점 매출이 부진하여 이전하기보다는 유지 또는 더 높은 매출을 기대하고 이전하는 것을 말한다.

<그림 12-29> 이전율

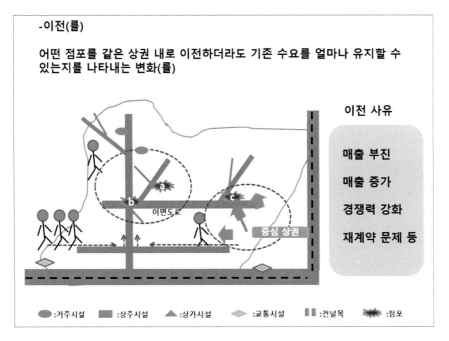

〈그림 12-29〉에서 보듯이 창업을 하다보면 a점포에서 매출 부진 등 이유로 더 좋은 자리인 b점포이전할지 유입률이 높은 c점포로 이전할지 판단해야 하는 경우가 있다. 보통은 2차 배후를 넘는 이전율은 매출 회복률을 장담할 수 없기 때문에 1차 배후 이내에서 이전을 전제로 한다. 1차 배후 내 이전이므로 상권분석적 접근보다는 배후분석적 접근으로 고객 이탈이나 유입률 등을 고려하여야 하므로 의외로 측정하기가 까다롭다. 또한 한 번 이전한 경우 다시 돌이키기 어려우므로 장기적인 관점에서 접근해야 한다. 일반적으로 같은 상권으로 이전을 하는 이유는 다음과 같다.

첫째, 임대인의 명도나 과도한 임차료 인상 등 고정비 상승으로 합리적인 임차료 지급이 가능한 위치로 이전한다. 실제로 〈사진 12-1〉사례의 점포를 운영하는 경영주는 과도한 임차료임에도 불구하고 이전하기 전 자리에서 운영을 열심히 하여 자리를 잡는다.

<사진 12-1> 이전율(고정비 상승에 따른 이전)

그러나 재계약 기간에 건물주가 과도한 임차료 인상을 요구하여 경영주는 매장면적은 약10평이 부족하지만 임차료가 3/1저렴한 바로 옆의 점포로 이전을 한다. 이전한 점포는 입지유형과 배후유형에 변화가 없는 1차 동선 상에 있기 때문에 매출은 유지되고 이전으로 매출 100% 유지할 수 있었다. 이렇게 적정 수익은 나오지만 지나친 고정비 상승 등 이유로 수익률의 저하를 예측하여 미래 경쟁력을 높이기 위해 이전한다. 둘째, 점포의 매출 향상과 상권 제압력을 높이기 위해 경쟁력 있는 매장으로 확대하고자 이전한다. 지역 제압 전략으로 기존점 운영으로 상권에 대한 확신이 설 때 더 경쟁력이 높은 지역의 점포로 이전하는 것을 말한다. 보통 스크랩 앤 빌드 전략으로 시행한다. 셋째, 대체점포로서 추가로 점포를 낸다. 이 경우 초기에는 보조 점포나 방어 점포의 성격이 강하지만 첫 번째 점포는 폐점을 전제로 하기 때문에 제1 점포의 매출을 대체점포로 서서히 이동시킨다. 이 경우 상품 중심 창업인 경우 주요하며 3~6개월 운영을 통해 서서히 이전시키는 것이 유리하다. 넷째, 점포의 매출 부진으로 더 좋은 자리로 이전한다. 상권분석적으로 업종의 경쟁력은 있다고 판단되나 위치가 최적화되지 않아 경쟁력이 높은 자리로 이동하는 경우이다. 이 경우 이전을 해도 매출이 안 나오는 경우 상권분석과 배후분석적으로 적합하지 않은 업종으로 판단해야 한다. 이전율에 따른 판단하기 위한 적합한 범위는 1차 배후이므로 배후분석적 접근법으로 판단한다.

1.18.1. 배후분석적 이전율

배후 성격, 배후 유형, 입지유형을 기준으로 이전율을 책정해 볼 수 있다. 고정 배후형에서 덜 민감하고 동선 배후형에서 민감하다. 따라서 고정 배후형은 이전율 100% 도달할 수 있고 동선 배후형은 동선에 의한 변수가 많기 때문에 이에 못 미칠 확률이 높다. 또한 조금만 이전해도 입지유형이 변하기 때문이다.

〈사진 13-1〉사례에서 보듯이 상품의 동질성이 높은 업종인 편의점의 경우 매장 면적이 줄어들어도 초 근접 1차 배후 내 이전일 경우 이전율 100%를 보이기도 한다. 그러나 비슷한 거리로 이전을 하더라도 배후 유형이 다르고 입지유형이 다르게 될 경우 전혀 다른 매출이 나오는 경우도 있다. 가령 〈사진 12-2〉의 경우 a위치에

편의점이 있었으나 여러 가지 사정으로 인해 이면도로 한쪽 배후 7미터 거리 b위치로 이전하였다. a위치는 배후 성격이 혼재형이며 배후 유형은 동선 배후형이며 입지 유형은 부채꼴형이며 동선 시작형의 성격이 강하다.

<사진 12-2> 이전율(배후분석적)(지도 사진 자료: 카카오 맵)

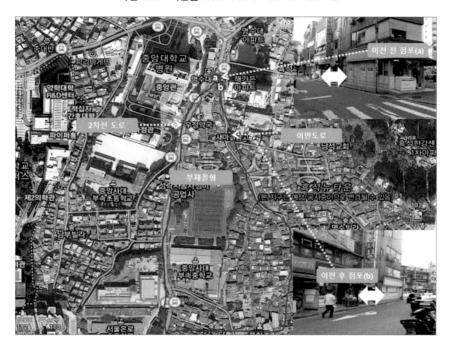

b위치는 배후 성격이 혼재형이며 배후 유형은 동선 배후형에 가깝고 입지유형은 명확하지 않다. 즉 동선과 배후민 접근성에 의한 매출이 중요한 편의점 창업의 경우 엄청난 차이가 난다는 것을 이해해야 한다. 이 경우 문제 될 것은 이전으로 인해 매출 영향이 크지 않더라도 향후 경쟁입지 측면에서 매우 약해지기 때문에 수익이 나오더라도 안정적인 위치가 될 수는 없다. 따라서 어쩔 수 없이 이전할 사항이 생기더라도 이 점도 충분히 고려해야 한다.

1.18.2. 상권분석적 이전율

1차 동선 내 이전인 경우 오히려 확장에 따른 매출 상승효과가 더 높게 나타나는 경우는 고객에게 더 질 좋은 서비스를 제공하는 경우이다. 그러나 같은 음식업인 경우 근접 1차 배후라도 업종과 업태, 상품력에 따라 매우 다양한 결과가 나온다. 다음의 맛집은 a위치에서 직선거리로 150미터 되는 b위치로 확장이전하였다.

<사진 12-3> 이전율(상권분석적)(지도 자료: 카카오 맵)

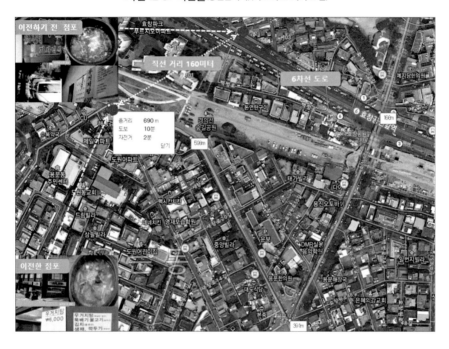

그러나 〈사진 12-3〉 사례의 a식당은 대로변에서 기사님들의 식사 손님을 잘 유입하였다. 4000원 단일 메뉴에 매장도 좁고 주차는 주차단속을 감안해야 하는 대로변에 주차해야 했다. 그럼에도 불구하고 점심시간뿐 아니라 꾸준히 기사님이나 상주민이 방문하였다. 그러나 메뉴를 추가하고 가격을 2,000원 올리면서 b위치로 더 넓고 크게 이전을 하였지만 예전 손님을 흡수하지 못했다. 즉 차량 동선에 의한 수요가 대부분이었으나 조금 안쪽으로 이전하였어도 도로를 따라 가면 690미터나 되었다. 차량 고객의 수요를 유지하여 못하여 1년도 안 되어 문을 닫고 말았다. 물론 상품력에 대한 특별한 힘이 부족한 점과 가격도 문제였지만 전반적으로 큰 타격은 주고객의 차량 동선을 고려하지 못하여 기존 고객 이전율이 50%도 안 되었기 때문이

다. 이렇게 배후분석에 최적화된 업종은 근접 1차 배후라도 입지유형에 민감하고 상권 창업인 경우 이전율은 아무리 근접 1차 배후 내 이전이라도 단순히 위치로만 따질 것이 아니라 상품력과 기존 입지와 새로운 입지의 동선을 철저히 고려하지 않으면 실패할 확률이 높아질 수 있다.

1.18.3. 혼합적 이전율

상권과 배후 측면 모두 고려하여 이전율은 측정하는 것은 매우 어려운 일이다. 특히 통행량이 꾸준하지 않고 상권이 완벽하게 갖춰지지 않은 경우 각종 이동 목적 동선에 따른 변동폭이 크기 때문에 이전율을 정량화하는 것은 더욱 어렵다.

<사진 12-4> 이전율(혼합적)(지도 자료: 카카오 맵)

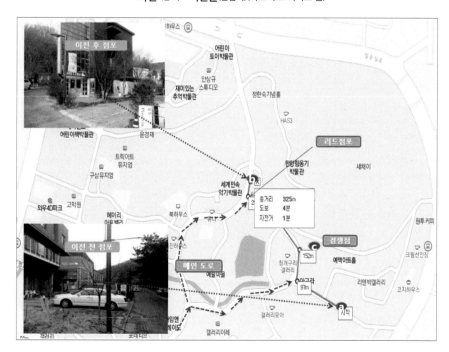

〈사진 12-4)〉에서 보면 a 위치에 00디저트 전문점이 오픈하였다. 케익, 쿠키, 커피 등은 상권과 상품의 특성상 각종 마케팅이나 상품력에 의한 고객이 많으며 교외 나들이형 상권outskirts trip trade area이기 때문에 소비간격이 길어서 재방문에 의한 매

출은 낮은 편이다. 자리를 잡고 b 위치에 추가로 오픈하여 a 위치의 점포는 다른 업종으로 전환할 계획이었다. 그러나 b 위치로의 이전율이 매우 낮아서 a 점포는 매우 고전을 한다. 또한 경쟁점이 많고 상권 발달도가 높지 않으므로 이전으로 인한 이탈률이 높아질 수 있는 어려움이 있다. 특히 나들이형 상권에서는 주동선의 분산이 많기 때문에 상권 측면에서 현재 위치(ⓐ)에서 디저트를 즐기고자 하는 소비자도 무시할 수 없다. 즉 다른 곳에서 식사를 하고 구경을 하고 한적한 곳에서 잠시 쉬며 맛있는 디저트를 즐기고 자 하는 고객이 많았기 때문이다.

배후 측면에서 이전한 점포(ⓑ)는 경쟁점(ⓒ)과 더욱 가까운 위치에 있게 되어 산책하는 고객의 소비(소비 동선)는 감소한다. 상품력 측면에서 매우 높지 않다면 상권력, 배후력에 의한 하락 폭은 더욱 커질 수 있다. 상품력은 찾아오는 손님이기 때문이다.

영업력 측면에서 각종 홍보나 업무가 증가하여 직접적으로 보이지 않는 손실은 매우 크게 된다. 위와 같은 이유로 위 점포는 b 점포로 고객을 유도하여 a 점포의 매출로 돌아오는 데 약 1년이 걸렸다. 물론 이전한 점포는 입지적으로 가시율이 높고 리드점포가 바로 옆에 있어서 불특정통행인에 의한 방문도 높아졌지만 a 점포를 인지하고 있는 고정객을 유도하는 데는 상당한 어려움이 따른다.

이전율은 안김전략 등을 고려하여 전략적으로 이전하지 않는 이상 단순히 더 좋은 자리로 이전한다는 막연한 계획은 위험하다. 특히 소비간격이 길고 상권 완성률이 낮은 나들이형 상권에서는 매장 콘셉트가 매우 중요하므로 전략적으로 접근하지 않으면 1년 이상을 고생할 각오를 해야 한다.

2.19. (점포)전환율(轉換律)

상권이나 배후에서 1~2년을 기준으로 영업을 하는 점포의 주인이 바뀌거나 업종이 얼마나 바뀌는지 나타내는 척도를 말한다.

따라서 상권과 업종의 적합성을 판단하는 근거로 활용할 수 있다. 점포 전환율은 전체 전환율과 중복 전환율로 구분할 수 있다.

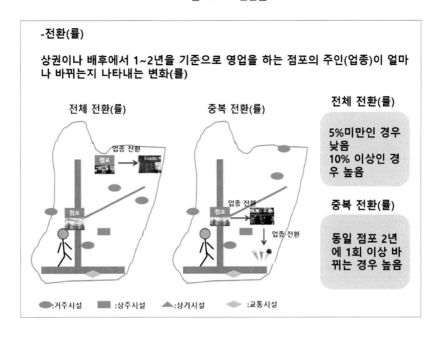

1.19.1. 전체 전환율

전체 점포 수 대비 점포의 전환 비율을 말하며 바뀌는 점포 수가 연 10% 이상이면 전환률이 높다고 한다. 대체로 이런 전환율은 기존 상권에서 5% 전후의 전환율은 선순환하는 상권으로 보고 지역 대표 상권, 융복합상권, 대학가 상권, 환승 상권 등처럼 상권 발달도가 높은 상권에서 적용한다. 신규 상권은 사업주의 성향과 개인 능력 차이가 매우 크기 때문에 정량적으로 파악할 수는 없다. 특히 상권의 색깔이 명확하지 않거나 도시 개발 상권인 경우 상권이 형성되는 시기는 매우 길어질 수 있어서 전환율은 큰 의미가 없다.

1.19.2. 중복 전환율

개별 점포의 점포 전환율을 말한다. 개별 점포의 전환은 점포의 개별 사항이므로 그 자체가 중요하지 않고 전체 전환율이 10% 이상인 상권에서 중복 전환율을 측정하는 것이 의미가 있다. 따라서 기존 상권인 경우 전체 전환율이 5% 전후인 상권은 크게 불안정하다고 볼 수는 없지만 동일 점포의 중복 전환율이 높은(2년 1회 이상) 점포가 많을 경우 매우 불안정한 상권이라고 할 수 있다. 그 이유는 점포 주인이 자주 바뀌는 것은 영업력이 떨어지거나 상품력이 떨어지는 창업가가 많다는 것이며 이는 창업 초보자가 많다는 증거이므로 아직 상권의 색깔이 명확하게 형성되지 못했다는 것을 의미하기 때문이다. 그러나 전환율이 낮은 상권에서 유독 중복 전환율이 높은 경우가 있다. 특히 인기 창업인 커피를 주류로 하는 창업에서 자주 볼 수 있는데 이 경우 업종 적합성이나 매장 콘셉트에 문제가 있다고 볼 수 있다. 따라서 창업가는 상권에서 잘 되는 업종을 쫓기보다 고객이 요구하는 가치가 무엇인지 정확히 파악한 후 진입해야 한다.

신규 상권은 상권 형성 초기이므로 업종 매칭성도 낮고 불안정한 창업이 반복되므로 전환율도 높고 중복 전환율도 높은 편이다. 특히 도시 개발 상권인 경우 초보 창업자의 진입 비율이 높기 때문에 전환율은 더욱 높다. 이정란(2017)은 '업종다양성에 따른 상권의 형성 과정 및 변화 과정' 연구에서 다양한 업종의 점포가 집적한 상권에서는 점포 교체가 다이내믹하게 일어나는 반면, 동종 점포가 집적한 상권의 경우 점포 변화가 정체된 특징을 나타내게 된다고 하였다. 특히 주택가 변환 상권이나 도시 리모델링 상권은 업종의 다양성이 높은 융복합상권의 성격으로 발전하기 때문에 점포 전환율이 높을 수 있다. 이런 상권에서 뛰어난 상품력, 영업력으로 기대 이상의 성과가 나는 경우 더 넓은 상권 또는 확장을 위해 전환되는 선순환이 발생한다. 이렇게 확장을 위해 나가게 되면 그런 자리에는 유사 업종이 진입하여 제2의 창업을 준비하기 때문에 이런 전환율은 오히려 상권이 활성화되는 과정으로 봐야 한다.

2.20. 경쟁 매출 흡수율(競爭賣出吸收律)

동일 배후에 경쟁점이 다른 점포로 바뀌거나 폐점하게 되는 경우 경쟁점의 매출을 얼마나 흡수하는지 나타내는 척도를 말한다. 반면 흡수율은 현재 경쟁점이 있는 배후에 출점할 경우 어느 정도 매출을 흡수할지 파악하는 것이다. 따라서 경쟁 매출 흡수율은 어떤 지역에 오픈하여 방어 점포나 공생 점포의 폐점으로 편의점의 매출 변화를 파악하는 것은 이미 경쟁점의 매출을 파악하고 우리 점포가 진입하여 매출이 증가하는 것을 모니터링 하므로 배후분석적 매출 변화 예측이 가능하다. 당장 우리 점포 매출 파악도 어려운데 불확실한 미래의 일을 예측하는 것은 무의미하다고 볼 수도 있다. 그러나 경쟁 매출 흡수율을 파악하기 위해서는 해당지역 상권을 꽤 뚫어 그 지역에서 확실한 상권 제압력을 높이기 위해 한번쯤 점검해야 할 일이다. 따라서 경쟁 매출 흡수율을 파악하기 위해서는 세 가지를 파악하고 있어야 한다.

첫째, 우리 점포의 단계별 매출 생성주기를 정확히 이해해야 한다. 기본적으로 오픈을 하게 되면 손익 매출, 목표 매출, 기대 매출에 도달하는 기간이 있다. 편의점의 경우 3~3년 반에 최고점 매출에 도달하므로 어느 시점에 경쟁점이 진입하느냐에 따라 매출 상계점을 파악할 수 있기 때문이다.

둘째, 진입하는 경쟁점의 매출 생성주기를 파악해야 한다. 경쟁점이 오픈 이후 경쟁점이 확보한 배후와 그에 따른 매출을 파악해야 우리 점포의 한계 매출을 통한 흡수율을 파악할 수 있다. 셋째, 경쟁점 진입 이후 우리 점포의 매출 변화를 파악한다. 경쟁점이 진입한 이후 우리 점포에 미친 매출 변화를 파악해야 우리 점포의 실질적인 매출상승률과 하락률, 상계 매출을 파악할 수 있다.

• 경쟁 상권에 따른 구분

가. 내가 운영하는 점포 주변에 경쟁점이 진출하게 되면 우리 점포의 매출은 하락한다.

이것은 배후가 한정된 곳일수록 배후분석법에 민감한 업종일수록 더욱 그렇다.

예를 들어서 〈그림 12-31〉에서 보듯이 어떤 배후에 편의점이 운영 중이다.

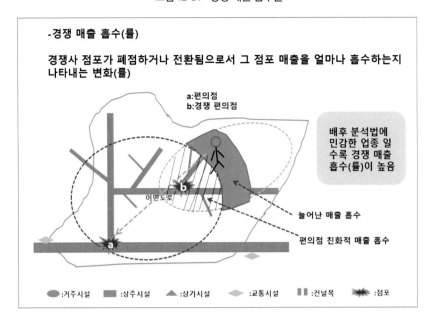

전제 조건으로 이 배후에서 먼저 진입한 편의점의 소화율은 낮은 편이고 편의점이 있는 1차 배후에 경쟁 편의점이 생겼다고 가정한다. 이 경우 먼저 진입한 편의점의 매출은 일정 기간 동안 하락한다. 배후의 상황에 따라 최대 1년까지 매출이 하락할 수 있으며 이후 먼저 진입한 편의점의 매출은 회복된다. 그와 함께 이 기간 동안 경쟁 편의점의 매출도 일정 매출은 나오게 된다. 특히 경쟁 편의점의 위치가 b급 이하의 위치라고 가정하고 임차료에 비해 수익성이 낮을 경우 몇 년 후 문을 닫게 되는 경우가 있다.

이때 먼저 진입한 편의점의 매출은 어떻게 될까? 편의점의 경우 동일 상품이며 고객의 인지율이 매우 중요하다. 먼저 진입한 편의점의 위치에서는 끌어들일 수 없는 수요를 경쟁 편의점의 위치에서 그 수요를 끌어들여 주었으므로 이수요의 일정 부분은 먼저 진입한 편의점에서 흡수한다. 이것을 '경쟁 매출 흡수율'이라고 하며 편의점과 같이 배후분석에 최적화된 업종은 가장 높은 흡수율을 보여 준다. 빗금 친 부분은 경쟁사 점포가 유입한 기존 소비자의 친화적인 요인으로 매출이 증가할 수 있다. 이렇게 증가한 매출을 '2차 기대 매출'이라고 하며 경쟁점이 폐점할 경우 흡수할 수 있는 매출은 약 30% 전후가 될 수 있다.

<그림 12-32> 외식업 경쟁 매출 흡수율

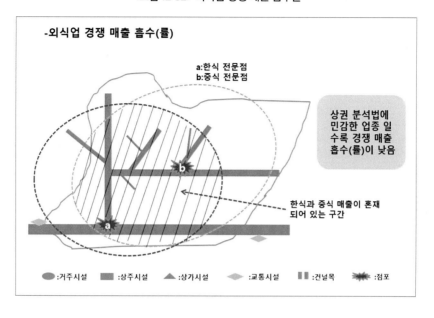

경쟁 b자리에 중식 전문점이 출점하였다고 가정한다. 상황에 따라 한식전문점의 초기 매출이 조금 떨어질 수도 있다. 업종은 다르지만 업태가 같기 때문이다. 또 전혀 영향이 없을 수도 있다. 그러나 중식 전문점의 운영은 오래 가지 못하고 문을 닫는다고 가정하면 한식 전문점의 매출은 중식 전문점의 매출을 흡수하게 될까? 중식 전문점의 규모와 운영여하에 따라 인지를 더 높일 수는 있지만 결국에 그 중식 수요 매출까지 흡수하지는 못한다. 이것은 편의점과 달리 상품력에 치중한 업종이기 때문이다. 편의점은 그림에서 보듯이 배후를 확장시켰지만 음식점은 동일 상권에서 전혀 다른 목적의 수요자가 증가할 뿐이다. 즉 전혀 다른 음식점은 동질성이 낮기 때문이다. 커피 전문점은 어떨까?

<그림 12-33> 커피 전문점 경쟁 매출 흡수율

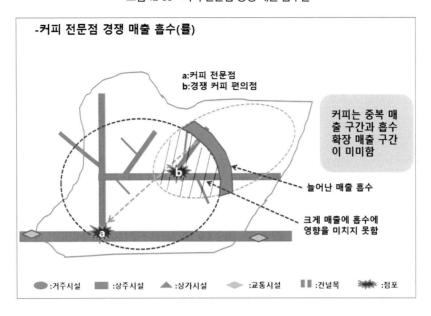

<그림 12-33> 커피 전문점 경쟁 매출 흡수율

대체로 커피는 편의점의 상품과 같은 동일성과 맛의 차이가 있는 기술성 두 가지 성격을 모두 가지고 있다. 즉 커피라는 공통 식품에 대해 크게 맛의 차이에 민감하지 않는 고객도 많고 브랜드에 따른 맛의 차별성을 쫓기도 한다. 일반적인 프랜차이즈 커피 중에서는 스타벅스 커피, 이디야 커피에 대한 충성도가 높다. 최근엔 커피 바리스타의 증가로 개인이 직접 커피콩을 볶아서 자신만의 커피를 판매하는 스몰 창업이 증가하고 있기 때문에 상품의 차별성을 높이고 있다. 그러나 커피는 일반적으로 '업종과 지역 매출 한계성'이 명확한 편이며 배후분석에 더 민감하다. 따라서 위 그림의 a위치에 커피 전문점이 있고 b위치에 경쟁점이 진입하였다가 폐점한다면 특별한 경우를 제외하고 동선에 미치는 영향만큼 매출의 변화가 발생한다고 볼 수 있다. 양립성이나 집재성 성격으로 형성된 곳은 경쟁점이 늘어날수록 매출이 높게 나타난다. 즉 상품의 브랜드력이 강하게 되어 상권 범위가 넓어지기 때문이다.

2.21. 적합률(適合律)

어떤 업종의 매장 여건(면적, 전면 길이, 코너형, 내외부 휴게공간, 주정차 공간 등)이 배후 여건(배후 성격, 배후 유형, 입지유형, 규모, 경쟁력 등)에 얼마나 적합한지 나타내는 척도이다. 따라서 상품과 시장의 적합성을 말하지 않기 때문에 외적 영역에 대한 적합성이므로 점포 마케팅과 수익성 측면에서 접근한다.

<그림 12-34> 적합률

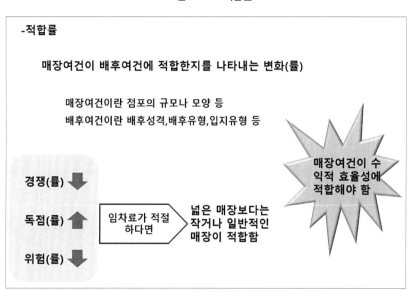

아무리 매장 여건이 좋아도 매출 대비 공간의 효율성과 비용적 효율성이 떨어진다면 무의미하다. 근래는 무조건 매장 여건이 좋은 점포보다는 독점율과 경쟁률 등을 고려하여 수익적 효율성이 높은 점포를 개발하는 추세이다. 또 사업주도 무리한 욕심을 내는 매출형 대박보다 관리형 대박처럼 꾸준함의 중요성을 인식하고 있다. 적합률은 가장 현실적인 점포를 찾기 위한 과정이다. 실전에서 당연한 내용이지만 본질을 잊을 경우 간과하는 경우가 있으므로 점포 선정시 반드시 점검해야 한다.

2.22. 비발전 적합률(非發展 適合律)

현재 개설 예정인 점포가 현재 배후나 상권에서 특정 시점에 발달도가 높아지거나 높지 않는 것이 적절한 지를 나타내는 척도이다. 따라서 '시점 상권 플로어'에 민감하며 상권 창업 중 독립적 틈새상권에 진입한 경우나 배후분석에 민감한 업종은 더욱 민감하게 점검해야 한다. 점포 선정 변화율 중 성장률은 어느 지역의 성장 가능성에 초점을 맞춘다. 즉 현재 완성률이 90% 이상인 지역에서 상권의 확장을 기대하는 것이다. 대부분의 경우 앞으로 더 발전되기를 기대하고 또 그래야 하기 때문에 발전률은 매우 중요한 변화율이다. 그러나 점포를 운영하다 보면 매출 생성주기보다 빨리 목표 매출에 도달하기도 한다. 이런 지역은 대부분 수요율이 높은 지역이기 때문이다. 친화등급도 2등급 이상이다. 이런 지역 중에 과도한 매출 상승은 오히려 경쟁점의 진입으로 다시 매출 하락으로 이어질 수도 있다. 따라서 적정한 매출이 발생하거나 예상이 되면 갑작스럽거나 특별한 상권의 발전에 따른 매출 상승보다는 자연스런 매출 상승으로 한정되는 것이 바람직하다. 즉 물가 상승률이나 소화율로 인해 매출 상승률이 반영되는 것이다. 이런 이유로 비발전 적합률은 현재 상권의 여건에서 더 나아지기를 바라지 않는 것이 적합하다. 이런 변화율을 적용할 수 있는 지역은 많지도 않고 상황에 따라 다르기도 하기 때문에 일반적인 변화율은 아니다. 따라서 다음의 사례에서 비발전 적합률을 중점 점검한다.

가. 주로 사이드 배후가 거주형인 불완전 소비형인 지역

어느 정도 상가 시설이 활성화 된 곳 중에 주택가를 배후로 하고 있는 지역은 상권 확장에 따라 주택가로 상가 시설이 확장되는 경우가 많기 때문이다. 주택가 안쪽이라면 단독주택이거나 주택들이 상가 시설로 용도 변경이 어려운 형태여야 한다. 도로변이라면 상가 시설이 도로변에서 아래로 내려 앉아 있는 형태여야 한다. 그러나 간혹 주배후 접근성이 뛰어나거나 다른 입지적 우위 요소가 있을 경우는 열악한 경우라도 진입하는 경우가 있다.

나. 거주형인 배후형이지만 주로 확장 배후형 상권

이런 곳은 상가 시설은 발달해 있지 않더라도 교통 여건이 좋은 곳과 주변 발전성에 따라 상권이 확장되기 쉽다. 따라서 입지적으로 우위에 있는 위치가 상가 시설로 활용될 수 있는 것은 위험 요소이다.

다. 거주형이지만 융복합 상권으로 발전성이 있는 융복합 상권

이런 곳은 위의 가, 나 사항에 모두 해당하는 지역으로 이런 지역에서 창업을 고려할 때는 오픈 전에 비 발전 적정률과 경쟁입지를 충분히 고려해야 한다. 상권이 발전하여 유입률은 늘어나 매출은 높아지겠지만 장기적으로 경쟁점의 진입도 덩달아 활발해 질 수 있다. 따라서 이런 곳은 수익 상승분이 임차료 상승분을 못 따라가는 경우도 많아서 마냥 웃을 수만 없다.

라. 오피스를 배후로 한 지역에서 상가 시설의 규모가 작은 지역

오피스가는 처음부터 사무실 용도로 되어 있는 지역이다. 따라서 주택가보다 복잡하지는 않다. 그러나 도심이나 부도심인 경우 공실률이 높거나 개발로 건물이 들어서는 경우가 문제가 된다. 특히 상가 시설이 적어서 배후 소화율이 낮다면 경쟁점 진입이 적극적일 수 있다. 이때 주변의 노후 시설로 경쟁점이 진입할 수도 있다. 이 변화율은 배부른 상황에서 행복한 고민일 수 있다. 그러나 경쟁입지를 강조하듯이 상권이 발전하는 모습만을 기대하고 창업하는 경우 역효과로 나에게 부메랑으로 돌아올 수 있다. 따라서 상권이 조금 커지더라도 그 상권 수요 흡수율이 우위에 있는 위치인지 그렇지 않은 위치인지 잘 파악하여 경쟁 입지적 관점에서 대응해야 한다. 즉 어떤 지역에서 우리 점포 주변 상권은 커지는데 경쟁력이 떨어지는 위치라면 스크랩 앤 빌드 전략으로 경쟁력 우위를 차지하기 위해 장기적인 전략으로 상권 제압력을 높일 필요가 있고 보조 점포 개설 등으로 도미넌트 전략으로 상권을 장악할 수도 있다. 장기적인 전략으로 점포를 선정하는 경우 한번 쯤 짚고 넘어가야 할 변화율이다.

2.23. 진입률(進入律)

어떤 배후에서 특정 업종의 가맹본사 또는 창업가가 점포 개설을 준비 중이라고 가정한다. 즉 이들이 특정 상권에 시장 진입하고자 하는 의지가 얼마나 되는지를 나타내는 척도를 말한다. 수요율은 특정 업종의 창업 관점에서 소비자 수요를 파악하여 진입하는 것이므로 수익적 관점이 중요하고 진입률은 객관적 측면에서 진입률을 고려할 수도 있지만 가맹 본사나 창업가 개인의 성향에 따라 매우 주관적인 측면이 강하므로 동종 업종이 많은지 이종 업종이 많은지 따로 구분할 필요가 없기 때문에 반드시 수익적 관점이 중요한 것은 아니다. 이들이 시장 진입 의지가 높다면 진입률이 높은 상권이라고 하고 시장 진입의지가 낮은 상권은 진입률이 낮은 상권이라고 한다.

일반적으로 프랜차이즈 본사 입장에서 전략적 우선 입지를 선정할 때 가장 먼저 고려하는 사항이기도 하다. 이런 진입률이 높은 경우는 크게 세 가지로 나눌 수 있다. 배후분석법의 경쟁점이 생기는 여섯 가지 입지와는 구분해야 한다.

첫째, 가맹본사의 전략지역이다. 이것은 주로 가맹 본사가 전략적으로 진입하려는 곳이므로 현재 수익적인 측면보다는 장기적인 측면에서 진입하는 경우가 많다. 따라서 본사 직영점이나 투자금이 높게 드는 경우가 대부분으로 마케팅 홍보 측면이 강하다. 둘째, 고매출 주변 지역이다. 이것은 현재 어떤 점포를 타깃으로 그 주변으로 진입하고자 하는 것이다. 매출이 높기 때문에 초보 창업자의 눈에도 띄는 점포이므로 어떻게 해서라도 진입하려 한다. 셋째, 전술적 출점전략tactical opening of a franchiser strategy 측면의 지역이다. 넷째, 경쟁 상품력이 낮은 지역이다. 경쟁점의 상품력보다 현저히 뛰어난 상품력을 가지고 진입하여 매출이 나올 것으로 예상되는 경우이다. 이 경우 음식업처럼 상품력의 차이가 확실히 다를 수 있는 업종에서 고려하는 요소 중 하나이다. 많은 창업가는 본인이 외식업을 차리려고 할 경우 경쟁점 상품의 맛을 평가하며 상품력을 높인다. 따라서 경쟁점의 상품이 중 퀄리티임에도 불구하고 기대이상의 매출이 나올 경우 진입을 노리는 다른 창업가는 더 높은 경쟁력의 상품을 개발하여 시장에 진입하려 할 것이다.이때 상권발달도가 c등급 이상인 상권이나 상권 범위가 매우 넓은 상권이 아니라면 매출의 한계점은 뚜렷하다. 그럼에도 불구하고 진입할 경우 경쟁점의 매출을 흡수하여 진입할 것을 고려하지 않을 수 없다. 이처럼 진입률은 창업 시장의 혹독한 현실을 반영한 것이다. 실제 진입률은 어떤 지역에 점포를 개설하고자 할 때 동종 업종의 진출 의지가 얼마나 높은지 파악이 된다면 무리한 격전지는 피하게 된다. 그렇지 않고 무작정 매출이 잘 나올 것 같다는 기준으로 점포를 개설하게 되면 경쟁입지적 불안감은 매우 높아질 것이다. 다섯 번째는 틈새상권이다. 이는 창업자나 점포 개발자의 능력에 따라 결과물에서 차이가 크게 나타난다.

2.24. 성장률(成長律)

성장률은 상권 완성정도가 90% 이상인 배후나 상권에서 눈에 보이지 않는 긍정적인 여건의 변화로 지역 발전에 따른 매출 상승 정도를 나타낸다.

<그림 12-35> 성장률

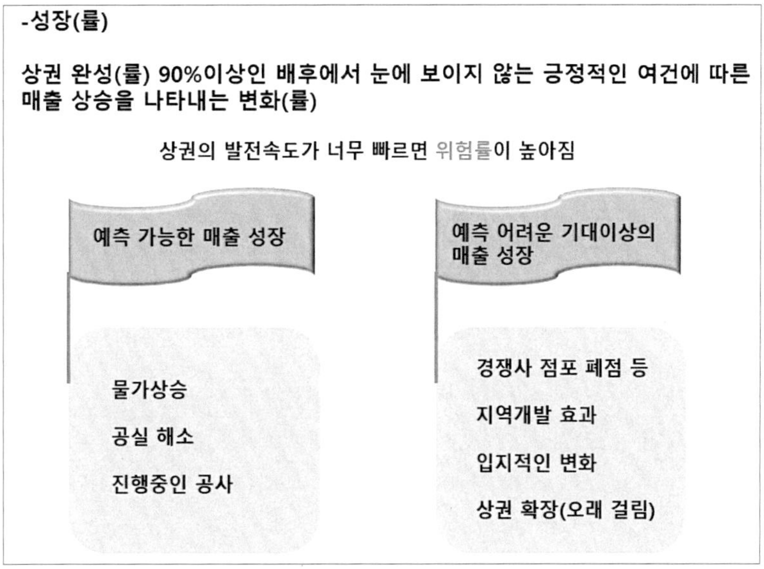

즉 현재의 형성된 상권에서 일반적인 시야로 가늠하기 어려운 불특정 상황을 예

측하여 미래의 성장 정도를 가늠한다. 예를 들어 〈사진 12-5〉에서 보듯이 주택가 변환상권에서 상권 완성이 90% 이상 진행되었을 때부터 상권의 추가적인 성장률은 따질 수 있다.

<사진 12-5> 주택가 변환 상권의 완성 단계

그 전에는 상권이 갖춰지는 단계이므로 성장을 논할 수 없기 때문이다. 일반적으로 환승역세권이나 확장 배후형 상권, 대학가 상권이 성장률이 높다. 그러나 이 점을 너무 찾으려 애써서는 안 된다. 단지 한 번쯤 점검하여 매출에 대한 무리한 기대를 하지 말아야 한다는 것이다. 지역단위의 상권 네트워크에 따라 소비자 이동과 도로, 교통시설의 증가에 따라 유입률 증가는 상당히 오랜 시간이 걸릴 수 있기 때문이다. 특별히 기술이 필요한 업종이 아닌 편의점 등과 같은 프랜차이즈 업종에서 대부분의 대박점포는 처음부터 나오는 것이 아니라 예측하기 어려운 기대이상의 상권변화로 높은 매출이 발생한다는 것을 이해해야 한다.

2.25. 회복률(回復律)

회복률은 완성률이 95% 이상인 배후에서 외부요인(경쟁점 진입 등)에 의해 매출이 하락한 경우 본래 매출로 얼마나 회복할 수 있는지 점검해 보는 척도이다.

<그림 12-36> 회복률

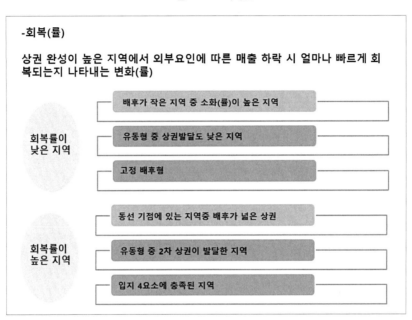

입지유형측면에서는 동선 시작형이며 통행량에 의한 매출이 높은 상권, 부채꼴형이며 배후가 넓은 상권이 회복률이 높은 편이다. 반드시 통행량이 지나다녀야 하는 기점에 있기 때문이다. 반대로 산재 배후형이며 배후 유형이 고정형 배후라면 회복률이 낮을 수 있다. 통행량에 민감하지 않은 지역에서 상권 경계가 명확해지기 때문이다.

Chapter 13.

매출 추정

Section 매출 추정 1

1. 매출 추정기법

시장은 불확실하고 변하기 때문에 창업가는 성공적인 안착을 위해서 상품을 만들고 보완하여 고객 가치를 극대화할 수 있는 상권, 입지를 선정하는 데 특별한 노력을 해야 한다. 이런 이유로 창업을 위한 상권분석에서 매출을 예측하는 것은 상권의 변동성과 다양성으로 인해 특정 프로그램으로 매출을 예측하는 것은 어려운 일이다. 〈표 13-1〉에서 보듯이 업종의 상황에 맞는 방식을 활용하지만 다양한 기법을 병행하여 가장 신뢰할 수 있는 결과를 도출할 수 있도록 한다. 또한 매출 추정기법의 통계적 기법은 회귀식이라는 통계프로그램을 통한 분석기법을 말하고, 〈표 4-4〉 통합정보 프로그래밍 기법은 빅데이터 수집을 통한 프로그램에 의한 상권분석기법을 의미한다.

매출추정에서 수학적 기법 및 통계적 기법은 경제적 제약요인과 적용 가능 상품의 제약으로 실제 현장에서 적용하기가 어렵다. 이장에서는 위 기법을 제외한 다양한 기법을 현장에서 적용한 사례를 통해 설명하도록 하겠다.

<표 13-1> 매출 추정 기법

구분			방법	특징
학문적 추정법	수학적 기법	레일리법	루스luce의 선택공리Luce choice axiom에 이론적 근거	매장효용, 매장면적, 시간거리
		허프수정 모형 등	부동산 시장 상권분석 적용	많은 변수 적용 가능하나 창업 추세 적용 어려움
	통계적 기법	회귀식	부동산 시장에서 상권분석 적용	업종 요인 연구 부족, 적용 업종 제한
	유추법	매장 유추법	고객스포팅(cst) 기법	편의점, 마트 적용,매장특성, 입지특성, 소비자특성 등 유사해야 함
	비율법	케인법	해당이 점유하는 비율을 활용함	매장면적 점유율 및 매출액 점유율 모두 고려
경험적 산출법	간이 산출법	객단가 법	소비 횟수 객단가법	방문 예상 고객수*고객단가*소비 횟수(일, 월, 년)	루스 선택 공리,업종 소비 횟수 차이가 큼, 미용업 등
			방문 예상 독점 고객수*고객단가*소비 횟수(일, 월, 년)	루스 공리 비적용, 편의점 등
			빈도 객단가법	방문 예상 고객수*고객단가*업종 빈도율	업종 빈도율 수집이 어려움
		매장면적 한계법	종업원 할당법	종업원 1인당 매출액*종업원 수*영업 일수	대형 마트 등
			평당할당법	평당매출(일, 월, 년)*매장면적	중대형 이상 대형 마트 등, 임차료에 민감
		회전율	상품회전율	재고금액*상품회전율(연간)	재고 진열업종
			테이블 회전율	테이블 단가*테이블회전율	매장 내 테이블 회전 업종
			공간회전율	공간 대여 단가*공간회전율	노래방, 공부방 등 룸 대여 업종
			자본회전율	매출액/자본액	시설비 투자금이 높은 업종
		구독법	회원제	구독료(월, 년)*회원수+1회당 1인 지출액	헬스클럽, 독서실 등
	비율법	매장면적 비율법		대상 매장면적/경쟁점 매장면적+대상 매장면적*100에 전체 수요액을 곱함	세대수당 잠재수요액에 매장 면적 비율 곱함, 매장 면적 점유율고려, 루스선택공리
		소득 비율법		소득 일정 비율 고려	추계가능 업종 고려(여행비, 의류비, 외식비, 미용비, 식료품비 등)

		경쟁매출 비교법	배후분석에 의한 관찰기법	편의점, 마트
관찰적 (배후 분석적) 기법	입지 유형 유추법	우선배후 비교분석법	-	-
		배후유형 맞춤법	-	-
		동일배후 유추법	-	-
		체크리스트법	-	-
	업종 비교 유추법	업종 비교 유추법	업종 관계성	제한적 사례
통합정보 프로그래밍 기법		소상공인 상권정보 시스템 활용	데이터 기반 프로그램 입력	창업가 스스로 활용
가격 가설 설정법		손익분기점 매출, 목표 매출, 기대 매출	간이 산출법, 유추법 적용 후, 상품 가격 가설 설정 후 프로세싱	불확실 시장, 상품 중심 시장, 낮은 매출, 비교적 적은 규모

1.1. 학문적 기법

학문적 기법은 여러 책에서도 소개되듯이 수학적 기법, 통계적 기법, 유추법, 케인의 비율법이 있다.

1.1.1. 수학적 기법

수학적 기법은 레일리법과 허프수정모델이 대표적이며 소매 유통 업종 중에서 중대형 매장의 경우 적합하다. 자세한 것은 해당 페이지를 참고하기를 바란다.

1.1.2. 유추법(유사매장법)

유추법은 오픈하고자 하는 대상 점포의 상품과 유사한 기존 점포의 현황을 유추하는 법으로 고객스포팅 기법CST기법을 활용한 방법을 말한다. 즉 고객스포팅 기법으로 유사 점포를 비교하여 출점하고자 하는 점포와 비교하여 매출을 추정하는 기법을 말하므로 기존 점포에 대한 데이터가 충분해야 활용할 수 있는 기법이다. 그러나 점포의 개별성이 높아 입지유형, 배후유형 등 입지적 요소가 다르기 때문에 실전에서는 스포팅 기법을 이용한 매출에 입지유형 유추법을 병행하여 매출을 추정하는 것이 적합하다. 기존 점포에 대한 CST기법은 〈표 3-12〉의 CST기법을 참고하기를 바라며 이 부분에서는 유사 점포의 매출 현황을 통해 대상 상권의 신규 점포 매출을 다음 순서로 유추하고자 한다.

가. 유사 점포의 자료로 유사 점포 상권의 범위(or그리드)별 매출액(월매출*해당 샘플 고객수/전체 샘플 고객수) ①을 구함

나. 유사 점포의 자료로 유사 점포 상권의 범위(or그리드)별 인구 1인당 매출액(범위별 매출액/범위별 인구수) ②을 구함

다. 대상 상권의 범위(or그리드)별 인구 수를 구함(자료 참고)

라. 대상 상권의 범위(or그리드)별 인구 1인당 매출액(유사 점포의 인구 1인당 매출액 같음) ②

마. 대상 상권의 범위(or그리드)별 매출액 구함(인구 1인당 매출액*범위별 인구수) ③

바. 대상 상권의 매출액 추정(각 범위별 매출액 합)

사. 대상 상권의 범위(or그리드) 밖 상권 매출액 계산(범위 내 샘플 고객수:범위 밖 샘플 고객수=대상 점포 범위 내 매출액:범위 밖 매출액)

아. 대상 상권의 총 매출액 계산

예를 들어 00프랜차이즈 마트는 유사 사례인 A상권에서 a마트의 매출 분석을 통해 B상권에서 b마트를 개설하고자 한다. A마트의 월 매출은 1억이라고 가정하고, 표에서 보듯이 a마트의 범위(or그리드), 각각 샘플 고객, 인구수, b마트 인구수가 주어졌다.

가, 나, 다, 라, 마, 바, 사, 아 항목을 통해 〈표 13-3〉와 〈표 13-4〉와 같이 구할 수 있다.

<표 13-2> 주어진 상권 인구수

구분		유사 점포(a마트)		대상 점포(b마트)
범위(or그리드)		샘플 고객	인구수	인구수
상권 내	0~500미터	230	4,000	3,800
	500~1,000미터	170	3,000	2,500
	1,000~1,500미터	120	8,000	9,000
	1,500~2,000미터	100	10,000	10,500
상권 밖	2,000미터 이상	80		
계(인구)		700	25,000	25,800

*상권 밖 지역은 인구수를 특정할 수 없기 때문에 생략함

<표 13-3> 유사 점포의 범위(그리드)별 매출액과 인구 1인당 매출액

단위: 만 원

구분		유사 점포의 범위(그리드)별 매출액과 인구 1인당 매출액			
범위(or그리드)		샘플 고객	인구수	범위(그리드)별 매출액 ①	인구 1인당 매출액 ②
상권 내	0~500미터	230	4,000	10,000(만 원)*230/700=3,286	3,266/4,000=0.817
	500~1,000미터	170	3,000	10,000(만 원)*170/700=2,429	2,429/3,000=0.810
	1,000~1,500미터	120	8,000	10,000(만 원)*120/700=1,714	1,714/8,000=0.214
	1,500~2,000미터	100	10,000	10,000(만 원)*100/700=1,429	1,429/10,000=0.143
상권 밖	2,000미터 이상	80			
계(인구)		230	25,000		

*①은 소수 첫째 자리 반올림, ②는 소수 넷째자리 반올림

<표 13-4> 대상 점포의 범위(그리드)별 매출액과 1인당 매출액

단위: 만 원

구분			대상 점포 범위(그리드)별 매출액과 1인당 매출액	
범위(or그리드)		인구수	유사매장의 인구 1인당 매출액 ②	범위별 매출액 ③
상권 내	0~500미터	3,800	0.817	3,800*0.817=3,104.6
	500~1,000미터	2,500	0.810	2,500*0.810=2,025
	1,000~1,500미터	9,000	0.214	9,000*0.214=1,926
	1,500~2,000미터	10,500	0.143	10,500*0.143=1,501.5
	소계			8,557.1
상권 밖	2,000미터 이상			X
계(인구)		25,800		

대상 상권의 총 매출액

= 대상 상권 내 매출액 합+대상 상권 밖 매출액 합(X)

대상 상권 내 매출액 합=3,104.6+2,025+1,926+1,501.5=8,557.1

대상 상권 밖 매출액 합(X)

620:80=8,557.1:X

X=1,104

대상 상권 총 추정 매출=8,557.1+1,104=9,661.1만 원

이렇게 기존 점포의 범위(or그리드)별 매출을 통해 매출을 추정할 수 있지만 실제 방문 객수를 파악하는 등 수집 방법적으로 많은 시간과 노력이 필요하므로 실전에서는 상권 내 매출을 통합하여 유추하는 경우가 많기 때문에 다음과 같은 약식 공식으로 신규 예정 점포의 매출을 추정할 수 있다. 그러나 앞의 사례는 상권 밖 매출을 반영하였으나 약식 공식에 의한 방식은 상권 밖 매출에 대해서 구체적으로 반영하지 않았고, 인구(가구)당 소비액을 범위(or그리드) 평균 값으로 책정했기 때문에 첫 번째 방식과 다른 추정 값이 발생하게 될 수 있다.

$$Sp = \frac{S_{ij}}{H_i * C_{hi}} * H_m * HC_m$$

S_p : 신규 출점 점포의 매출 추정액

S_{ij} : i지역의 j점포의 매출액

H_i : i 지역의 인구 수(가구 수)

C_{hi} : i지역의 인구(가구)당 매출액(그리드 평균)

H_m : 신규 출점 상권 내 인구 수(가구 수)

HC_m : 신규 출점 상권 내 인구(가구)당 매출액(자료를 활용하거나 기존 점 소비액 그대로 적용)

예를 들어 앞의 사례 수치를 적용하여 공식에 대입하면 다음과 같다.

S_{ij}:i지역의 j점포의 매출액은 10,000

H_i:i지역의 인구 수(가구 수)는 25,000

C_{hi}:i지역의 인구(가구)당 매출액(그리드 평균)은 0.496

H_m:신규 출점 상권 내 인구 수(가구 수)는 25,800

HC_m:신규 출점 상권 내 인구(가구)당 매출액은 0.496(자료를 활용하거나 기존 점 소비액 그대로 적용)일 경우

S_p:신규 출점 점포의 매출 추정액

=10,000/(23,000*0.496)*25,800*0.496

약 11,217.1만 원

1.1.3. 케인의 비율법

케인의 비율법은 케인이 고안한 것으로 매장면적(매장면적 비율법)뿐 아니라 매출액 비율을 모두 고려하였다. 이 기법에 대한 자세한 사항은 3강 상권 원론 제3절 상권 획정과 규모에서 케인의 비율법을 참고하기 바란다.

1.2. 경험적 산출법

경험적 산출법은 간이 산출법, 비율법으로 나눌 수 있다.

1.2.1. 간이 산출법

간이 산출법은 가장 일반적으로 쉽게 산출할 수 있는 방법으로 객단가법, 종업원 할당법, 평당 할당법, 회전율법, 구독률법으로 나눌 수 있다. 그러나 전창진, 이귀택 (2016)은 간이 산출법은 간단하지만 오차 범위가 클 수 있기 때문에 여러 가지 분석 법을 활용하여 반복적으로 산출하는 것이 효과적이라고 하였다

또한 경험적 산출법이므로 저자에 따라 차이가 조금씩 차이가 있을 수 있지만, 본 서는 좀 더 다양한 업종에 응용하여 제시하였으므로 현장에서 적절히 활용하기 바 란다.

⑴ 객단가법

객단가법은 빈도율 객단가법과 이용 횟수 객단가법이 있다. 빈도 객단가법은 업 종 빈도율을 측정하기 어렵기 때문에 일반적으로 사용하지 않는 편이다. 이용 횟수 객단가법은 경쟁점을 고려한 추정 방식이므로 대상 점포의 점유율이나 선택확률을 구하기 위해 루스의 선택공리를 적용한다. 서비스에 민감한 업종의 경우 단순히 방 문 예상 고객수로 계산을 하며, 입지적 여건에 민감한 업종은 방문 예상 독점 고객 수에 의해 매출을 추정하는 것이 더욱 효과적이다.

1) 이용 횟수 객단가법

• 서비스에 민감한 업종(상품 동질성 낮음)인 경우

서비스에 민감한 미용업의 경우 매출 공식은 다음과 같다.

추정 매출은 방문 예상 고객 수*고객 단가*이용 횟수(연, 월, 일)로 구할 수 있다.

방문 예상 고객 수=

상권 내 미용가능인구 *점유율

$$\left(\frac{\text{개점 대상 점포 헤어 세트 수}}{\text{상권 내 경쟁점 총 헤어 세트 수 + 개점 대상 점포 헤어 세트 수}}*100\%\right)$$

예를 들어 상권 내 미용가능인구 5,000명, A점포 5세트, B점포 10세트, C점포 7세트, 개점 대상 점포 8세트이고, 고객 단가는 15,000원이며, 1인의 연 이용 횟수는 8회라고 가정한다.

$$\text{방문 예상 고객 수}=5,000\text{명}*\frac{8}{5+10+7+8}*100\%=\text{약 }1,333\text{명}$$

따라서 추정 매출=1,333명*15,000원*8회=159,960,000원이 된다. 월단위로 계산할 경우 월 매출을 추정할 수 있다. 그러나 일 단위로 계산할 경우 이용 횟수 책정이 어렵기 때문에 미용업의 경우 월 단위 또는 연 단위로 계산하는 것이 일반적이다.

• 입지적 여건에 민감한 업종(상품 동질성 높음)인 경우

입지적 여건에 민감한 편의점의 경우 매출 공식은 다음과 같다.

추정 매출은 대상점 방문 예상 고객 수*고객단가(또는 가구 수 단가)*이용 횟수(연, 월, 일)로 구할 수 있다.

편의점의 경우 대상점 방문 예상 고객수 는 방문 예상 중복 고객 수와 방문 예상 독점 고객 수로 구분한다.

대상점 방문 예상 중복 고객 수=이용 가능 중복 고객 수*선택확률

$$\left(\frac{\text{개점 대상 점포 수}}{\text{상권 내 경쟁점 수 + 개점 대상 점포 수}}*100\%\right)$$

대상점 방문 예상 독점 고객 수=이용 가능 근접 1차 배후 인구(또는 가구 수)

예를 들어 상권 내 편의점 이용 가능인구 3,000명이고, 상권 내 편의점 수는 2개

이며, 대상점의 방문 예상 독점 고객 수는 500명이고, 고객단가는 4,000원, 월 이용 회수 10회라고 가정한다.

$$추정 매출=500명*4,000원*10회+2,500명*1/3*100\%*4,000원*10회$$

약 53,333,333원이 된다.

실전에서는 편의점의 경우 경쟁점의 위치, 다양한 입지유형과 배후, 동선, 입지의 영향으로 근접 1차 배후, 1차 배후, 2차 배후로 더욱 세분화하여 매출을 추정할 수 있다. 또한 업종 특수성으로 인해 고객 단가와 소비 횟수가 차이가 크기 때문에 방문 가능고객의 소비특성을 파악하는 것은 중요하다.

2) 종업원 할당법

가치 생산성 측면에서 종업원 할당법으로 매출을 추정하는 공식은 종업원 1인당 매출액*종업원 수*영업 일수로 구할 수 있다. 종업원 1인당 일일 매출액은 해당 업종 평균으로 구할 수 있으며 종업원 수가 많은 대형 마트 등에서 활용할 수 있다. 방문 예상 고객수를 구하기 위해서 루스의 선택공리를 활용할 수 있다.

노래방의 경우 1인당 평균 지출액과 룸 대여료 기준으로 매출 추정 공식은 다음과 같다.

총 추정 매출은 연간 1인당 평균 지출액 추정 매출+연간 룸 대여 추정 매출로 구할 수 있다.

1인당 평균 지출 추정 매출=연간 방문 예상 고객 수*이용 횟수 당 1명 평균지출액

연간 방문 예상 고객 수=상권 내 노래방 이용 가능 고객수(상권 내 고객수*노래방 참가율)*점유율

$$\left(\frac{개점 대상 점포 노래방룸 수}{상권 내 경쟁점 노래방룸 수 + 개점 대상 점포 노래방룸 수}*100\%\right)*연간 1인당 이용 횟수$$

연간 룸 대여 추정 매출=1일 룸 대여 매출*영업 일수

1일 룸 대여 추정 매출=가동률*영업시간*시간 당 룸 대여료*점유율

$$\left(\frac{\text{개점 대상 점포 노래방 룸 수}}{\text{상권 내 경쟁점 노래방 룸 수 + 개점 대상 점포 노래방 룸 수}}*100\%\right)$$

예를 들면 상권 내 인구는 20,000명, 노래방 참가율은 40%(업계 평균), 1명 평균지 출액은 10,000원, 1일 평균 영업시간은 12시간, 영업 일수는 360일, 시간 당 룸 대 여료는 20,000원, 연간 노래방 이용 횟수는 11회, A노래방의 룸수는 10개, B노래방 의 룸수는 12개, 대상 노래방의 룸수는 15개라고 가정한다.

연간 1인당 평균 지출액 추정 매출: 연간 방문 예상 고객 수*10,000원

연간 방문 예상 고객 수=20,000명*40%**100%*11회=36,080명이다.

각각을 대입하면 1인당 평균 지출 추정 매출은 36,080명*10,000원 =360,800,000원

연간 룸 대여 추정 매출=15실*40%*12시간*10,000원*360일=259,200,000원

1일 룸 대여 추정 매출=15실*40%*12시간*20,000원=1,440,000원

총 추정 매출은 360,800,000원+259,200,000원=620,000,000원이 된다.

이와 같은 계산법은 상권 내 경쟁점이 있고 실제 노래방에서 주요 수익은 노래방 이용수익보다 기타 부대 매출에 의한 수익이 중요하기 때문에 적용한다. 이외에도 회전율에 의한 추정 매출을 통해 입지적 우열, 서비스 및 시설 우열에 따른 수정 계 수를 반영하여 매출을 추정할 수 있다.

3) 평당 할당법

평당 할당법으로 매출을 추정하는 공식은 평당 연간매출액*매장면적으로 구할 수 있다. 평당 연간 매출액은 전체매장면적 대비 업종별 총매출로 구할 수 있다. 중 대형 규모의 마트나 판매시설에서 적용할 수 있다.

4) 회전율법

회전율법은 상품 회전율과 외식업의 테이블 회전율 및 노래방 등의 공간(룸) 회전율, 자본회전율로 나눌 수 있으며 상황에 따라 폭넓게 활용되고 있다.

상품회전율법은 재고 금액에 따른 방법으로 중규모 이상 소매점에서 적용이 가능하나 관리적 측면의 매출 추정에 해당한다고 할 수 있다. 상품회전율=매출액/판매재고량(판매가기준)이므로 매출액=상품회전율*판매재고량으로 측정할 수 있지만 일반적인 매출 추정 방법으로 활용되고 있지는 않다. 테이블 회전율법은 점포 내 테이블의 고객 이용 회수에 따라 측정하는 기법을 말한다. 따라서 고객 점유율에 의한 매출 추정이 아니고 설정법에 따라 경쟁점포 또는 참고 점포와 비교를 통해 매출을 추정한다.

노래방의 룸 회전율에 의한 매출 추정 공식은 다음과 같다.

추정 매출은 (연간 방문 예상 고객 수*1인 평균 지출액) +(룸 대여료*영업시간)*룸 가동율*룸 총수*연간 영업 일수로 구할 수 있다.

연간 방문 예상 고객 수=1팀당 평균 방문 고객수*1실 평균 회전횟수*룸 총수*연간 영업 일수

1실당 평균 회전횟수=룸 가동율*1일 총 영업시간/1팀당 평균 룸 이용시간

예를 들어 어떤 노래방의 룸 수는 10개, 룸 가동율(업계 평균)은 40%, 시간당 대여료는 10,0000원, 1실 당 평균 이용시간은 2시간, 1실 당 평균 이용객수는 4명, 1인 지출비용은 5,000원이라고 가정한다.

추정 매출: (연간방문 예상 고객 수*1,000원)+(10,000원*12시간)*40%*10개*360일
연간 방문 예상 고객수=4*1실 평균 회전횟수*10개*360일

1실 평균 회전횟수=40%*12/2=2.4회이다.

각각을 대입하면 연간 방문 예상 고객수는 34,560명이므로, 추정 매출은

207,360,000원이 된다.

회전율법에 의한 추정 매출은 각종 지표를 획득해야 하고 경쟁점을 고려하지 않는 방법이므로 설정법에 적용하여 신규시장에 진입하는 경우 활용한다.

백남길(2017)은 자본회전율법은 자본이 일정 기간 동안 몇 번 회전하였는가를 나타내는 비율이라고 하였다. 주로 투자자본이 높은 경우 고려하며, 투자자본으로 매출액을 회수하는 데 있어 회전이 빠를수록 자본이익률이 높아진다. 직접적으로 매출액을 구하기보다 매출액을 가정하고 회전율에 따른 영업전략 측면에서 접근하기에 유용하다.

따라서 자본회전율=매출액/자본으로 구할 수 있다.

6) 구독율법

구독율법으로 매출을 추정하는 공식은 대상점 구독 예상 고객수*1인 당 구독료(년, 월)로 구할 수 있다. 해당하는 업종은 헬스 클럽, 독서실 등이 있다.

대상점 구독 예상 고객수=

상권 내 헬스 이용 인구*선택확률$(\frac{개점 대상 점포 수}{상권 내 경쟁점 수 + 개점 대상 점포 수}*100\%)$

헬스 클럽은 입지적 접근성, 이용 편리성, 서비스에 모두 민감하므로 일부 독점 고객과 중복 고객을 약한 수준에서 추정하는 것이 좋다. 즉 독점 고객은 근거리에 있는 구독 가능인구가 아니라 그 중에서 거리에 민감한 주부, 노인층만 포함한다. 따라서 대상점 구독 예상 고객수는 중복 고객 수와 독점 고객 수로 구분하여 추정한다.

대상점 구독 예상 중복 고객 수 =

상권 내 이용 가능 중복 고객 수*선택확률$(\frac{개점 대상 점포 수}{상권 내 경쟁점 수 + 개점 대상 점포 수}*100\%)$

대상점 구독 예상 독점 고객 수=근접 1차 배후 내 이용 가능 인구(또는 가구 수) 중에서 노인, 주부 고객 수

예를 들어 상권 내 헬스 이용 가능인구가 4,000명이고, 상권 내 대상점 독점 고객 수는 500명이고, 1년 구독 단가는 50만 원이고, 상권 내 경쟁점 수는 2개라고 가정 한다.

상권 내 구독예상 중복 고객 수와 독점 고객 수를 구분하여 더해야 하므로 연 추정 매출은 (3,500명*1/3*100%+500명)*50만 원=833,500,000원이 된다.

1.2.2. 비율법
비율법은 매장면적 비율법, 소득 비율법으로 나눌 수 있다.

⑴ 매장면적 비율법
매장면적 비율법으로 매출을 추정하는 공식은 세대당 잠재 수요액*상권 내 세대 수*매장면적 점유비율$\left(\dfrac{\text{개점 대상 점포 매장면적}}{\text{상권 내 경쟁점 매장면적 + 개점 대상 점포 매장면적}}*100\%\right)$로 구할 수 있다. 매장면적 점유비율은 루스의 선택공리를 활용하며 주로 소매업에서 적용할 수 있다. 더 발전된 기법은 케인의 비율법으로 매출에 대한 정보 수집이 용이 하다면 케인 비율법이 더욱 효과적일 수 있다.

⑵ 소득 비율법
소득 비율법은 대상 상권 내 소비자의 소득의 일정 비율을 매출액으로 설정하여 추정하는 방식을 말한다. 추정 매출 공식은 다음과 같다.

추정 매출은 상권 내 총 잠재지출액*점유율로 구할 수 있다.

총 잠재지출액=1인당 잠재지출액*잠재고객 수
1인당 잠재지출액=1인당 소득*해당 품목이 1인당 소득에서 차지하는 비율

예를 들어 a씨는 어떤 상권에서 정육점을 창업하려고 한다. 상권 내 인구는 7,000 가구, 상권 내 가구당 월 소득은 400만 원, 소득에서 지출 지중은 3%이다.

경쟁점은 A점포 90평방미터, B점포 60평방미터, 대상점 50평방미터라고 가정할

경우 대상점에서 획득할 수 있는 예상 정육 매출은 얼마인가?

가구당 정육 잠재지출액: 400만 원*3%=12만 원

상권 내 총 잠재지출액: 가구당 정육 잠재지출액*7,000가구=840,000,000원

추정 매출: 대상점의 상권 내 총 잠재지출액*점유율($\frac{50}{90+60+50}$*100%)
=210,000,000원

이렇게 소득 비율법을 통해 매출을 추정하기 위해서는 소득 자료와 지출 비중이 명확해야 한다. 또한 소비자의 개인 특성과 소득 추정 대상자의 부양가족 수의 차이, 지출 종목의 차이, 소득에 따른 지출의 비율이 일정하다고 볼 수 없는 단점이 있기 때문에 널리 이용되고 있지는 않지만 전반적인 지역의 소비성격을 파악하기에 더 적합하다고 할 수 있다.

1.3. 관찰적(배후분석적) 기법

관찰적 기법은 정성적 기법으로 입지유형 유추법, 업종비교 유추법으로 나눌 수 있다.

1.3.1. 입지유형 유추법

이임동 외(2010)은 신규점포 출점을 위한 상권분석은 기존에 조사한 입지요인과 그 특성을 이용하여 신규점포의 예상매출을 추정할 수 있다고 하였다. 권용석(2012: 2018)은 입지유형 유추법은 배후분석법에 의한 유추법으로 상품의 동질성이 높고, 입지 중심 창업에 최적화된 편의점과 같은 업종에서 적용하기에 적합하며 다음과 같이 구분할 수 있다. 앞서 소비 횟수 객단가법으로 정량적인 매출을 추정하였다면 입지유형 유추법을 통해 유사 입지유형 사례를 비교하여 최종 매출을 추정한다. 입지유형 유추업은 경쟁 매출 비교법, 우선 배후 비교분석법, 배후유형 맞춤법, 동일 배후 유추법, 체크리스트법이 있다. 정확한 이해를 위해서는 배후분석법의 19가지

입지유형을 이해해야 하므로 참고하기를 바란다. 현장에서 점포 개발자는 현장 경험을 통해 이용 횟수 객단가법과 함께 병행하여 적용하고 있다.

⑴ 경쟁매출 비교법

예정점포가 주요 도로에 접하여 경쟁점이나 비교대상 점포가 근접하여 있는 경우 산정하는 방법이다. 후보점의 경우 명확히 입지적으로 우위에 있거나 입지유형이 명확해야 예측하기 수월하다. 경쟁점과 가까이 있지만 비교대상 점포와 입지적인 요인이 다른 경우가 많으므로 경쟁점의 계절별 매출, 주중/주말 매출, 주간/야간 매출을 파악하여 후보점의 장단점을 비교하여 파악해야 한다. 단지 도로변에 경쟁점이 있는 경우 상권이나 배후가 완성되어 있는 지역에 진입하므로 비교적 매출을 예측하기 수월하지만 경쟁점의 매출을 정확히 파악하지 않는다면 같은 동선상에 있어도 입지에 따른 매출 편차가 크기 때문에 섣불리 판단해서는 안 된다.

<그림 13-1> 경쟁매출 비교법

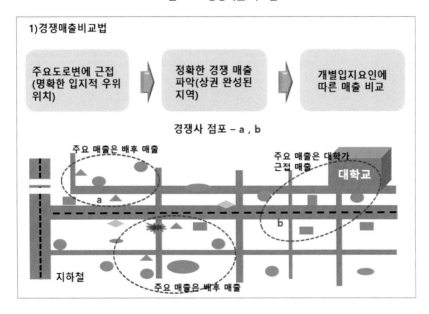

⑵ 우선배후 비교 분석법

비교적 배후가 넓고 한정되어 있는 지역에서 경쟁점의 배후 소화율이 낮은 지역(수요를 충분히 흡수하지 못하는 지역)에 진입할 경우 측정하는 방식이다. 배후민의 성향에 따른 변수가 적지만 경쟁 배후를 얼마나 흡수할 수 있느냐가 중요하므로 입지요인 분석이 매우 중요하다. 대체로 경쟁점의 매출이 높을 경우 진입하지만 경쟁점의 매장 경쟁력과 운영력에 따라 매출 차이가 클 수 있기 때문에 철저히 객관적인 요소로 매출을 예상해야 한다.

<그림 13-2> 우선배후 비교 분석법

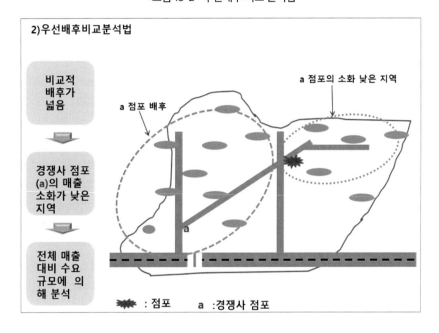

(3) 배후유형 맞춤법

배후가 한정되어 있는 지역이며 배후 내 경쟁점이 없거나 상권이 명확한 경우 측정하는 방법이다. 후보점의 배후 성격, 배후 유형, 배후 규모를 정확히 분석하여 가장 객관적인 정보를 토대로 예측한다. 비교대상 점포가 전혀 다른 지역이므로 예정점포의 배후민 성향을 주의 깊게 파악해야 한다. 그러나 후보점이 도로변의 유동형 입지인 경우 유사배후를 비교하더라도 매출을 예측하기가 매우 까다롭기 때문에 주거시설 중심 배후에서 적용한다.

<그림 13-3> 배후유형 맞춤법

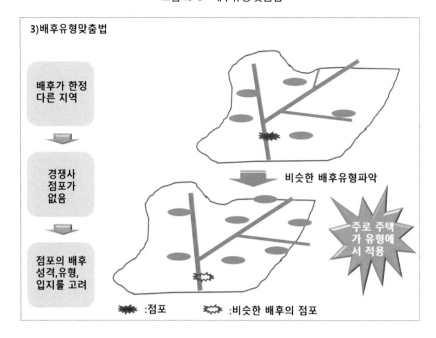

(4) 동일배후 유추법same rear analogy method

하나의 배후이지만 배후가 넓어 각기 다른 배후가 존재하는 지역에 진입하는 경우 측정하는 방법이다. 동일 지역에 있지만 배후가 넓은 편이기 때문에 단순 배후 성격, 유형, 규모 등을 비교하여 예측기기는 어려우므로 동일배후 유추법과 배후 유형 맞춤법을 적절히 활용하여 분석해야 한다. 주로 입지유형이 산재배후형이므로 2차 배후의 겹치는 정도에 따라 의외로 매출 편차가 클 수 있기 때문에 후보점의 배후 범위를 너무 넓게 보지 않는 것이 좋다.

(5) 체크리스트법

입지적인 요소로 인한 매출 변수가 적고 독립배후(규모가 일정한 지역)나 독립시설(오피스텔 등 단독 건물)에 의한 매출비중이 80% 이상 예상되는 경우 산정하는 방법이다.

따라서 세대수, 인구수 등 정량화 가능한 데이터를 활용하지만 배후민의 성향에 따라 구매율, 소비율, 내방률에 따른 매출 편차가 크기 때문에 체크리스트에 의한 정보에 너무 의존하는 것은 바람직하지 않다. 또한 독립시설의 경우 임차료가 높은 편이므로 후보점의 배후 성격, 배후 유형, 배후 규모를 정확히 분석하여 유사 배후 비교분석법을 비교하여 적용하기를 권한다.

<그림 13-4> 동일 배후 유추법

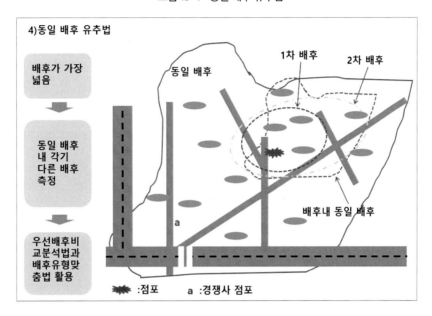

<그림 13-5> 체크리스트법

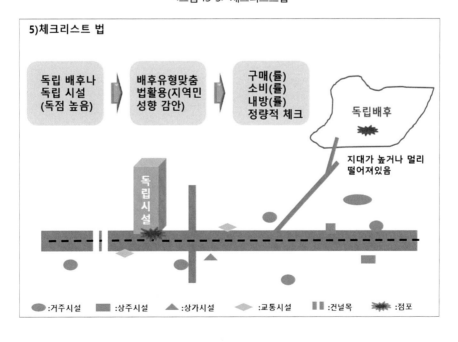

1.3.2. 업종비교 유추법type of business comparative analogy method

업종비교 유추법은 특정 업종의 매출을 통해 대상 점포의 매출을 추정한다. 주로 이종 업종이 진출하는 경우로 상권이 좁은 배후형 상권에서 적용한다.

진입 예정 점포의 추정매출은 상권 내 비교 대상 업종의 점포 잠재매출*비교 비율로 구할 수 있다.

예를 들어 주택가 고정배후형 상권에 편의점 매출이 일 평균 100만 원이고 전체 매출 중에서 음료수 매출이 10만 원 정도라고 가정할 경우 근처에 커피 전문점이 오픈을 할 경우 얼마를 예측할 수 있느냐이다. 일반적으로는 주변에 경쟁 업소가 없다는 전제하에 편의점 매출의 약 15%(비교 비율) 전후의 매출을 기대할 수 있다.

추정 매출: 진입 예정 점포의 추정매출*비교비율

  100만 원*30(평균일수)*15%

= 10,500,000원 전후

그러나 편의점 음료 매출이 높고, 젊은 층의 구매율이 높다면 그 이상의 매출도 기대할 수 있으므로 주요 소비자의 특징을 잘 파악해야 한다. 이외에도 편의점과 베이커리 전문점의 경우도 유사하게 적용할 수 있다. 이와 같은 분석법은 비교가 가능한 업종선정과 고정 배후형 상권에서 업종의 매출 정보가 비교적 명확히 드러나는 경우 적용하기 수월하다. 그러나 실제 현장에서 정확성을 높이기 위해서 현장상황에 따라 소비 횟수 객단가법을 병행하여 고려하는 것이 좋다.

1.4. 통합정보 프로그래밍 기법

통합 정보 프로그래밍 기법은 소상공인상권정보 시스템 등을 활용한 방법을 말한다. 매우 간편하고 편리하기 때문에 소상공인상권정보 시스템 홈페이지에 접속하여 확인해 보기를 바란다. 그러나 이 시스템 활용의 목적은 비교, 가설, 추정이기 때문에 창업가의 활용스킬에 따라 다른 성과를 기대할 수 있기 때문에 시스템 활용을 충분히 익힐 필요가 있고, 분석 결과는 절대적으로 신뢰하기보다는 참고용으로 활용하기 바란다. 또한 오픈 GIS분석 시스템을 통해 각종 정보를 취합하여 전략적 측면에서 매출을 추정하기도 하지만 대체로 개별 점포의 상권분석 정보 도구로써 활용되기보다는 본사의 출점전략측면에서 활용된다. 스타벅스의 경우 에스리esri 사의 ArcGIS시스템을 활용하여 입지선정과 매출을 추정한다. 그러나 스타벅스와 같이 폭넓은 출점과 타깃 고객이 명확하고 비교적 높은 매출을 기대할 수 있는 경우 활용할 수 있기 때문에 소상공인 점포의 경우 제약 요인이 있다.

1.5. 가격 가설 설정법price hypothesis setting method

가격 가설 설정법은 매출을 산출하는 방법이 아니라 간이 산출법, 관찰적 기법, 경쟁점과 경쟁력 비교 등을 통해 수익 구조에 따른 매출(상품 가격) 가설을 설정하고 손익분기점 매출, 목표매출, 기대매출을 달성하기 위한 목적 달성 매출 기법이다. 따라서 예상 상품 가격, 단위당 변동비, 고정비가 주어지고 수익을 가정하고 그에 따라 예상되는 판매수량을 파악하고 매출을 구하는 기법이다. 원가 기초 계산을 토대로 하므로 한계이익(공헌이익)법을 기준으로 시장 불확실성이 높고 상품력이 높은 창업에 적합하다.

손익분기점 매출은 손익분기점에 대한 명확한 이해를 토대로 점포 오픈 후 3~6개월 이내에 달성하기를 기대한다. 손익분기점은 매출액과 총지출 비용이 같아지는 지점을 말한다. 목표 수익과 매출은 손익분기점 매출 달성이후 6~12개월 이내에 달성하기를 기대한다. 기대 수익과 매출은 목표매출 달성이후 더 높은 기대수익을 말하므로 상품완성도와 시장(상권)상황에 맞게 설정하며 보통은 오픈 전 설정보다는 오픈 후 상황에 맞게 설정하므로 장기적 관점에서 접근한다.

수요자 측면보다 공급자(창업가) 측면에서 접근하므로 시장이나 상권에서 상품의 정확한 수요를 예측할 수는 없지만 상품 경쟁력과 차별성이 높을 경우 적합하다. 따라서 판매 상품 개발 완료 후 상품 가격 책정이 중요한 외식업의 경우 적합한 방법이다. 주의해야 할 것은 원가 기초의 기준을 일반화시킬지 품질화시킬지는 상권과 시장 상황에 따라 창업가가 판단해야 할 몫이다. 그러나 너무 낮은 판매가격을 기준으로 하게 되면 저품질이 발생할 수 있기 때문에 초보 창업자의 경우 지나친 원가 마진에 중심을 두지 말고 품질화를 통해 고객 가치를 높여 그에 합당한 상품 콘셉트력을 높여 유도하는 것이 장기적으로 생존율을 높일 수 있다.

이 과정을 창업가의 상황에 따라 3단계로 점검할 수 있다. 이와 같은 창업은 배달 업종, 비교 대상 업종이 없는 경우에도 고객 가치 측면에서 꾸준히 상품 개발을 하며 다양한 홍보 수단을 동원하여 최적의 마케팅을 진행하므로 매우 적극적인 창업가 자세가 필요하다.

- 가격 가설 설정법 프로세스price hypothesis setting mothed process

위 내용을 토대로 사례를 들어보면 민혁 씨는 용산구 이태원동에 수제 버거 전문점을 오픈하려 한다. 가격 가설 설정법 프로세스에 의해 매출을 추정한다면 다음과 같다. 상권 내 고객 지불 가능 금액을 토대로 상품 가격 가설을 설정할 수 있다.

예를 들어 민혁 씨는 주력 상품 가격을 9,000원으로 책정하였고 햄버거 한 개를 만드는 데 드는 변동원가인 재료비, 판매비, 일반관리비 등 단위당 변동비를 3,000원으로 책정하였다. 직원 1인을 두고 임차료 100만 원인 점포를 계약하였으며 대출금, 보험료, 감가상각비 등 총 고정비는 300만 원으로 책정하였다.

1단계(손익분기점 매출 설정)

① 가설 1

단위당가격(판매가격), 단위당 변동비, 고정비가 주어질 경우, 수익이 ○원이라면 손익분기점 매출 ○○○만 원을 달성할 것이다.

이 경우 월 손익분기점 수익이 0원이 되는 매출수량=고정비/단위당 가격-단위당 변동비이므로

3,000,000/9,000-3,000=500개가 된다.

즉 한 달에 500개를 팔아야 총 비용을 지불할 수 있게 되므로 한 달 영업 일수 25

일 일한다고 가정하면 500/25일=20개이므로 하루에 20개 이상을 팔아야 한다.

따라서 손익분기점 매출액=매출수량은 500개*단위당 변동비는 3000원=1,500만 원이고, 500개 초과 판매해야 수익이 발생한다.

이를 토대로 상권 획정 기법을 통해 판매 가능한 손익상권을 설정할 수 있다.

2단계(목표매출 설정)

② 가설 2

단위당가격(판매가격), 단위당 변동비, 고정비가 주어질 경우, 목표수익이 500만 원이라면 목표매출 ○○○만 원을 달성할 것이다.

1단계 계산을 통해 민혁 씨는 목표매출액의 월 순익인 500만 원을 달성하기 위해 매출수량과 매출액을 산정한다. 매출액=총비용(변동비+고정비)+순이익(500만 원)이므로

매출액=매출수량*단위당 가격(판매가격)이고, 변동비=매출수량*단위당 변동비이므로

매출수량*단위당 가격=순이익(500만 원)+(매출수량*단위당 변동비)+고정비

매출수량(단위당 가격-단위당 변동비)=순이익(500만 원)+고정비

매출수량=(500만 원+고정비)/(단위당 가격-단위당 변동비)

=(500만 원+300만 원)/(9,000원-3,000원)

=1,333개 이상을 팔아야 목표 수익인 500만 원을 얻을 수 있고 목표 매출액은 1,333개*9,000원이므로 11,997,000원이 된다.

위 결과를 토대로 손익분기점 매출에 도달한 경우는 목표상권설정을 통해 목표매출을 설정한다.

손익분기점 매출에 도달하지 못한 경우 상품 판매가격, 단위당 원가를 조정하여 손익분기점 매출에 도달한 후 목표 상권 설정 및 목표매출을 설정할 수 있다.

3단계(기대매출 설정)

③ 가설 3

단위당가격(판매가격), 변동비, 고정비가 주어질 경우, 기대수익이 1,000만 원이라면, 기대매출이 각각 ○○○○만 원을 달성할 것이다.

목표매출에 도달한 경우 상품성 확장 및 메뉴 보완하고 고객단가 향상 및 판매 범위 확대로 기대 상권 설정한다. 계산은 2단계와 마찬가지로 기대매출을 정하여 계산할 수 있다. 목표매출에 도달하지 못한 경우 판매 전략을 통해 목표 상권을 재설정하며 목표매출에 도달한 후 기대 상권 설정 및 기대매출을 설정할 수 있다. 추가적으로 하나 더 고려해야 하는 것이 투자금 회수기간이다. 지나치게 투자금 회수기간에 대해 염두에 둘 필요는 없지만 대략적인 계산은 필요하다.

<표 13-5> 매출액과 매출수량 공식

구분	공식	1단계, 2단계, 3단계(매출수량 구하기)
1단계 손익분기점 매출액과 손익분기점 매출수량	손익분기점 매출액-총 비용=손익분기점 수익(0원)	매출액-총비용=0
	손익분기점 매출액=총 비용+손익분기점 수익(0원)	매출액=총비용
	손익분기점 매출액=변동비[1]+고정비[2]+손익분기점 수익(0원)	매출액=변동비+300만 원
	매출액=매출수량*단위당 가격(판매가격), 매출수량*단위당 가격(판매가격)=변동비+고정비+손익분기점 수익(0원)	매출수량*9,000원=변동비+300만 원
	변동비=(매출수량*단위당 변동비)이므로 매출수량*단위당 가격(판매가격) =(매출수량*단위당 변동비)+고정비+손익분기점 수익(0원)	매출수량*9,000원=(매출수량*3,000원)+300만 원
	매출수량을 구하기 위해 (매출수량*단위당 변동비)을 왼쪽으로 이동 매출수량(단위당 가격-단위당 변동비) = 고정비+손익분기점 수익(0원)	매출수량(9,000원-3,000원) = 300만 원
	손익분기점 매출수량=고정비/(단위당 가격-단위당 변동비로 즉, 손익분기점 수익(0원)이 되는 매출수량을 구할 수 있다.	매출수량=300만 원/6,000원 = 500개

---

1 변동비는 매출액 증감에 비례하여 증감하는 비용이다.

2 고정비는 매출액 증감에 관계없이 정해져 있는 비용이다.

구분	공식	1단계, 2단계, 3단계(매출수량 구하기)
2단계 목표 매출액과 목표 매출수량	목표 매출액-총비용=목표수익	매출액-총비용=500만 원
	목표 매출액=목표 수익+총비용	매출액=
	변동비는 매출수량*단위당 변동비이므로 목표 매출액=목표수익+(매출수량*단위당 변동비)+고정비	목표 매출액=500만 원+(매출수량*3,000원)+300만 원
	목표 매출액=매출수량*단위당 판매가격이므로 매출수량*단위당 가격=목표수익 + (매출수량*단위당 변동비)+고정비	목표 매출액=매출수량*9,000원이므로 매출수량*9,000원=500만 원 +(매출수량*3,000원)+300만 원
	목표 매출수량=(목표수익+고정비)/ (단위당 가격-단위당 변동비)	목표 매출수량=(500만 원+300만 원)/ (9,000원-3,000원) 약 1,333개
3단계 기대 매출액과 기대 매출수량	기대 매출액-총비용=기대수익	
	기대 매출액=기대수익+목표수익+총비용	-
	기대 매출수량=(기대수익+목표수익+고정비)/ (단위당 가격-단위당 변동비)	-

<표 13-6> 매출액과 공헌이익

매출액	공헌이익 or 단위당 공헌이익	공헌이익율	손익분기점 매출액

■매출액=총비용+순이익
■비용=고정비용+변동비용
□고정비용=판매수량*
  (단위당 판매가격-단위당 변동비)
□변동비용=판매수량*
  (단위당 판매가격-단위당 고정비)
■판매수량=고정비/
  (단위당 판매가격-단위당 변동비)
	매출액(판매가격)-변동원가
	or
	단위당 판매가격-단위당 변동비
		공헌이익
		(매출액-변동원가)/
		매출액
			매출액-총비용
			=0인 매출액

Chapter 14.

판매가격 결정

Section **판매가격 결정** 1

기업의 가격 책정의 목표는 마진을 고려하여 장기적으로 수익성을 극대화함으로써 시장 점유율을 높이는 데 있다. 실제 창업 현장에서 상품의 가격은 마케팅의 기본이 될 수 있으며 철저히 준비하여 가격을 책정해야 함에도 불구하고 매우 가볍게 여기는 경향이 있다. 본서에서는 시장 진입 측면에서 제일 마지막 순서에 배치하였지만 운영적 측면에서 매우 중요하기 때문에 스스로 가격 책정에 대해 다양한 고민을 하기 바란다. 가격의 사전적 의미는 물건이 지니고 있는 가치를 돈으로 나타낸 것이다. 그러나 전통적인 시장에게 가격의 역할로서 살펴보면 다음과 같은 점을 고려하여 정해야 한다. 첫째, 기업의 회계목표를 달성하기 위함이다. 가격은 원가를 기초로 창업가가 생산외적인 비용을 고려한 적정한 수익이 발생할 수 있어야 한다. 그래야 기업과 창업가의 선순환적인 활동이 이어질 수 있다. 둘째, 실제 시장에서 적합한 가격이어야 한다. 소비자 측면에서 지불할 용의가 있는 가격을 설정해야 한다. 지나친 원가절감으로 낮춘 가격이나 지나친 고품질로 높인 가격은 소비자의 지불용의를 배려하지 못하게 될 수 있다. 셋째, 고객 포지셔닝positioning과 마케팅 믹스market mix의 다른 다양한 요소들을 종합적으로 고려하여 결정해야 한다. 특히 마케팅 네 가지 핵심 요소중에서 가격은 본질적으로 다른 요소와 다르기 때문에 상품의 고객 가치를 명확히 설정한 상품이어야 소비자와 판매자 모두 만족할 수 있는 마케팅을 할 수 있다. 따라서 상품 가격에 지나치게 창업가의 노력을 반영하면 소비자는 그 상품의 진정성을 외면하게 될 수 있다. 그러나 전통적 제조업에서는 마케팅은 제품 개발 초기에 함께 진행되기 때문에 점포창업의 메뉴를 개발하는 과정과는 구별되어야 한다.

즉 고객 가치 측면의 메뉴 개발에 모든 것을 집중한 이후 가격 결정단계에 상품 콘셉트와 함께 고려하는 것이 더욱 효과적일 수 있다.

가격 책정은 단순히 원가와 판매이익 만을 고려하지 않고 시장경쟁에서 살아남고 점유율을 높이는 것이 중요하다. Nagle & Holden(1987)은 저서 *The Strategy and Tactics of Pricing*에서 전략적 가격 책정strategic pricing을 강조하였다. 가격 책정은 단순히 수요와 공급에 의해 책정하기보다 판매자는 고객에게 무엇을 제공할지, 가격 전달하는 마케팅, 상품에 대한 고객 가격 기대치 및 그에 따른 인세티브 등을 종합적으로 반영하여 이익을 극대화 하는 것으로 지속가능한 가격정책을 목표로 한다고 하였다.

또한 Kotler & Keller(2006)는 저서 *Marketing Management*에서 기업이 가격을 정하는 과정을 〈표 14-1〉에서 보듯이 6단계를 거쳐 결정된다고 하였다.

<표 14-1> 6단계 가격 결정 과정

구분		내용
1단계	가격 설정의 목적 Pricing Objective	가격 결정을 위한 목적을 분명히 정하는 것을 말함 예) 경쟁력, 단기 이익 극대화 등
2단계	수요 결정Determine Demand	가격에 따라 수요량과 타깃이 다를 수 있다.
3단계	원가 측정Estimate Costs	생산 원가에 따른 시장에서 인정하는 적정 판매가격을 결정할 수 있다.
4단계	경쟁자 분석Competitor Analysis	경쟁자 가격 분석을 통해 원가 증감에 따른 판매가격 결정한다.
5단계	가격 설정법Price Method	cost plus method mark up pricing method 목표수익률 가격결정법 등 중에서 창업가의 여건에 적합하고 고객 가치를 극대화할 수 있는 방법을 선택한다.
6단계	최종 가격 선택Select Final Price	마케팅 등 다양한 요인을 고려하여 결정한다.

자료: Kotler, P., & Keller, K. L.(2006), "Marketing management 12e", New Jersey, 143.

위 내용을 점포창업에 적용하게 되면 1단계로 상품이 고객에게 어떤 가치를 제공하는지에 따라 이익의 포지션은 달라질 것이다. 즉, 고객 가치를 질 좋은 상품을 최대한 많은 고객에게 혜택을 드리고자 한다면 낮은 이익률을 추구할 것이다. 2단계로 상품의 성격과 상권 성격에 따라 타깃 소비자가 결정될 수 있다. 저가형 상품이라면 박리다매를 추구할 것이고 비교적 통행량에 의한 구매유입률이 높은 상권에 진입해야할 것이다. 3단계로 기본적인 상품의 재료 원가가 측정되어야 제조 원가를 맞출 수있다. 즉, 재료 원가에 따라 상품을 만드는 데 투입되는 인원과 마케팅 비용 등이 결정될 수 있기 때문이다. 4단계로 상권 경쟁자의 상품성과 가격 비교를 통해 경쟁력있는 가격을 결정할 수 있다. 경쟁자 상품이 시장에서 평가받는 가치를 무시할 수 없기 때문이다. 또한 유사상품을 무턱대고 낮은 가격에 판매하는 것은 고객 가치보다지나친 경쟁의식이므로 장기적인 측면에서 바람직하지 않다. 5단계로 창업가가 추구하는 목표와 고객 가치제공 측면에 따라 14강 제2절 상품가격 결정 방법을 참고하여 사용할 수 있다, 6단계로 위 사항을 최종적으로 고려하여 가격을 결정한다. 다만점포 창업에서 메뉴 개발이 완료된 이후 가격결정이므로 수요예측과 원가측정을 통해 상품 콘셉트[3]에 따라 최종적인 가격을 결정을 하며 지나친 경쟁자 분석에 따른 가격 측정은 고객 가치를 훼손할 수 있기 때문에 가격 결정에 적절히 반영해야 한다.

상권이 변하고 소비자의 성향에 따라 가격은 변한다. 그때 마다 가격을 바꿀 수는없다. 따라서 변화를 예상하여 가격을 책정해야 혁신적인 가격 전략을 세울 수 있다. 따라서 가격은 소비자 심리에 민감한 영향을 미치기 때문에 Nagle & Holden(1987)은 저서 'The Strategy and Tactics of Pricing'에서 소비자들의 주어진 가격에 대한 인지와 가격 민감도에 따라 구매결정에 영향을 주는 아홉 가지 법칙을 설명하였다. 창업자가 고객 가치를 반영한 상품은 판매가격에 따라 전달될 수 있는 가치가 달라질 수 있기 때문에 상품 콘셉트를 반영하여 판매가격을 결정해야 한다. 효과적인가격커뮤니케이션 전략은 정량화 가격책정전략뿐 아니라 심리적 요인에 대한 신중한 이해가 필요하다. 따라서 가격 책정은 경제적 가치를 넘어 구매자의 가치 이해와지불 의향이 어떻게 형성되는지 다각적인 검토를 해야 한다.

---

3 상품 콘셉트는 상권 가치, 소비자 성향, 경쟁점 가격, 원가 기초, 목표 수익 등을 고려하여 시장 상황에 맞게 상품을 재구성하는 과정을 말한다.

구분	
경쟁참조 효과 Competitive-Reference	소비자의 가치 측정 시간의 부족으로 참조할 수 있는 상품을 보고 선택
전환비용효과 Switching-Costs Effect	공급을 바꿈으로서 추가로 드는 비용
난해한 비교 효과 Difficult-Comparison Effect	상품 정보분석의 한계와 기존 브랜드의 확고한 평판은 경쟁제품과 비교하기 어려움
최종이익 효과 End-Benefit Effect	위험이 높고 실패 비용이 높을수록 최종적인 이익의 중요성에 의한 영향 미침
가격품질 효과 Price-quality Effect	상품의 가치는 가격이 반영되기 때문에 소비자는 더 높은 가격이 긍정적인 영향을 받음
지출 효과 Expenditure Effect	구매자의 가족수와 소득에 따라 상품가격에 대한 반응이 민감하게 나타남
비용분담 효과 Shared-Cost-Effect	편익에 대한 비용을 나눔으로써 구매자가 가격에 덜 민감하게 함.
거래가치 효과 Transaction Value Effect	경제적 및 심리적 거래의 가치는 재정 조건의 구조에 의해서 영향을 받음
공정성 효과 Fairness Effect	시간이 지나면서 사회, 경제, 천제지변등으로 변할 수 있는 비용이 반영되더라도 받아들이는 구매자의 인식.

출처: Nagle, T. T., & Holden, R. K.(1987), The strategy and tactics of pricing (Vol. 3), Englewood Cliffs, NJ: Prentice Hall.

이렇게 판매가격이 고객 욕구에 부합하여 지속가능한 가격을 유지하기 위해서는 고객행동에 대한 이해와 그에 따른 상품 콘셉트는 판매 전략과 직결된 문제이므로 창업가 스스로 해결하려고 노력하는 것보다 가장 도움을 받을 수 있는 전문가와 상의를 하면서 진행해야 완성도 높은 판매 전략을 세울 수 있다.

〈표 14-1〉의 6단계 가격 결정 과정과 〈표 14-2〉의 9가지 가치 전달 전략을 통해 상품의 가격을 결정한다. 가격을 결정하는 방법은 cost plus method, mark up pricing method, factor method, 목표수익률 가격결정법, 가치 가격결정법 등이 있다. 점포 창업에서는 다음의 방법을 교차로 혼용하여 합리적인 가격을 결정하도록 한다.

1. 비용 플러스법cost plus method

코스트 플러스 방법은 비용을 기초cost-based pricing로 가격price을 책정하는 방법 중 하나로 비용costs에 이익률profit margin을 더해서 결정하므로 가장 쉽고 일반적인 가격 책정 방법이다.
공식은 다음과 같다.

판매가격($sales\,price$) = 단위당 변동비 + 단위당 고정비 + 순이익율이다.

제품 판매가격을 구하기 위해서는 정확한 판매물량과 제조비용이 확정되어야 단위당 변동비와 고정비를 구할 수 있고, 여기에 이익률을 더하기 때문에 경쟁사 가격이나 고객 편의에 대한 고려는 후순위로 밀리는 단점이 있다. 일일 생산 단위가 크고 상품(메뉴)가 통일된 매장에서 적합하다고 할 수 있다. 외식업 점포 창업의 상품 가격을 결정하는 경우 재료비 이외에 인건비의 비중이 높기 때문에 추가 비용을 고려한다면 마진율에 의한 공식보다 마크업 비율을 활용하는 것이 타당할 것이다. 이 부분은 2번 mark up method를 참고하기 바란다.

예를 들어 외식업에서 cost plus method 공식을 활용하는 경우 평균가변비용은 단위당 재료비용이 될 것이고, 평균고정비용은 요리사의 비용이 되며, 적절한 이익률은 더하여 가격을 결정한다. 그러나 mark up method와 혼용해서 사용하는 이유는 개념적으로는 같은 공식이나 cost plus method는 비용을 추가하는 것에 초점을 맞춘 것이고 mark up method는 판매가와 비용의 차이에 대한 비율에 초점을 맞춘 것이기 때문이다.

2. 마크업 가격 설정법mark up pricing method

mark up pricing method도 비용을 기초cost-based pricing로 가격price을 책정하는 방법이다.

mark up은 상품 또는 서비스의 판매가격과 비용의 차이를 나타내는 것으로 판매가격과 비용의 차이를 비용으로 나눈 것을 백분율로 표시한다. 판매자에게 이익을 제공하는 상품 또는 서비스의 총 비용에 대한 추가 가격을 의미하므로 마크 업mark up=판매가격selling price-비용cost로 나타낼 수 있다.

따라서 마크업mark up 백분율 공식은

$$\text{마크업 \%}\,(mark\ up\ \%) = \frac{\text{판매 가격}\,(sales\ price) - \text{단위당비용}\,(unit\ cost)}{\text{단위당 비용}\,(unit\ cost)} \times 100$$

예를 들어, 꽈배기 재료비용이 1,000원, 판매가격이 1,500원인 경우 마크업 비율mark up %은

으로 결정될 수 있다. 이렇게 마크업법에 의한 공식은 비용에 대한 이익율이므로 여기서 50%는 비용에 추가한 인상금액이라고 할 수 있다. 따라서 마크업법에 의한 판매가격 책정은 비용에 대한 추가인상 가격을 말하므로 재료비용을 고정하여 판매 가격을 설정하는 방법이다.

그러나 De Loecker et al (2020)은 마크업을 활용한 방법은 한계 비용 데이터를 쉽게 사용할 수 없으므로 실제 사용하는 데 제약이 따른다고 하였다.

다음 공식에서 보듯이 흔히 활용하고 있는 마진율은 마크업 비율과 다르다.

$$\text{마진율} = \frac{\text{판매 가격}(sales\ price) - \text{단위당비용}(unit\ cost)}{\text{판매 가격}(sales\ price)} \times 100$$

이처럼 마진율은 제품 판매에 따른 이윤을 말하므로 판매가격에 대한 백분율로 표시된다. 마진율에 의한 판매가격은 주로 매입 판매업에서 적용될 수 있으며 다음 과 같은 사례로 설명할 수 있다.

A식자재 업체가 밀가루(단위당 비용:10,000원) 50포대와 식용유(단위당 비용:13,000원) 10통을 주문받았다고 가정하자. 판매자가 이익률을 30% 얻기 위해서 판매가격을 얼마로 책정해야 할까?

우선 총비용을 계산하면 $(10,000 \times 50) + (13,000 \times 10) = 630,000$원이고

총비용과 이익률을 마진율 백분율 공식에 대입하면

$$\text{판매 가격}(sales\ price) = \frac{\text{판매 가격}(sales\ price) - \text{단위당비용}(unit\ cost)}{\text{마진율}} \times 100$$

이므로

예상 판매가격은 900,000원이 되어야 30% 이익율을 달성할 수 있다.

이렇게 마진율은 판매가격을 고정하고 그에 따른 판매자 이익을 구하는 데 적용 하며, 마크업 비율(%)보다 클 수가 없기 때문에 단위당비용에 대한 마크 업 비율(%) 은 더 많은 비용이 예상되는 경우 적합하다고 할 수 있다. 따라서 마크업 법은 비용 에 대한 추가 인상분을 구하는 것이므로 비용의 세분화가 필요한 외식업에서 적용

하는 것이 적합할 것이다. 따라서 마진율에 의한 마크 업 비율(%)은 일정 규모의 물품판매업과 같이 물품구입원가가 단위당 비용이 될 수 있는 업에서 적용하기에 적합하다고 할 수 있다. 또한 외식업에서도 인건비 비용이 낮은 메뉴나 상품을 제공하는 경우 희망하는 원가율에 따른 가격결정인자factor를 구하여 단위당 원가에 곱하여 메뉴 가격을 구하기도 한다.

예를 들어 어떤 메뉴의 단위당 원가가 3,000원이고 희망하는 원가율이 50%라면 가격결정인자(100/희망원가율)는 2가 된다.

따라서 메뉴 가격은 3,000(단위당 원가)*2(가격결정인자)=6,000원이 된다.

3. 목표수익률 가격결정법Target profit pricing method

창업가가 상품 개발로 메뉴의 단위당 변동원가를 책정한 후 목표이익을 얼마를 할지를 정하는 가격 결정법이다. 따라서 창업전 전체적인 예상 매출 총액, 인건비, 기타비용에 대한 예상 금액에 대한 계획을 세운 후 접근하는 것이 효과적이다. 이 방법에 의한 상품가격 결정방법은 투자자본, 고정비, 변동비, 상품 단위당 원가, 목표매출액, 목표 수익률을 다음과 같은 공식에 대입하여 판매가격을 구할 수 있다.

$$판매가격 = 단위당\ 원가(\frac{변동비 + 고정비}{매출수량}) = \frac{단위당변동비 \times 매출수량 + 고정비}{매출수량} = 단위당변동비 + \frac{고정비}{매출수량})$$
$$+ \frac{목표\ 수익률 \times 투자금액}{판매수량}$$

예를 들어 투자자본이 50,000,000원, 단위당 변동비는 5,000원, 고정비는 5,100,000원, 단위당 원가는 5,000원, 매출수량은 3,000개, 목표수익률은 30%라고 가정하면

$$판매가격은 5,000 + \frac{5,100,000}{3,000} + \frac{30\% \times 50,000,000}{3,000} = 7,200원으로\ 결정될\ 수\ 있다.$$

대체로 메뉴 구성이 심플한 경우 적합하며 매우 정성적인 방법이므로 단독적으로 결정하기보다는 프라임 코스트법이나 마크업 프라이싱 기법을 토대로 탄력적으로 결정하는 것이 좋다. 이상의 판매가격 설정법은 〈표 13-5〉의 가격 가설 설정법을 참조하여 적용하기 바란다.

4. 고객 중심 가격 결정법 customer-driven pricing

비용 기반 가격 결정의 오류를 보완하여 고객 지불 의향을 반영한 가격 결정법이다. 따라서 판매자는 제품에 대한 가치를 명확히 이해하고 창업가가 추구하는 방향성에 맞게 적절한 수익성을 고려하여 고객 중심으로 가격을 책정한다. 대체로 박리다매형 판매방식을 채택하는 상품이나 고객접근성을 높이기 위한 방법으로 적합하다고 할 수 있다.

5. 가치 가격결정법 value pricing

고객이 얻을 수 있는 혜택이나 이득을 기준으로 가격을 결정하는 방법이다. 고객 지향적인 가격 결정법이므로 가치 최적화 가격 결정법이라고도 하며 고품질의 상품을 비교적 낮은 가격에 제공하는 것을 지향하므로 가치를 중요시 여기는 창업가에게 적합하며 상품(메뉴) 개발에 가장 많은 노력을 요구한다.

6. 수요기반 가격 결정법demand based pricing method

수요 기반 가격 결정 방법은 상품 가격을 수요에 따라 결정하는 방법을 말한다. 즉, 상품 수요가 많으면 더 높은 가격을 설정할 수 있고 상품 수요가 적으면 더 저렴한 가격으로 설정할 수 있다. 이 방법은 계절, 휴가철에 따라 수요의 영향을 많이 받는 여행, 숙박, 공연 등 서비스업의 경우 적용하기에 적합하므로 외식업은 적용하기에 적합하지 않고 마케팅 측면에서 고려해 볼 수 있다.

7. 공유 가격 책정share-driven pricing or 경쟁기반 가격 결정법 competition based pricing

경쟁사가 판매하는 상품을 비교하여 가장 경쟁력 있는 가격을 결정하는 방법이다. 따라서 시장 점유율을 높이기 위해 경쟁조건에 따라 가격을 책정하므로 매우 전략적으로 가격을 책정한다. 매우 정성적인 방법이지만 마케팅과 고객편의 측면에서 고려해야할 방법이다. 전략적인 가격 책정의 목표는 장기적인 수익성 극대화로 시장점유율을 높이는 데 있기 때문에 지나치게 낮은 가격 정책은 장기적인 전략에 반할 수 있기 때문에 신중해야 한다. 소규모 상권의 점포의 경우 지나친 경쟁 가격은 오히려 해가 될 수 있기 때문에 넓은 상권을 타깃으로 하는 데 적합하다. 따라서 회전율이 높은 메뉴의 대형 매장이나 마트에서 적용하기에 적합하다.

8. 일반 요율에 의한 가격 결정법going rate method

시장이나 상권에서 일반적으로 적용되는 가격의 추세에 따라 가격을 결정하는 방법을 말한다. 따라서 상품의 독창성이 낮은 대중적 상품의 경우 적용하는 일반적인 방식이다. 따라서 경쟁이 약한 배후 상권이나 상품이나 메뉴의 원가도 일반적인 원가를 따르므로 상품 콘셉트, 매장 콘셉트 등을 통한 마케팅을 강화한 창업에 적용하기에 적합하다.

9. 이전 가격 결정법transfer pricing method

법인 본사가 품목이나 카테고리에 따라 손익 비율을 고려하기 위해ㄴ 결정하는 방법이다. 따라서 외부환경을 고려하여 부서간 효율성 등에 따라 적절한 이전 가격을 결정한다.

이상으로 small business market entry에 관한 모든 과정을 마치고자 한다. 사업계획, 마케팅 등 사업화와 관계된 사항은 충분히 개별적으로 준비할 수 있을 것으로 본다. 앞서 언급했듯이 창업은 복잡계이다. 더구나 창업 시장은 각 분야에 대한 개념 정립이 안 된 부분이 너무 많기 때문에 설명하는 데 한계가 있었다. 그러다 보니 다양한 용어를 만들어 설명해야 했다. 그러나 이 책의 핵심은 시장진입 15원칙이다. 모든 내용은 이것을 실행하기 위한 내용이므로 이 부분을 빠르고 반복적으로 보면서 필요한 부분은 하나씩 보완하기며 적용하기를 바란다.

끝으로 이 책을 구입하여 끝까지 읽어주신 모든 분께 진심으로 감사드리며, 올바른 창업 문화가 정착될 수 있는 그날까지 나 역시 더욱 좋은 내용으로 보답할 수 있도록 노력할 것이다.

참고문헌

국내문헌

- 권용석. (2012). 편의점 성공전략, 지식더미.
- 권용석. (2018). 점포의 입지유형이 5년 이상 생존에 미치는 영향: 편의점 사례를 중심으로, 연세대학교 석사학위 논문.
- 권용석. (2020). 편의점 창업 성장단계에 따른 성공요인 적용 방안에 관한 연구, 벤처창업연구, 15(5), 261-276.
- 권용석, 남정민. (2021). 프랜차이이즈 본부지원서비스 및 가맹점주 기업가정신이 다점포 운영의도에 미치는 영향. 한국진로창업 경영학회지, 5, 25-60.
- 김태희, & 주성희. (2019). Multi-Unit Franchising 에 관한 탐색적 연구-델파이기법을 중심으로. 프랜차이징 저널, 5(1), 99-121.
- 박삼옥(2007), 현대경제지리학, 서울: 아르케.
- 박원석(2015), 부동산입지론, 서울: 양현사.
- 박주영, 노기엽, & 김현순(2009), 프랜차이즈 창업론, 서울: 학현사.
- 백남길. (2017). 상권 및 입지분석, 서울: 백산출판사.
- 사와우치 타카시(2004), 점포관리 노하우, 서울: 한솜.
- 이임동. (2019). 편의점의 입지요인에 관한 실증연구: 시간적 및 공간적 차이에 따른 변화를 중심으로, 부산대학교 대학원 박사학위 논문.
- 이임동, 이찬호, & 강상목(2010), 편의점 매출에 영향을 미치는 입지요인에 대한 실증연구, 부동산학연구, 16(4), 53-77.
- 전창진, & 이귀택. (2016). 상권분석론, 서울: 부연사.
- 전창진, 이귀택, 노경섭, 김천태. (2014). 점포개발론, 서울: 부연사.

해외논문

- Aulet, W., & Murray, F.(2013), A tale of two entrepreneurs: Understanding differences in the types of entrepreneurship in the economy, Available at SSRN 2259740.
- De Loecker, J., Eeckhout, J., & Unger, G.(2020), The rise of market power and the macroeconomic implications, The Quarterly Journal of Economics, 135(2), 561-644.
- Kotler, P., & Keller, K. L.(2006), Marketing management 12e, New Jersey, 143.
- Nagle, T. T. & Holden, R. K.(1987), The strategy and tactics of pricing (Vol.3), Englewood Cliffs, NJ: Prentice Hall.
- Sasser, W. E. Olsen, R. P. & Wyckoff, D. D.(1978), Management of service operations: Text, cases, and readings, Allyn & Bacon
- Vernon, R.(1966), International investment and intemational trade in the product cycle), Quaterly Journal of Economics, n.80.